清华经济-金融系列图书

# 股票价值投资入门

周　峰◎编著

清华大学出版社

北京

## 内 容 简 介

为了能够让更多的投资者正确地掌握价值投资的方法和技巧，本书分 12 章来讲解价值投资。首先，讲解价值投资如何快速入门，即价值投资的基础知识、常用方法、历史和误区；其次，讲解价值投资的企业估值、宏观信息分析、行业分析、公司分析；再次，讲解价值投资的财务报表、资产负债表、利润表、现金流量表分析技巧；复次又讲解价值投资的所有者权益变动表分析、财务报表附表和附注分析；最后，讲解价值投资的行业研究实例。

本书结构清晰、功能详尽、实例经典丰富、内容全面、技术实用，并且在讲解过程中考虑到读者的学习习惯，又通过具体实例剖析讲解了价值投资实战中的热点问题、关键问题及种种难题。

本书适合所有股民阅读，更适合相关企业的管理者、中小企业业主、初级财务工作者阅读。

**图书在版编目(CIP)数据**

股票价值投资入门 / 周峰编著 .—北京：清华大学出版社，2022.8
（清华经济 - 金融系列图书）

ISBN 978-7-302-59686-8

Ⅰ.①股… Ⅱ.①周… Ⅲ.①股票投资－基本知识 Ⅳ.① F830.91

中国版本图书馆CIP数据核字(2021)第263034号

责任编辑：李玉萍
封面设计：王晓武
责任校对：张彦彬
责任印制：杨 艳
出版发行：清华大学出版社

　　　　网　　　址：http://www.tup.com.cn，http://www.wqbook.com
　　　　地　　　址：北京清华大学学研大厦A座　　邮　　编：100084
　　　　社 总 机：010-83470000　　　　　　　　邮　　购：010-62786544
　　　　投稿与读者服务：010-62776969，c-service@tup.tsinghua.edu.cn
　　　　质 量 反 馈：010-62772015，zhiliang@tup.tsinghua.edu.cn
印 装 者：三河市东方印刷有限公司
经　　销：全国新华书店
开　　本：170mm×240mm　　　　印　　张：20　　　字　　数：320千字
版　　次：2022年9月第1版　　　　印　　次：2022年9月第1次印刷
定　　价：69.80元

产品编号：076611-01

# 前言

在经济高速发展、社会资产快速增长的中国，如何进行投资，如何有效管理自己的财富，已成为很多中国人关注的热点问题。成功地投资，可以改变自己的命运，也可以延续家族的财富。从这个角度看，每一位投资者，甚至每一个人都应该认识到投资和财富管理在这个伟大时代中的巨大价值。

当前，最流行、最火爆的投资理财方式就是股票。但股市是一个没有硝烟的战场，是一个金钱飞舞的博弈市场，并且股市这湾"浑水"很深，不是什么人都能"蹚"的。站在旁边看人赚钱容易，轮到自己披马上阵真枪实弹地干时，往往会发现赚钱容易，但赔钱好像更容易。

如何才能在股市盈利呢？某投资大师曾说：投资像种树！要想树长高长大，只能是天天浇水施肥，看它的根是否扎得深、扎得牢！而不是看着树干，只想着它长多高。这就是价值投资。

巴菲特是价值投资的代表人物，他擅长做多，其核心理念是寻找具有持久竞争优势的优质企业。巴菲特同样认为，如果一个公司的竞争优势能在很长一段时间内持续不变——竞争优势具有稳定持续性，那么公司的价值会一直保持增长。既然公司价值会保持增长，那么他理所当然会尽可能长久地持有这些投资，使其有更大的机会从这类公司的竞争优势中获取财富。

## 本书特点

| 特　　点 | 特点说明 |
|---|---|
| 12 章实战精讲 | 本书体系完善，由浅入深地对价值投资实战用 12 章的篇幅进行了专题精讲，其内容涵盖价值投资的基础知识、常用方法、企业估值、宏观信息分析、行业分析、公司分析、财务报表分析、资产负债表分析、利润表分析、现金流量表分析、所有者权益变动表分析、财务报表附表和附注分析、行业研究实例 |

（续表）

| 特　　点 | 特点说明 |
| --- | --- |
| **108 个实战技巧** | 本书结合价值投资的实战应用，讲解了 108 个应用技巧，其内容涵盖了市盈率、市净率、市售率、市现率、PEG 指标、现金流贴现、股神巴菲特的企业估值方法、利率对股市的影响、存款准备金率对股市的影响、汇率对股市的影响、通货膨胀对股市的影响、CPI 和 PPI 对股市的影响、政治因素对股市的影响、公司竞争地位分析、各层管理人员素质及能力分析、公司经营效率分析、公司人事管理效率分析、公司治理结构分析、公司股东持股分析、价值投资选择公司的技巧、比率分析法、比较分析法、趋势分析法、资产负债表的结构分析、流动资产营运能力的分析、非流动资产营运能力的分析、短期偿债能力的分析、长期偿债能力的分析、总资产营运能力的分析、利润表的运用技巧、盈利能力的分析、折旧费的分析、现金流量表的运用技巧、偿债能力的分析、获取现金能力的分析、现金流量的质量分析、所有者权益变动表的分析、股利决策对所有者权益变动影响的分析、财务报表附表的分析、财务报表附注的分析、中药行业投资的研究、白酒行业投资的研究、家电行业投资的研究等 |
| **100 多个实战案例** | 本书结合理论知识，在讲解的过程中，列举了 100 多个案例进行分析，让广大投资者在学习理论知识的同时，能更准确地理解其意义和实际应用 |
| **80 多个技能提示** | 本书结合价值投资实战中遇到的热点问题、关键问题及种种难题，以技能提示的方式奉送给投资者，其中包括股利决策对所有者权益变动影响的分析、盈利能力的分析、折旧费的分析等 |
| **语言特色** | 本书讲解都从基础知识和基本操作开始，读者无须参照其他书即可轻松入门。另外，充分考虑到没有基础读者的实际情况，在文字表述方面尽量避开专业的术语，用通俗易懂的语言讲解每个知识点的应用技巧，从而具有容易学、上手快的特点 |

## 本书结构

| 章 节 | 内 容 体 系 | 作 用 |
|---|---|---|
| 第 1 章 | 本章首先讲解了价值投资的基础知识，即什么是价值、市场价格、价值投资，其次讲解了价值投资的常用方法、历史和误区，最后讲解了价值投资案例 | 从整体上认识价值投资，掌握价值投资的常用方法和规避价值投资的误区，为以后章节的学习打下良好的基础 |
| 第 2 章到第 5 章 | 讲解价值投资的企业估值、宏观信息分析、行业分析、公司分析 | 详细了解价值投资如何进行企业估值，如何进行宏观面、中观面和微观面分析 |
| 第 6 章到第 11 章 | 讲解财务报表分析、资产负债表分析、利润表分析、现金流量表分析、所有者权益变动表分析、财务报表附表和附注分析 | 通过学习财务报表、资产负债表、利润表、现金流量表、所有者权益变动表、财务报表附表和附注的分析技巧，全面、客观地评价企业的财务状况和经营业绩，这样就能在股市中进行有效的价值投资 |
| 第 12 章 | 讲解价值投资的行业研究实例 | 行业研究是一切投资活动的基石。行业研究就是要搞清楚行业的过去、现在和未来 |

## 本书适合的读者

　　本书主要适用于刚刚开始价值投资，但缺少实战分析经验的投资者、股票价值投资爱好者，还适合长期使用技术分析方法但在股票市场上亏损的投资者。本书还可以作为大中专院校的股票价值投资实训教材；同时也可以作为各大证券、基金、理财等投资公司的业务培训、指导客户、与客户沟能的参考读物或实训教材。

## 本书增送内容

　　本书赠送的资料均以二维码形式提供，读者可以使用手机扫描下面的二维码下载并观看。其中附送资料包括三部分。

第一部分，本书 PPT 教学课件。

第二部分，读懂财务报表视频（财务报表概述、读懂资产负债表、读懂利润表、读懂现金流量表）。

第三部分，包括同花顺股票分析软件教学视频（同花顺报表分析和财务分析功能、同花顺选股和预警功能、同花顺扩展行情功能、同花顺模拟炒股和实战炒股，还包括自选股、资讯信息及实用功能）、电子书（炒股软件快捷键速查手册）。

第一部分　　　　　　第二部分　　　　　　第三部分

## 📚 本书创作团队

本书由周峰编写，相关人员对本书的编写提出过宝贵意见并参与了部分编写工作，他们是张新义、周凤礼、陈宣各、周令、张瑞丽、周二社、王征、周俊庆等。由于时间仓促，加之水平有限，书中的缺点和不足之处在所难免，敬请读者批评指正。

# 目  录

# 第1章

## 价值投资快速入门

  不用天天盯盘，不用各种技术分析、不用打听股票消息，只靠基本常识，就可以成为股市赢家，很多人认为这是不可能的事。但事实上，只要您利用常识或上市公司公开的信息，找到一只具有持续竞争优势的公司股票，并长期持有，就可以成为股市赢家，这就是价值投资。本章首先讲解价值投资的基础知识，即什么是价值、市场价格、价值投资；其次讲解价值投资的常用方法、历史和误区，最后讲解价值投资案例。

## 1.1 初识价值投资

要进行价值投资，就要先明白什么是价值、价值与市场价格的关系，以及什么是价值投资，下面分别进行具体讲解。

### 1.1.1 什么是价值

下面先来看一个小故事。

有一个铁匠，含辛茹苦地养了一个儿子。但是儿子不成器，花起钱来大手大脚。父亲忍了很久，实在忍不住了，决定教训一下儿子，于是将儿子赶出家门，让他去尝尝挣钱的苦头。

母亲心疼儿子，偷偷给儿子一把铜板。儿子在外面玩了一天，晚上，他把铜板交给父亲："爸，这是我挣的钱。"父亲把铜板拿在手上掂了掂，生气地说："这钱不是你挣的！"说着就丢进了熔炉。

儿子很无奈，第二天只好来到市场。当他付出了一身臭汗的代价之后，老板给了他一个铜板。儿子非常高兴地回到家里，把铜板交给了父亲，没想到父亲这次看都不看，又丢进了熔炉！儿子马上暴跳如雷，一边吼叫着一边竟向红彤彤的熔炉扑去！父亲一把拉住他。很久，他露出一脸神秘的微笑："孩子，你终于知道心疼这钱了，我相信，这钱是你挣的。"

钱的真正价值，常常不在于它本身的面值，而是取决于它背后的艰辛，那些让你弥足珍贵的东西，必定与自身血汗相关。

根据马克思主义政治经济学的观点，价值是凝结在商品中无差别的人类劳动，即商品的价值。商品的价值体现为下述各点。

第一，商品必须具有使用价值，才会有价值，使用价值是价值存在的物质承载者。

第二，价值是由抽象劳动而不是具体劳动形成的，具体劳动和自然物质相结合创造出商品的使用价值，抽象劳动凝结在商品中才成为价值。

第三，价值是看不见、摸不着的，它只有在商品交换中，通过一种商品与另一种商品的相互对等、相互交换的关系才能表现出来；价值是交换价值的内容，交换价值是价值的表现形式。

第四，价值是商品的社会属性，它体现了商品生产者互相交换劳动的社会关系。

商品的价值量是由生产该商品的社会必要劳动时间所决定的。社会必要劳动时间是指在现有的社会正常的生产条件下，在社会平均的劳动熟练程度和劳动强度下制造某种使用价值所需要的劳动时间。生产商品的社会必要劳动时间是随着劳动生产率的变化而变化的。因此，劳动生产率越高，生产单位商品所耗费的社会必要劳动时间就越少，单位商品的价值量就越小；反之，情况相反。所以，商品的价值量与体现在商品中的劳动量成正比，与生产这一商品的劳动生产率成反比。

## 1.1.2 什么是市场价格

市场价格是金融市场中最浅显的表象。在价值投资领域，我们常说，价格围绕价值波动。那么如何来剖析市场价格与价值呢？

从市场价格的产生过程来讲，价格是由买卖双方交易行为产生的。交易行为产生的原动力是什么呢？是想法，是观念，也可以说是个人认为的"价值"。如此，市场价格的两个特点就可显露出来，如图 1.1 所示。

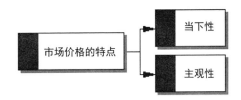

图1.1　市场价格的特点

1) 当下性

当下性，还可以称为波动性。因为交易行为是在交易时间内不断进行的，所以市场价格的有效性也就是当下成交的一瞬间。随着时间的延展，市场价格就会呈现出波动性。

2) 主观性

因为成交是买卖双方其中一方的主动行为就可以造成的，也就是说，在买卖队列上，只要有一方在主动成交，价格就会随着成交产生。而双方没有任何一方主动去交易的时候，价格就会在之前一笔成交之后产生的价格上维持不动。那么这个"主动"就是"主观能动"，就是那一瞬间的念头，那一瞬间的"价值观"。

从这两方面来看，市场价格是在围绕"价值"波动。

## 1.1.3 什么是价值投资

价值投资本质上就是要选择优秀的上市公司，并且长期持有其股票，追求上市公司的经营业绩，以分享上市公司的利润为投资目标，而不是通过短期炒作来获得投机价差利润。

对于一个真正的价值投资者来说，买入股票就成了公司的股东，应和高管、基层员工一起扎扎实实办公司、创造财富、造福社会。随着公司愈加健康、赢利能力愈强，股东自然会获得丰厚回报。

价值投资要求投资者低价买入或者以合理的价格买入，不能以过于高估的价格买入，否则会陷入高风险以及吃不上多少肉的低收益窘境。价值投资是讲求性价比和确定性的，不谈估值的投资都不是价值投资，正确地学会如何评估公司的价值是价值投资里面重要的一环。它有别于通过买卖差价获取投资收益的投资方式，但价值投资也能低买高卖。一般要求投资者较长期地耐心持有，这里的长期是指 5~10 年的股票持有期。价值投资要求回到初心，强调股票投资和实业投资的一致性。

## 1.2 价值投资的常用方法

价值投资的常用方法有 5 种，分别是竞争优势、集中投资、长期持有、现金流量、安全边际，如图 1.2 所示。

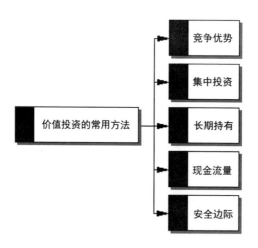

图1.2 价值投资的常用方法

### 1.2.1 竞争优势

竞争优势就是寻找管理层正直诚信、有能力的公司。竞争优势主要表现在 6 个方面，分别是技术技能优势、有形资产优势、无形资产优势、人力资源优势、组织体系优势和竞争能力优势，如图 1.3 所示。

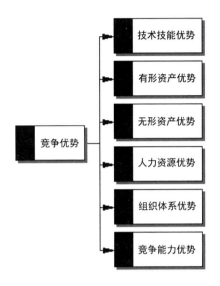

图1.3　竞争优势

1) 技术技能优势

技术技能优势包括独特的生产技术，低成本生产方法，领先的革新能力，雄厚的技术实力，完善的质量控制体系，丰富的营销经验，上乘的客户服务，卓越的大规模采购技能。

2) 有形资产优势

有形资产优势包括先进的生产流水线，现代化车间和设备，拥有丰富的自然资源储存，吸引人的不动产地点，充足的资金，完备的资料信息。

3) 无形资产优势

无形资产优势包括优秀的品牌形象，良好的商业信用，积极进取的公司文化。

4) 人力资源优势

人力资源优势包括关键领域拥有专长的职员，积极上进的职员，很强的组织学习能力，丰富的经验。

5) 组织体系优势

组织体系优势包括高质量的控制体系，完善的信息管理系统，忠诚的客户群，强大的融资能力。

6) 竞争能力优势

竞争能力优势包括较短的产品开发周期，强大的经销商网络，与供应商良好的伙伴关系，对市场环境变化的灵敏反应，市场份额的领导地位。

## 1.2.2 集中投资

成功的投资者其实就是一个实业家。投资的本质是投资生意，和经营实体公司的道理是完全一样的。

例如，您在青岛李沧区开一家湘菜馆的同时，还经营药店、洗衣店、洗车店、教育培训机构，您会不会感到精力不够用呢？您可能哪个生意都做不好。实际上，每一家实体公司的老板都是集中投资者，他（她）们只不过是以 1 倍 P/B( 市净率 ) 的价格买入了自己公司的股票。

> 📶 **提醒**：市净率，其计算公式是每股市价÷每股净资产，是市价与每股净资产之间的比值，比值越低意味着风险越低。市净率可用于投资分析。每股净资产是股票的账面价值，它是用成本计量的，而每股市价是这些资产的现在价值，它是证券市场上交易的结果。市价高于账面价值时企业资产的质量较好，有发展潜力，反之则资产质量差，没有发展前景。优质股票的市价都超出每股净资产许多，一般说来，市净率达到3就可以树立较好的公司形象。市价低于每股净资产的股票，就像售价低于成本的商品一样，属于"处理品"。当然，"处理品"也不是没有购买价值，问题在于该公司今后是否有转机，或者购入后经过资产重组能否提高获利能力。

如果您有 100 万元的股票，在 2010 年只买了贵州茅台公司的股票 (600519)，您 10 年后变成了 1200 万元；如果您 2010 年买了贵州茅台 (600519) 和五粮液 (000858) 各 50 万元的股票，10 年后变成 1000 万元；如果 2010 年买了贵州茅台 (600519)、五粮液 (000858) 和宝钢股份 (600019) 各 1/3( 约 33.3 万 ) 的股票，10 年后变成了 800 万左右股票。您这不是吃饱了撑的吗？

查理·芒格说得对："我认为在某些情况下，一个家族或者一个基金用 90% 的资产投资一只股票，也不失为一种理性的选择。"

## 1.2.3 长期持有

看到其他人动不动就持有一只股票 10 年、8 年，收益相当可观，就感觉这个过程很轻松，自己也可以做到。但事实上，长期持有一只股票谈何容易，如果不是对所持股票相当了解和信任，拥有完备的投资知识和坚定的投资信念，还有对资本市场保持长期乐观的认识，别说 10 年、8 年，就是 2~3 年都是一个很大的挑战。

在股市中，很多股民从买入某只股票那一刻起，就坐卧不安，一有时间就打开软件看看股价涨了，还是跌了，看不到时，心里就痒得难受。在这种状态下，你让他长期持股，简直是痴人说梦。

从表面上看，很多股民都是因为股票涨得慢，或跌幅太大超过自己的承受能力，才卖出的。但真正的原因是股民太关注股价了，而股价波动既没有规律，又富有欺骗性，所以依据股价炒股，很难长期持有。过分关注股价，也说明你对这只股票缺少最基本的了解和信任，也就是说，你根本不相信这只股票。

对股票的了解，就是对股票所代表的上市公司的了解。只有股民对上市公司的基本面足够了解，才能知道该股票是不是有未来，也就是这个行业是否有前景。公司核心竞争力是什么？其商业逻辑有什么与众不同的地方？投资公司收益是不是能降低其风险？管理是不是足够可信赖？很多东西需要关注和思考，最后自然会形成自己的判断。只有在充分了解的基础上买入，以后才不会对股价波动过于敏感。可见，前期对股票研究的深入程度对持股时间长短影响非常大。

长期持股很像找对象。如果结婚前，两个人能够充分了解对方，能做到知根知底，这样才能产生最基本的信任，也可以称为爱情，那么这段婚姻才能走得很远。而一见钟情，相信缘分的大都结婚不久，就一拍两散，因为那就是一种感觉，是荷尔蒙的作用。

又比如，你只有相当相信一个人，才愿意借钱给他，绝对不可能在大街上碰到一个素不相识的人向你借钱，你就借给他，那不是傻吗？但这基本的常识在股市中就没人信，看到一只股票涨得好就买，听同事说一只股票是大牛股就买，还有更滑稽的是，看到一只股票名字起得好听就买，根本就不在乎公司是干什么的。买完就后悔，后悔了，自然就卖了。

## 1.2.4 现金流量

现金为王，现金是血液，当经济危机出现时，企业的现金多，就会活得更长久。如果资金链断裂，企业就会快速死去，所以现金流量是企业的生命线。现金流量的作用如图 1.4 所示。

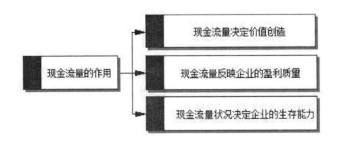

图1.4 现金流量的作用

1) 现金流量决定价值创造

首先，现金流量是企业生产经营活动的第一要素。企业只有持有足够的现金，才能从市场上取得生产资料和劳动力，为价值创造提供必要条件。市场经济中，企业一旦创立并开始经营，就必须拥有足够的现金购买原材料、辅助材料、机器设备，支付劳动力工资及其他费用，"全部预付资本价值，即资本的一切由商品构成的部分——劳动力、劳动资料和生产资料，都必须用货币购买"。因此，获得充足的现金，是企业组织生产经营活动的基本前提。

其次，只有通过销售收回现金才能实现价值的创造。虽然价值创造的过程发生在生产过程中，但生产过程中创造的价值能否实现还要看生产的产品能否满足社会的需要，是否得到社会的承认、实现销售并收回现金。

2) 现金流量反映企业的盈利质量

现金流量比利润更能说明企业的收益质量。在现实生活中经常会遇到"有利润却无钱"的企业，不少企业因此而出现了"借钱缴纳所得税"的现象。根据权责发生制确定的利润指标在反映企业的收益方面确实容易导致一定的"水分"，而现金流指标，恰恰弥补了权责发生制在这方面的不足，关注现金流指标，甩干利润指标的"水分"，剔除了企业可能发生坏账的因素，使投资者、债权人等更能充分地、全面地认识企业的财务状况。所以考察企业经营活动现金流的情况可以较好地评判企业的盈利质量，确定企业真实的价值创造。

3) 现金流量状况决定企业的生存能力

企业生存乃价值创造之基础。据统计，破产倒闭的企业中有 85% 的是盈利情况非常好的企业，现实中的案例以及 20 世纪末令世人难忘的金融危机使人对"现金为王"的道理有了更深的感悟。传统反映偿债能力的指标通常有资产负债率、流动比率、速动比率等，而这些指标都是以总资产、流动资产或者速动资产为基础来衡量其与应偿还债务的匹配情况，或多或少会掩盖企业经营中的一些问题。其实，企业的偿债能力取决于它的现金流，比如，经营活动的净现金流量与全部债务的比率，就比资产负债率更能反映企业偿付全部债务的能力，现金性流动资产与筹资性流动负债的比率，就比流动比率更能反映企业短期偿债能力。

## 1.2.5 安全边际

股民都知道，影响股价波动的有三大因素，分别是基本面、政策面和情绪面。

从短期来看，情绪面是对股价影响最大的因素，常常会因为过度乐观导致估值过高形成泡沫，也可能因为过度悲观形成超额杀跌。

从中期来看，又常常会因为政策面的影响放大情绪面，导致估值的进一步抬升或杀跌。

虽然从企业的基本面看，价值可能会持续上涨，但对应的股价可能会因为市场的持续不理性导致需要很长一段时间才能回归。

所以即使是优秀的公司，如果买在泡沫高点，也是会套人的。长期投资知易行难，这也凸显了寻找安全边际的重要性。

那么什么是安全边际呢？

安全边际是现有销售量或预计未来可以实现的销售量同盈亏两平销售量之间的差额，其计算方法是安全边际＝现有（预计未来可以实现的）销售量－盈亏两平销售量。安全边际是以绝对量反映企业经营风险程度的。

衡量企业经营风险程度大小的相对量指标是安全边际率，其计算方法是安全边际率＝安全边际÷现有（预计未来可以实现的）销售量。

例如，某企业的盈亏临界点的销售量为 2000 件，单位售价为 10 元，预计的销售量可达到 3000 件，则该企业的

$$安全边际 = 3000 - 2000 = 1000 (件) \ 或 = 3000 \times 10 - 2000 \times 10 = 10\ 000 (元)$$

$$安全边际率 = 1000 \div 3000 = 33.33\% \ 或 = 10\ 000 \div 30\ 000 = 33.33\%$$

一般地讲，当安全边际或安全边际率较大时，企业对市场衰退的承受力也较大，其生产经营的风险程度较小，而当安全边际或安全边际率较小时，企业对市场衰退的承受力也较小，其生产经营的风险程度将较大。

股市中的安全边际具有非常重要的作用，是股市中投资资金的"守护神"，是保障未来盈利最重要的保障线。安全边际是股票投资者最重要的原则之一，虽然每个企业都有自己的特性，不过安全边际还是具有三点共性，分别是公司具有核心竞争力且发展前景较好、股票的价格足够便宜、对未来要求较低的企业具有较高安全边际，如图 1.5 所示。

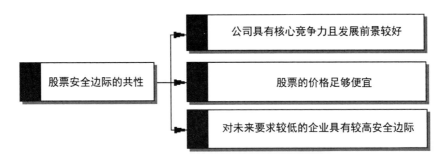

图1.5 股票安全边际的共性

1) 公司具有核心竞争力且发展前景较好

市场具有自我调节性，这种自我调节性是通过价格的涨跌带来的利益驱动，推

动市场参与者的竞争达到优胜劣汰、配置社会资源的目的。企业在市场中要想获得成功，必须拥有自身的核心竞争力才能在市场竞争中占据优势，如果企业拥有良好的发展前景且具有自身的核心竞争力，那就具备了较高的安全边际。如果是具有核心竞争力的夕阳行业，那么你一定要考虑一下，这种企业的安全边际肯定不如发展前景好且有核心竞争力的公司。如果一件商品现在价值 8 元，卖 16 元，2 年后会涨到 48 元，你说可以买吗？我想还是可以买的，这就是具有核心竞争力且发展前景较好的公司最大的安全边际。企业的价值不断增长才是最强大的安全边际，也是我们投资者最应该寻找的投资因素。

2) 股票的价格足够便宜

什么样子的股票才算便宜？是 8 元的股票还是 16 元的股票便宜？在股票市场中股票是否便宜不能以绝对的数字来表示。你说 8 元一个的苹果便宜，还是 80 元一个的真皮沙发便宜？答案显而易见，我们购买股票也是一样，应该以股票的价值作为衡量标准，低于价值的股票就是价格便宜的股票。根据经济学的价值规律，低于价值时购买，安全边际自然就高，等到价值修复后，我们就卖出。所以股票的价格是否便宜，要有一个标准，很多朋友都以价格为标准，这种标准是错误的。价值才是衡量股票是否便宜的标准，我们购买股票时一定要以企业的价值为准绳，寻找足够便宜的股票。

3) 对未来要求较低的企业具有较高安全边际

如果一家企业对未来的发展要求很高，那么这家企业的风险就比较大。比如高科技公司，就要求企业不断地进行科技研发，这种企业的风险就比较大。电子信息行业也是，它们的更新换代速度太快了，一般这种行业的安全边际就比较低。快速的产品更迭一方面代表着风险，另一方面也代表着机遇。这种行业可以说是风险和机遇并存。这种行业对于一般投资者来说应该远离，毕竟寻找能够在激烈的市场竞争中持续获得成功的企业需要很高的眼光。

上述三点是拥有较高安全边际的公司的三个明显特征，这三点不是孤立的，而是互相关联的，切不可孤立地使用。投资是一个体系，需要不断地学习、不断地总结、不断地完善自己的投资体系，才能在股市中获得投资的成功。

## 1.3 价值投资的历史

要更全面地了解价值投资，从其发展历史说起是很有必要的。

价值投资理念发源于本杰明·格雷厄姆的投资策略，他享有"华尔街教父"的美誉。本杰明·格雷厄姆 1894 年 5 月 9 日出生于英国伦敦，1914 年从哥伦比亚大学毕业，同年夏天，他来到纽伯格·亨德森·劳伯公司做了一名信息员，不久被提升为证券分析师。当时的美国普通投资者都倾向于债券投资，而普遍认为股票投资是一种投机行为，风险过大，难以把握。证券分析也主要是用道氏理论分析道琼斯指数，而对于个股的分析基本处于原始状态。格雷厄姆通过上市公司的财报和上市公司的资产调查发现，上市公司为了隐瞒利润常常千方百计地隐瞒公司资产。公司财报披露的是低估后的资产，而这一做法造成的后果就是股价低于其实际价值。如果你只盯着股票价格试图去预测它，那么你一定会忽略股票背后公司的实际经济价值，甚至连它披露的财报可能都不会看上一眼。格雷厄姆在《有价证券分析》一书中对投资提出了自己的定义："投资是一种通过认真的分析研究，有指望保本并能获得满意收益的行为。不满足这些条件的行为就被称为是投机。"

格雷厄姆开始从上市公司、政府单位、新闻报道、相关人士等各种渠道收集资料，通过对资料的分析，找出那些拥有大量隐藏资产的上市公司。1915 年，格雷厄姆注意到了哥报海姆公司，这是一家拥有多个铜矿资产的矿业开发公司，经格雷厄姆的调查，这家上市公司隐藏了大量的资产。格雷厄姆建议公司投资这家公司的股票，不到两年时间获得了近 20% 的收益率，获利达数十万美元。因为对股票投资的精准判断，格雷厄姆渐渐开始小有名气。

之后他渐渐开始帮助亲戚、朋友做一点私人投资。1923 年他离开纽伯格·亨德森·劳伯公司，自立门户成立格兰赫私人基金，规模为 50 万美元。格兰赫私人基金运作一年半投资回报率高达 100% 以上，高于同期平均股价的表现。后来由于和股东在分红方案上有分歧，基金解散。格雷厄姆后来与杰罗姆·纽曼搭档工作，1926 年合伙成立格雷厄姆·纽曼公司，1929 年华尔街崩盘，格雷厄姆几乎到了破产的边缘，凭着坚忍的意志在 1932 年年底终于开始起死回生。他始终坚持价值投资理念，1928 年起每周在哥伦比亚大学授课 2 小时，一直坚持到 1956 年退休，并先后出版了《有价证券分析》《财务报表解读》《聪明的投资者》，表达自己价值投资的理念。

价值投资之所以进一步被大众所熟悉，是因为格雷厄姆有一个出色的学生沃伦·巴菲特。1950 年，20 岁的巴菲特考入哥伦比亚商学院学习，在格雷厄姆门下受教，他传授给巴菲特丰富的知识和诀窍去分析企业的盈利能力、资产情况及未来前景等。巴菲特还加入了格雷厄姆的公司进行实习，在格雷厄姆退休后，他原来的很多客户由巴菲特接手。1957 年巴菲特成立非约束性巴菲特投资俱乐部，当时巴菲特掌管 30 万美元，随着投资获利和掌管资金的不断增加，1968 年巴菲特掌管的资金达 1.04 亿美元，在这期间，道琼斯工业指数从 500 点左右涨了 100%，达到 1000 点附近，美国股市牛气冲天，巴菲特却坐立不安，尽管他的股票都在飞涨，但却发现很难再找到符合他的标准的廉价股票了。

1968 年 5 月巴菲特通知合伙人，他要隐退，并逐步清算了公司几乎所有股票。1969 年 6 月股市转头向下，到 1970 年 5 月很多股票都打了对折，1970~1974 年的美国股市区间震荡，并没有像之前一样一路上行。巴菲特却欣喜地发现了许多便宜股票，1972 年巴菲特盯上了报刊业，他认为名牌报刊就如同一座收费桥梁。1973 年他开始偷偷地在股市上蚕食《波士顿环球》和《华盛顿邮报》，10 年之后巴菲特投入的一千多万美元升值为两个亿。1988 年巴菲特买进可口可乐 7% 的股份，并在致股东的信中写道："我们打算要持有这些股票很长的一段时间，事实上当我们发现我们持有兼具杰出企业与杰出经理人的股权时，我们最长的投资期间是永久，我们跟那些急着想要卖出表现不错的股票以实现获利却顽固地不肯出脱那些绩效差的股份的那群人完全相反。彼得·林奇生动地将这种行为解释成砍除花朵来当作野草的肥料。"2008 年巴菲特在《福布斯》排行榜上的财富超过比尔·盖茨成为世界首富，逐渐变得家喻户晓，成为价值投资的代表人物，他的许多观点都值得认真学习。

## 1.4　价值投资的误区

很多股民喜欢把"价值投资"挂在嘴边，以显示自己的"资深"。但实际上，价值投资作为一种投资策略，自认为"资深"的股民往往看不到价值投资背后隐藏着八大误区。下面来分辨一下这八大误区，帮您如何成功地将它们"绕开"。 价值投资的误区如图 1.6 所示。

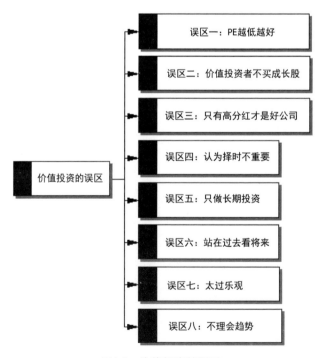

图1.6　价值投资的误区

## 1.4.1 误区一：PE越低越好

价值投资强调以合理的价格买股票，因此 PE 成为非常重要的指标，但这并不代表低 PE 就是真正的低估值。

具体来看，PE= 市值 ÷ 净利润，这其中，净利润最容易让人迷惑。利润表按照权责发生制编制，即使没有收到钱，利润也可以增加。许多因素都可以改变净利润，例如存货减值、商誉减值、固定资产折旧、研发资本化等。另外值得注意的是，非经常性损益、一次性的卖地、政府补助等都足以让 PE 在短期内大幅下降。

因此，不能简单地从 PE 值的高低来进行判断，而需要进行横向、纵向对比，深入分析。

彼得·林奇非常关注 PEG 指标（即 PE 与增长率的比值），这提醒我们，考察一个公司还需要从业务的增长情况来考虑。如果该公司处于业务的上升期，业绩增长带来的净利润增长也会在一两年内消除高估值。

同时，我们还要注意"低市盈率陷阱"，有时低市盈率意味着投资者对公司的期望值并不高，可能是因为业绩不好，也可能是业务的天花板效应，还可能是周期性股票到达了顶点。

## 1.4.2 误区二：价值投资者不买成长股

一提到价值投资，大家首先想到的是"蓝筹股"，而默认"成长股"投资违背了价值投资的概念。实际上，"蓝筹"或是"成长"的标签并不重要，重要的是理解企业的价值。

价值投资赚取的是企业业绩的红利，是具有安全边际价格下获得的高收益，是对未来经营前景的信心，与企业类型没有必然联系。但是，由于处在成长期的企业一般业绩确定性较低，且面临激烈竞争，护城河较小，给估值带来一定难度，成长股中符合价值投资选股标准的标的确实较少。

## 1.4.3 误区三：只有高分红才是好公司

高分红的公司的确被很多价值投资者所看中，我们需要了解的是，回馈股东其实包括了 3 种方式。

第一，投资自己，即处于高速发展的公司需要资金投入，应把利润投给自己，以产生更多的利润。

第二，如果公司已经成熟，不需要过多的资本支出，自由现金流充裕，那么分红给股东不失为一种好的方式。

第三，当股价出现低迷时，公司认为自身价值高于股价，那么回购股票也是回馈股东的一种方式。

可见，回馈股东的方式不仅有分红，还需要意识到，能使利益最大化、适合其阶段特性的选择才是最好的选择。

## 1.4.4 误区四：认为择时不重要

我们常听说这样一句话："价值投资需要通过长期投资收获价值，因此不需要择时。"其实不然，我们虽然无法准确预测市场，但是仍需要通过一些方法来判断某一时点公司的价值是否被低估或者高估，因此也需要择时。

一般来说，价值投资好的买入点有3种（如图1.7所示），分别是：大熊市之时；全行业出现暂时性问题，但标的公司并不受影响之时；王子落难之时。

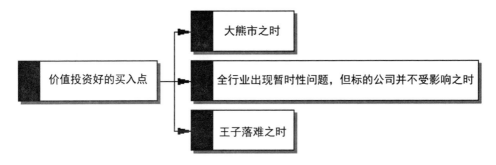

图1.7　价值投资好的买入点

大熊市之时。大多数股票遇到熊市都容易遭到不理性抛售，这时如果投资标的出现打折现象，那么就是该贪婪的时候。

全行业出现暂时性问题，但标的公司并不受影响之时。例如，全行业在三聚氰胺困扰下的伊利股份，问题不是出在伊利本身，但是由于市场出现恐慌性抛售，给了投资者很好的买入机会。

王子落难之时。优质企业在某阶段业绩不达预期，则股价容易下跌，特别是高速增长的公司，人们预期很高，估值水平相应地也处于高位，很难找到合适的买入时机，而暂时的业绩不达预期反而给投资者以机会，当然前提是公司基本面依然良好，且未来增长可期。

### 1.4.5 误区五：只做长期投资

投资绝不是以时间为准则的。任何投资发现错误必须立即纠正，不可以再继续持有。已经实施的投资，出现疯狂上涨也需要警惕。如果你原计划为期 5 年的投资，结果 1 年就达到了预期年化预期收益目标，而公司基本面也没有新的变化，只是炒作过度，那又何必一定去投资 5 年？

### 1.4.6 误区六：站在过去看将来

由于预测未来难度很大，很多人喜欢拿一家公司过去的平均业绩增速表现来近似代替未来的增速，其实这里也是有问题的。过去不代表未来，只不过过去可以作为一种参考。一家过去很多年优秀的企业，很可能未来继续保持优秀，但也可能因为外部环境发生了重大变化而保持不了以往的平均增速。那么，怎么预测未来呢？还是要在基本面上下功夫，而不是简单分析财报数据那么简单。公司的发展现状如何？公司过去的辉煌是自身良好的经营造成的还是处于"风口"导致的？公司抵御风险的能力如何？公司的核心竞争力在哪里？这些问题都会决定未来公司的发展。我们需要对这些内容做足够的分析，才能对公司未来的发展有"模糊正确"的判断。

### 1.4.7 误区七：太过乐观

投资者看到有的公司业绩暴增一倍两倍的，认为七八十倍 PE 也是便宜的，因为 PEG 很低，这其实也是步入了误区。第一，这种高速增长是很难维持长久的，一家优秀的公司能长期保持 15% 的复合增长率就很难得了，更别说 20% 以上的。在投资中，不能用一两年的高速增长来乐观估计未来几年的增速，要不然很容易在高 PE 买入的时候面临风险。第二，高速增长可能是由于一次性收入、基数过低、周期性等造成的，往往是不可持续的。因此，短期的业绩快速增长率不能代表未来公司一直会按照这个增速发展下去。这就需要投资者具有足够的明辨是非的能力。

### 1.4.8 误区八：不理会趋势

价值投资者似乎比较认死理，认为长期持有就是真爱，根本不理会股价运行的趋势，即使跌破了重要趋势或支撑的时候也不考虑卖，而且还引以为豪，价值投资嘛，必须长期持有，然后拿出巴菲特那句名言——"如果你不愿意拥有一只股票 10 年,那就不要考虑拥有它 10 分钟"来教育别人。殊不知,巴菲特买的时候有多便宜。"市场永远是对的。"有很多价值投资者"鄙视"技术分析,认为技术分析是旁门左道,用简单的几根 K 线和几个技术指标就判断一家公司的好坏是不科学的。但是不可否认,技术分析的确可以根据股价的变化提前判断出公司经营的转向。我们能够看到的持续走牛的股票,一般都是处于业绩的快速增长期,而当业绩出现变化后,在技术分析上就率先显现出来了,例如股价破位。"市场行为涵盖一切信息。"因此,在我们并不完全成熟的股票市场,关注市场趋势,尊重市场,是我们希望将价值投资继续进行下去的前提条件。价值投资的最终目的是获得更多的收益,所以在进行价值投资判断的时候一定要避免上述误区。

## 1.5 价值投资案例

在 20 世纪 80 年代,巴菲特一直在研究可口可乐,他认为可口可乐强大的品牌构成了持久竞争优势,加上以罗伯托·古崔塔为首的优秀管理层,这种资本开支小的生意模式未来将创造非常充沛的现金流。

巴菲特本人爱甜食,十分爱喝可乐。在樱桃可乐还没有出现前,他常常往百事可乐里倒一些糖浆。在他还是小孩的时候,就对饮料瓶盖很感兴趣,他发现零售机四周扔弃的瓶盖中,可口可乐的瓶盖比例惊人,高达 80% 以上。

巴菲特问自己,如果要在几年内完全复制出可口可乐这个品牌,需要多大的资金投入?最后他和搭档查理·芒格得出的结论是:哪怕是这个地球上最好的营销团队。想要复制可口可乐的品牌,就算用 1000 亿美元都办不到!而当时可口可乐的公司市值为 150 亿美元左右。仅仅一个品牌的价值就远高于 1000 亿美元的公司,用 150 亿美元就可以买到,这的确是桩好买卖!

巴菲特仔细研究了可口可乐过去 80 年的年报。他发现这个卖糖水给制瓶公司的可口可乐,其毛利率高达 80% 以上,就好像软件公司一样。这家公司未来的成功取决于它能向全世界卖出多少份可乐,数量越多,赚钱越多。他发现在过去 80 年里,没有一年其销量不是增加的!这过去 80 年的重大灾难性事件包括第一次世界大战、第二次世界大战、朝鲜战争、越南战争、美苏冷战,以及无数次的经济衰退和 20 世纪 70 年代在印度被逐出市场等。在这整个过程中,可口可乐年年都在成长。巴菲特和芒格问自己的问题很简单:到 2000 年、2025 年、2050 年……可口可乐的销售量会是多少?这个结论让巴菲特心动不已。

1886 年,可口可乐首次被调制出来,8 盎司装卖 5 美分,1986 年的价格是 17 美分。如果考虑到通货膨胀率，买一瓶 8 盎司装的可乐当年花 5 美分，在 1986 年则要花几美元才行。在一个世纪的时间里，它的单价大幅度下降，这是一个很独特的现象。极少有其他消费品达到了如此程度的降价。

全世界还有亿万人群未曾尝到他们第一口可口可乐的滋味。同时，对比美国和欧洲，全世界人均每天的可乐消费量极其微小。但是，在未来几十年里，全世界人均收入水平将急剧增长。可口可乐的人均消费量将有大幅上涨空间。

后来，巴菲特在 1989 年，接受《塔特兰大宪章》商业记者梅利莎·特纳的采访时，谈到了他在做买可口可乐股票的最终决定时的想法。他说："让我们假设你将外出去一个地方十年，出发之前，你打算安排一笔投资，并且你了解到，一旦做出投资，在你不在的这十年中，不可以更改。你怎么想？"当然，不用多说，这笔生意必须简单、易懂，这笔生意必须被证明具有多年的可持续性，并且必须具有良好的前景。"如果我能确定，我确定市场会成长，我确定领先者依然会是领先者——我指的是世界范围内，我确定销售会有极大的增长，这样的对象，除了可口可乐之外，我不知道还有哪个公司可以做得到。"巴菲特解释道，"我几乎可以肯定，当我回来的时候，他们会干得比今天更好。"

1988 年可口可乐自由现金流是 8.28 亿美元，巴菲特毛估，如果可口可乐的自由现金流能在下一个十年里，保持 15% 的年增长率，届时自由现金流将达到 33.49 亿美元。这是一个合理的预估，因为这低于在过去 7 年的平均增长率。从第 11 年起，增长率降低到了每年的 5%，用 9% 的贴现率（也就是当时的长期国债收益率）可以推算出，在 1988 年可口可乐的内在价值是 483.77 亿美元。

假设可口可乐下一个十年的自由现金流年增长率是 12%，10 年后是 5% 的年增长率，以 9% 的贴现率估算，可口可乐公司当时的内在价值为 381.63 亿美元。如果下一个 10 年增长 10%，10 年后 5%，那么内在价值是 324.97 亿美元。即便假设可口可乐今后的所有年增长率只有 5%，公司也至少值 207 亿美元。

而当时可口可乐的市值只有 150 亿美元，可口可乐的内在价值远高于其 150 亿美元的市值，所以巴菲特认为可口可乐被严重低估了。

1987 年可口可乐也陷入了困境，再加上 1987 年 10 月美国股市大幅下跌，出现股灾，所以可口可乐股价低迷，市值低于 150 亿美元。

机会来了！巴菲特 1988 年买入可口可乐股票 5.93 亿美元，1989 年大幅增持近 1 倍，总投资增至 10.24 亿美元。1991 年就升值到了 37.43 亿美元，2 年涨了 1.66 倍，连巴菲特也大感意外。他在伯克希尔 1991 年年报中高兴地说："三年前当我们大笔买入可口可乐股票的时候，伯克希尔公司的净资产大约是 34 亿美元，但是现在光是我们持有可口可乐的股票市值就超过这个数字。"

　　1994 年巴菲特继续增持，总投资达到 13 亿美元。至 1998 年年底，巴菲特在可口可乐的持股市值为 134 亿美元，10 年里增长了约 11 倍，年均复合收益率约 27%。到 2016 年年底，除去股息后，巴菲特已经赚了超过 150 亿美元。这是巴菲特最传奇最成功的股票投资案例。

# 第 2 章

## 价值投资的企业估值

估值是价值投资的前提、基础和核心。价值投资者在找到具有连续竞争优势的企业后，为保证获得利润，需要对该企业进行估值，即准确评估企业股票的内在价值，然后跟该企业股票的市场价格进行比较。本章首先讲解企业估值的基础知识，其次讲解市盈率、市净率、市售率、市现率、PEG 指标、现金流贴现在企业估值中的应用，最后讲解股神巴菲特的企业估值方法。

## 2.1 初识企业估值

估值对一个企业是相当重要的。例如，您正在寻找 100 万元左右的天使投资，计划出让企业 10% 左右的股权，那么，您在投资前估值将是 1000 万元。但这并不意味着您的企业现在价值 1000 万元。早期阶段的估值更多看重的是增长潜力而不是现值。然而，这个估值对于创业者却是十分重要的，因为其决定了企业的市场价值以及融资的额度。

### 2.1.1 什么是企业估值

企业估值，又被称为公司估值或企业价值评估，是指着眼于上市或非上市企业本身，对其内在价值进行评估。一般来说，企业的资产及获利能力取决于其内在价值。

企业估值是投融资、交易的前提。一家投资机构将一笔资金注入企业，应该占有的权益首先取决于企业的价值。

企业估值是证券研究最重要、最关键的环节，是宏观、行业及财务分析的落脚点。所有分析从根本上讲，都是为了提供一个企业估值的基础，然后以此为据作出投资与否的决策。

### 2.1.2 企业估值的基础

根据企业是否能持续经营，企业估值的基础可分为两种，分别是持续经营的企业和破产的企业，如图 2.1 所示。

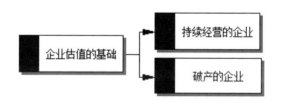

图2.1 企业估值的基础

1) 持续经营的企业

持续经营是指一个会计主体的经营活动将会无限期地延续下去，在可以预见的未来，会计主体不会遭遇清算、解散等变故而不复存在。

持续经营企业的会计核算应当以非清算为基础，例如，资产按成本计价就是基于持续经营这一假设或前提的。然而，在市场经济条件下，优胜劣汰是一项竞争原则。

每一个企业都存在经营失败的风险，都可能变得无力偿债而被迫宣告破产进行法律上的改组。一旦会计人员有证据证明企业将要破产清算，持续经营的基本前提或假设便不再成立，企业的会计核算就必须以清算为基础。

2) 破产的企业

企业处于财务困境，已经或将要破产，主要应考虑公司资产的可能清算价格。下面来说一下股票的清算价格。

股票的清算价格是指一旦股份公司破产或倒闭后进行清算时，每股股票所代表的实际价值。从理论上讲，股票的每股清算价格应与股票的账面价值相一致，但企业在破产清算时，其财产价值是以实际的销售价格来计算的，而在进行财产处置时，其售价一般都会低于实际价值。所以股票的清算价格就会与股票的净值不一致。

股票的清算价格只是在股份公司因破产或其他原因丧失法人资格而进行清算时才被作为确定股票价格的依据，在股票的发行和流通过程中没有意义。

## 2.1.3 相对估值法

上市企业估值的方法有两种，分别是相对估值法和绝对估值法。先来看一下相对估值法。

相对估值法简单易懂，也是最为股民广泛使用的估值方法。相对估值法是指使用市盈率、市净率、市售率、市现率等价格指标与其他多只股票（对比系）进行对比，如果低于对比系相应的指标值的平均值，股票价格被低估，股价将很有希望上涨，使指标回归对比系的平均值。

相对估值法的通常做法有三种，具体如下所述。

第一，和该公司历史数据进行对比。

第二，和国内同行业企业的数据进行对比，确定它的位置。

第三，和国际上的（特别是中国香港和美国）同行业重点企业数据进行对比。

## 2.1.4 绝对估值法

绝对估值法是通过对上市企业历史及当前的基本面的分析、对未来反映公司经营状况的财务数据的预测获得上市公司股票的内在价值。

绝对估值法的模型有两种，分别是现金流贴现定价模型和 B-S 期权定价模型（主要应用于期权定价、权证定价等）。

与相对估值法相比，绝对估值法的优点在于能够较为精确地揭示公司股票的内在价值，但是如何正确地选择参数则比较困难。未来股利、现金流的预测偏差、贴现率的选择偏差，都有可能影响到估值的精确性。

## 2.1.5 企业估值的作用

企业估值的作用主要表现在 6 个方面，分别是：企业价值最大化管理的需要、企业并购的需要、企业动态管理的需要、投资决策的重要前提、展示企业发展实力的手段、能够增加企业凝聚力，如图 2.2 所示。

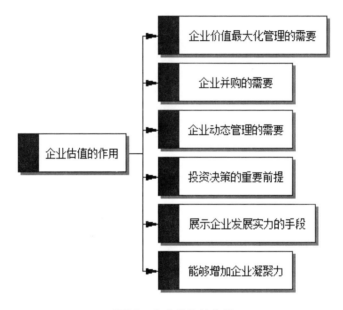

图2.2　企业估值的作用

1) 企业价值最大化管理的需要

企业财务管理的目标是企业价值最大化，企业的各项经营决策是否可行，必须看这一决策是否有利于增加企业价值。企业价值评估可以用于投资分析、战略分析和以价值为基础的管理；可以帮助经理人员更好地了解公司的优势和劣势。

2) 企业并购的需要

在现实生活中，把企业作为一个整体进行转让、合并等的现象是很常见的，例如，联想并购 IBM PC、华为并购港湾等，而这一系列的问题，都涉及企业整体价值的评估问题。在企业并购过程中，投资者希望的是从企业现有经营能力角度或同类市场比较的角度了解目标企业的价值。在这种情况下，要对整个企业的价值进行评估，以便确定合资或转卖的价格。人们买卖企业或兼并的目的是为了通过经营这个企业来获取收益，决定企业价格大小的因素相当多，其中最基本的是企业利用自有的资产去获取利润能力的大小。所以，投资者需要对企业资产综合体的整体性、动态性价值进行评估，而不仅仅是对企业各项资产的局部和静态的评估。

3) 企业动态管理的需要

对每一位公司管理者来讲，了解自己公司的具体价值，并能清楚计算出价值的来龙去脉至关重要。在计划经济体制下，企业一般关心的是有形资产的管理，对无形资产常忽略不计。在市场经济体制下，无形资产越来越受到重视，尤其是人力资本，越来越被认为是企业的最重要财富。希望清楚了解自己家底以便加强管理的企业家，有必要通过评估机构对企业价值进行公正的评估。

4) 投资决策的重要前提

企业在市场经济中作为投资主体的地位是明确的，但要保证投资行为的合理性，必须对企业资产的现时价值进行正确的评估。我国市场经济发展到今天，在企业各种经济活动中以有形资产和专利技术、专有技术、商标权、人力资本等无形资产形成优化的资产组合作价入股已很普遍。比如：风险投资都偏爱以人为本，看重的是企业家及其团队素质。合资、合作者在决策中，必须对这些无形资产进行量化，由评估机构对无形资产进行客观、公正的评估，评估的结果既是投资者与被投资单位投资谈判的重要依据，又是被投资单位确定其无形资产价值的客观标准。

5) 展示企业发展实力的手段

随着企业的形象问题日渐受到企业界人士的重视，通过名牌商标的宣传塑造企业形象，已经成为企业走向国际化的重要途径。企业拥有大量的无形资产，给企业创造了超出一般生产资料、生产条件所能创造的超额利润，但其在账面上是不能够反映出这些信息的。所以企业价值评估及宣传是强化企业形象、展示企业发展实力的重要手段。

6) 能够增加企业凝聚力

企业不但要使公司外的人了解企业的营运状态和发展趋势，而且要使公司内所有阶层的员工掌握企业信息，培养员工对本企业的忠诚度，以达到凝聚人心的目的。

## 2.2 市盈率

市盈率是最常用来评估股价水平是否合理的指标之一，是很具参考价值的股市指针。

### 2.2.1 什么是市盈率

市盈率 (Price Earnings Ratio，P/E 或 PER)，又称本益比，是普通股每股市场价格除以普通股每年每股盈利，计算公式为

$$市盈率 = 普通股每股市场价格 \div 普通股每年每股盈利$$

　　市盈率越低，代表股民能够以较低价格购入股票以取得回报。普通股每年每股盈利的计算方法，是该企业在过去 12 个月的净利润减去优先股股利之后除以总发行已售出股数。

　　假设某股票的市价为 24 元，而过去 12 个月的每股盈利为 3 元，则市盈率为 24÷3=8。该股票被视为有 8 倍的市盈率，即每付出 8 元可分享 1 元的盈利。投资者计算市盈率，主要用来比较不同股票的价值。理论上，股票的市盈率越低，越值得投资。比较不同行业、不同国家、不同时段的市盈率是不大可靠的。比较同类股票的市盈率较有实用价值。

## 2.2.2　市盈率的分类

　　在计算市盈率时，其关键在于每股盈利 (E) 的确定。从直观上看，如果公司未来若干年每股收益为恒定值，那么 P/E 值代表了公司保持恒定盈利水平的存在年限。这有点像实业投资中回收期的概念，只是忽略了资金的时间价值。而实际上保持恒定的每股盈利 (E) 几乎是不可能的，每股盈利 (E) 的变动往往取决于宏观经济和企业的生存周期所决定的波动周期。所以在运用 P/E 值的时候，每股盈利 (E) 的确定显得尤为重要，由此也衍生出具有不同含义的 P/E 值。每股盈利 (E) 体现在两个方面，一个是历史的每股盈利 (E)，另一个是预测的每股盈利 (E)。

　　用历史的每股盈利 (E) 计算出来的市盈率，称为静态市盈率。

　　用预测的每股盈利 (E) 计算出来的市盈率，称为动态市盈率。市盈率的分类如图 2.3 所示。

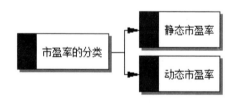

图2.3　市盈率的分类

　　1) 静态市盈率

　　静态市盈率是市场广泛谈及的市盈率，即以市场价格除以已知的最近公开的每股收益后的比值。静态市盈率体现的是企业按现在的盈利水平要花多少年才能收回成本，这个值通常被认为在 10~20 是一个合理区间。

　　2) 动态市盈率

　　动态市盈率是指还没有真正实现的下一年度的预测利润的市盈率，等于股票现价和未来每股收益的预测值的比值。比如，下年的动态市盈率就是股票现价除以下

一年度每股收益预测值，后年的动态市盈率就是现价除以后年每股收益预测值。动态市盈率的计算公式为

$$动态市盈率=股票现价÷未来每股收益的预测值$$

在计算动态市盈率时，往往是静态市盈率乘以一个动态系数，具体为

$$动态市盈率=静态市盈率×动态系数$$

其中动态系数为 $1÷(1+i)^n$，$i$ 为企业每股收益的增长性比率，$n$ 为企业的可持续发展的存续期。

例如，上市企业当前股价为 20 元，每股收益为 0.38 元，上年同期每股收益为 0.28 元，成长性为 35%，即 $i=35\%$；该企业未来保持该增长速度的时间可持续 5 年，即 $n=5$；则动态系数为 $1÷(1+35\%)^5 \approx 0.22$。

下面来计算一下该企业的静态市盈率和动态市盈率。

$$静态市盈率=20÷0.38\approx52.63$$

$$动态市盈率=52.63×0.22\approx11.58$$

两者相比，相差之大，相信普通投资者看了会大吃一惊，恍然大悟。动态市盈率理论告诉我们一个简单朴素而又深刻的道理，即投资股市一定要选择有持续成长性的公司。因此，我们不难理解资产重组为什么会成为市场永恒的主题，以及有些业绩不好的公司在实质性的重组题材支撑下成为市场黑马。

具体如何分析静态市盈率、动态市盈率？如果一家公司的投资收益等非经营性收益带来较好的每股盈利，从而导致其该年静态市盈率显得相当具有诱惑力；如果一家公司该年因动用流动资金炒股获得了高收益，或是该年部分资产变现获取了不菲的转让收益等，那么对于一些本身规模不是特别大的公司而言，这些都完全有可能大幅提升其业绩水平，但这样更多是由非经营性收益带来的突破增长，需要辩证地去看待。

非经营性的收益带给公司高的收益，这是好事，短期而言，对公司无疑有振奋刺激作用，但这样的收益具有偶然性、不可持续性。资产转让了就没有了，股票投资本身就具有不确定性，没有谁敢绝对保证一年有多少收益。因此，非经营性收益是可遇而不可求的。

## 2.2.3 利用炒股软件查看市盈率和每股收益信息

打开同花顺炒股软件，输入贵州茅台的股票代码"600519"，然后回车，就可以看到当前该股票的静态市盈率和动态市盈率，如图 2.4 所示。

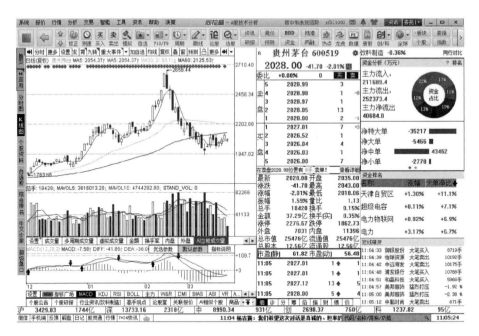

图2.4　贵州茅台(600519)的静态市盈率和动态市盈率

在日K线图状态下,按下键盘上的F10键,即可进入个股资料页面,在"最新动态"中单击"财务指标",就可以看到贵州茅台(600519)最近几个季度的每股收益信息,如图2.5所示。

| 报告期\指标 | 基本每股收益<br>(元) | 每股净资产<br>(元) | 每股资本公积金<br>(元) | 每股未分配利润<br>(元) | 每股经营现金流<br>(元) | 营业总收入<br>(元) | 净利润(元) | 净资产收益率 | 变动原因 |
|---|---|---|---|---|---|---|---|---|---|
| 2020-09-30 | 26.93 | 118.18 | 1.09 | 99.32 | 19.99 | 695.75亿 | 338.27亿 | 23.20% | 三季报 |
| 2020-06-30 | 17.99 | 109.24 | 1.09 | 90.39 | 10.05 | 456.34亿 | 226.02亿 | 15.34% | 中报 |
| 2020-03-31 | 10.42 | 118.69 | 1.09 | 102.68 | 1.83 | 252.98亿 | 130.94亿 | 9.18% | 一季报 |
| 2019-12-31 | 32.80 | 108.27 | 1.09 | 92.26 | 35.99 | 888.54亿 | 412.06亿 | 33.09% | 年报 |
| 2019-09-30 | 24.24 | 99.71 | 1.09 | 83.93 | 21.74 | 635.09亿 | 304.55亿 | 24.92% | 三季报 |

图2.5　贵州茅台(600519)最近几个季度的每股收益信息

在个股资料页面中,单击"盈利预测",就可以看到贵州茅台(600519)的预测每股收益信息,如图2.6所示。

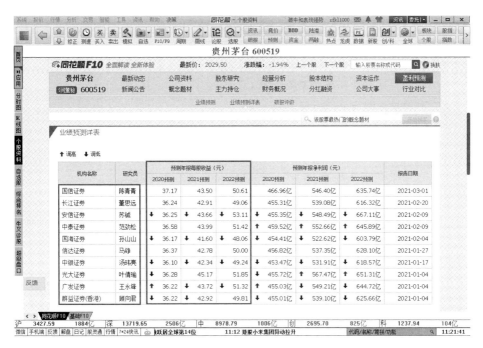

图2.6　贵州茅台(600519)的预测每股收益信息

在个股资料页面，单击"行业对比"，可以看到贵州茅台 (600519) 在白酒行业中，每股收益的排名图表信息，如图 2.7 所示。

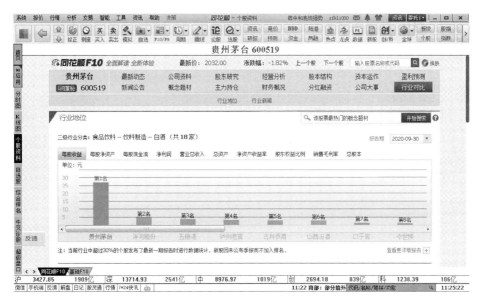

图2.7　贵州茅台(600519)的每股收益的排名图表信息

## 2.2.4 为什么市盈率有高有低

上市企业的股价取决于市场需求，即变相取决于投资者对以下各项的期望。

第一，企业的表现和未来发展前景。

第二，新推出的产品或服务。

第三，该行业的前景。

实际上，影响股价的因素还包括市场行情、新兴行业热潮等。

市盈率把股价和利润联系起来，如果利润没有变化，甚至下降，则市盈率将会上升。

一般情况下，利用市盈率判断股价是否高估或低估的标准如下所述：

市盈率小于 0，表示该企业盈利为负（因盈利为负，计算市盈率没有意义，所以一般炒股软件显示为："–"）。

市盈率大于或等于 0 而小于 14，表示该企业的价值被低估。

市盈率大于或等于 14 而小于 21，表示该企业的价值是正常水平。

市盈率大于或等于 21 而小于 29，表示该企业的价值被高估。

市盈率大于或等于 29，表示该企业的价值出现投机性泡沫。

## 2.2.5 市盈率应用注意事项

在应用市盈率投资股票时，要注意以下几点。

第一，市盈率是和收益直接对应的，收益越高，市盈率越低，而企业的收益是不稳定的。对于业绩非常稳定的企业来说，用当前市盈率来评估是简单易行的，而对于业绩不稳定的企业来说，当前市盈率是极不可靠的，当前很低的市盈率也未必代表低估，同样，当前很高的市盈率也未必代表是高估的。

第二，对于一个面临重大事项的企业来说，用当前市盈率或者用历史平均市盈率来估值都是不可行的，而应当结合重大事件的影响程度而确定，或者是重大事件的确定性而确定。

第三，有些行业的市盈率注定是比较高的。比如，医药行业因为拥有更为稳定增长的盈利预期，整个行业的市盈率估值都会比金融地产这两个行业高，而高科技类的企业则更甚。

第四，对于具有某种爆发性增长潜力的行业或者企业来说，通常意义上的市盈率估值也是不可滥用的。例如微软，如果上市之初有幸可以买这只股，但是却被它高高在上的当前市盈率吓跑了，估计也只能留下后悔。因为对于某些有可能获得良好业绩的企业来说，如果其行业属性又是属于可实现爆发性增长的，那么，无疑不宜轻易用市盈率去评估它。

第五，对于一个当前业绩极度高速增长的企业来说，其出现的低市盈率现象同样也是要警惕的。可以说，对于绝大部分企业来说，维持一个超过 30% 的增长率都是极其困难的。由此，对于那些业绩增长数倍而当前市盈率却低得诱人的现象，是不是该多一点点冷静呢？聪明的投资者会多多考虑的。

第六，对于没有重组预期或者其他重大事件影响的企业来说，采用历史 10 年以上的平均市盈率法来评估是个简单有效的方法，但同样不可对此市盈率抱以太多的希望。

第七，对于一些具有很大的潜在资产重估提升价值的企业来说，市盈率法也是不太可行的，资产重估可以导致企业资产价值的大幅提升或者大幅降低。

第八，对于很多公用事业的企业来说，比如，铁路，公路，普遍都会处于一种比较低的市盈率估值状态，因为这些企业的成长性不佳。投资者以公用事业的低市盈率去比较科技类股的高市盈率是不合适的，跨行业比较是一个不小的误区。

第九，对于暂时陷入亏损状态的企业，也是不适合于用市盈率去评估的，而更应考虑其亏损状况的持续时间或是否会变好、恶化等问题。

总之，成长性与稳定性是核心，不可以滥用市盈率。

## 2.3　市净率

市净率估值的优点在于净资产比净利润更稳定，市盈率对微利或者亏损的公司而言并不适用，但是微利或者亏损的公司仍然可以使用市净率进行评估。

### 2.3.1　市净率及其计算方式

市净率 (price to book value，PB) 指的是每股股价与每股净资产的比率，或者以公司股票市值除以公司净资产，其计算公式为

$$市净率＝市值÷净资产＝股价÷每股净资产$$

其中，净资产是公司资本金、资本公积金、资本公益金、法定公积金、任意公积金、未分配盈余等项目的合计。

净资产代表全体股东共同享有的权益，也称股票净值。净资产的多少是由股份公司经营状况决定的，股份公司的经营业绩越好，其资产增值越快，股票净值就越高，因此股东所拥有的权益也就越多。

## 2.3.2 市净率应用注意事项

市净率应用注意事项有两点，分别是市净率低不代表一定有价值、资产重估或资产虚增导致市净率低，如图 2.8 所示。

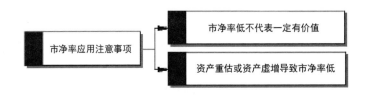

图2.8　市净率应用注意事项

1) 市净率低不代表一定有价值

市净率的一个重要驱动因素是净资产收益率，因此，那些跌破 1 倍市净率的股票很可能是因为净资产收益率非常低，不到 10%，公司的盈利价值本身就很低，所以只配享有很低的市净率。投资者投资该类型的公司除非看到净资产收益率提升的可能，或者是资产价值释放的可能，以及分配较高的现金股利的可能，否则就真的是花了低价钱买了烂货。

2) 资产重估或资产虚增导致市净率低

账面净资产虽然不像净利润一般变动幅度很大，但是如果公司同样存在财务造假，账面净资产实际价值很小，市净率评估也会高估了公司的价值。此外，在中国香港股票市场，有许多地产股的地产价值本身就经过重估，账面报出来的数目就是重估后的价值，而地产重估操纵空间同样很大，因此在中国香港股票市场中，看到极低市净率（低至 0.1、0.2 倍）的地产股也不真代表股票有价值。再说，那些看上去很值钱的地产，如果不处置发放现金股息给股东或者进行开发，资产价值没有得到释放，基本是和小股东不相关的。

提醒：牛市用市盈率，熊市用市净率。

## 2.3.3 利用炒股软件查看市净率和每股净资产信息

打开同花顺炒股软件，输入贵州茅台的股票代码"600519"，然后回车，就可以看到贵州茅台 (600519) 的日 K 线图。

在日 K 线图状态下，按下键盘上的 F10 键，即可进入个股资料页面，在"最新动态"中单击"公司概要"，就可以看到贵州茅台 (600519) 的市净率和每股净资产信息，如图 2.9 所示。

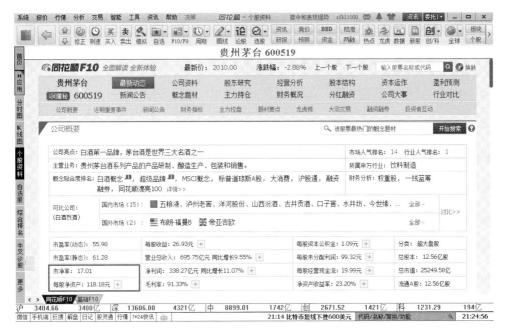

图2.9 贵州茅台(600519)的市净率和每股净资产信息

在"最新动态"中单击"财务指标",就可以看到贵州茅台 (600519) 近几个季度的每股净资产、每股资本公积金、每股未分配利润信息,如图 2.10 所示。

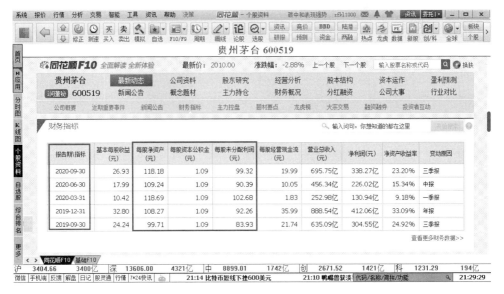

图2.10 贵州茅台(600519)近几个季度的每股净资产、每股资本公积金、每股未分配利润信息

在个股资料页面,单击"行业对比",再单击"每股净资产",可以看到贵州

茅台(600519)在白酒行业中，每股净资产的排名图表信息，如图 2.11 所示。

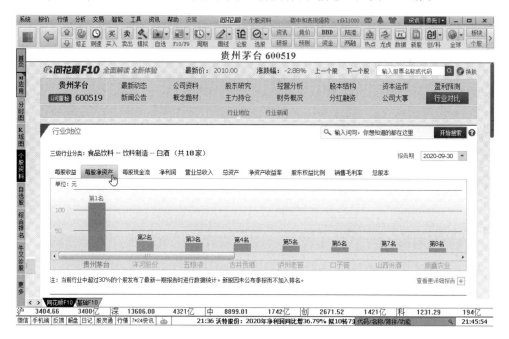

图2.11　贵州茅台(600519)的每股净资产的排名图表信息

# 2.4 市售率

市售率可以明显反映出新兴市场公司的潜在价值，因为在竞争日益激烈的环境中，公司的市场份额在决定公司生存能力和盈利水平方面的作用越来越大，市售率是评价公司股票价值的一个重要指标。

## 2.4.1 市售率及其计算方式

市售率为股票价格与每股销售收入之比，其计算公式为

$$市售率 = 股票价格 \div 每股销售收入$$

市售率是衡量股票受欢迎程度的一个重要指标，只有空想和欺骗才能使市售率已经很高的股票的价格进一步上升。还有一些股民将市售率称为"价值指标之王"，由此可见该指标对投资价值的重要作用。与其他估价模型相比，如市盈率和市净率等，市售率拥有显著的优势。因此，可以更好地表现出股票的盈利价值和成长性价值。

## 2.4.2 市售率的优势

市售率的优势主要表现在 3 个方面，具体如下所述。

首先，市售率不像市盈率和市净率那样可能因为每股收益或每股净资产是负值而变得毫无意义，市售率在任何时刻都可使用，甚至对于经营最困难的公司也是适用的。

其次，与利润和账面值不同的是，销售收入受会计政策的影响范围和影响程度都小得多。

最后，市售率并不像市盈率那样多变，因此，市售率对价值评估来说更可靠。由此可见，用市售率来代替市盈率或市净率的主要优势在于它的稳定性。

总之，不论在成熟市场还是在新兴市场上，低市售率的股票都可以取得超出市场平均水平（经风险调整的）的收益率，也就是可以取得超额收益率。不仅如此，相比于市盈率和市净率模型，市售率模型的这种优越性是更加一贯和普遍的。因此可以说，市售率是对未来收益最好和最稳定的预测工具。

## 2.5 市现率

市现率可用于评价股票的价格水平和风险水平，下面来具体讲解一下。

## 2.5.1 市现率及其计算方式

市现率是股票价格与每股现金流量的比率，其计算公式为

$$市现率 = 股票价格 \div 每股现金流量$$

市现率越小，表明上市公司每股现金的增加额越多，经营压力越小。对于参与资本运作的投资机构，市现率还意味着其运作资本的效率增加。不过，在对上市公司的经营成果进行分析时，每股经营现金的流量数据更具参考价值。

另外还应注意，由于公司年报中一般出现的都是每股经营活动产生的现金流量，而忽略了投资活动产生的现金流量和筹资活动产生的现金流量，因而在使用这个指标判断一个公司的股价是否具有吸引力时，更应该结合其他两个指标。其原因在于经营活动产生的现金流量只反映了其经营的状况，而没有反映其在分红融资和对外对内投资的情况，也就好比只计算了你的工资收入和在工作上的支出，而生活上、教育上等其他方面的支出完全没有考虑，这样的数据不能体现一个人的收入和消费

状况，同样也不能体现一家公司运用现金的能力。

　　此外，还应该注意到公司每笔巨大现金的使用情况，是用来购买生产设备还是用来支付分红，不同的现金使用方法对于公司的影响不同，故应加以区分。

## 2.5.2　利用炒股软件查看每股现金流量信息

　　每股现金流量，包括 3 种类型，分别是每股经营现金流、每股投资现金流和每股筹资现金流。但在这里主要是指每股经营现金流。

　　打开同花顺炒股软件，输入贵州茅台的股票代码"600519"，然后回车，就可以看到贵州茅台 (600519) 的日 K 线图。

　　在日 K 线图状态下，按下键盘上的 F10 键，即可进入个股资料页面，在"最新动态"中单击"公司概要"，就可以看到贵州茅台 (600519) 的每股经营现金流信息，如图 2.12 所示。

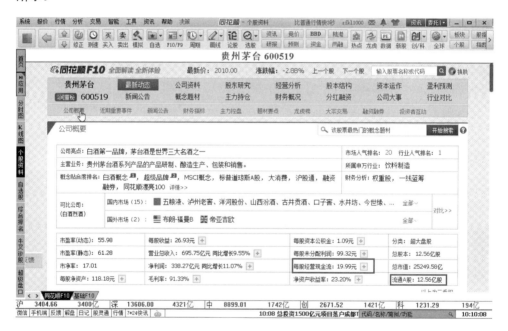

图2.12　贵州茅台(600519)的每股经营现金流信息

　　📎提醒：每股经营现金流×流通A股=经营活动产生的现金流量。

　　在"最新动态"中单击"财务指标"，就可以看到贵州茅台 (600519) 近几个季度的每股经营现金流信息，如图 2.13 所示。

图2.13　贵州茅台(600519)近几个季度的每股经营现金流信息

在个股资料页面，单击"行业对比"，再单击"每股现金流"，就可以看到贵州茅台 (600519) 在白酒行业中，每股现金流的排名图表信息，如图 2.14 所示。

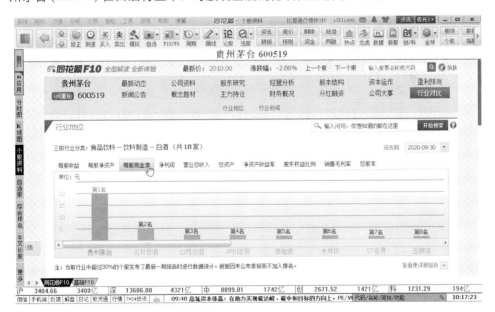

图2.14　贵州茅台(600519)的每股现金流的排名图表信息

在个股资料页面，单击"财务概况"，再单击"现金流量表"，就可以看到经营活动产生的现金流量和投资活动产生的现金流量，如图 2.15 所示。

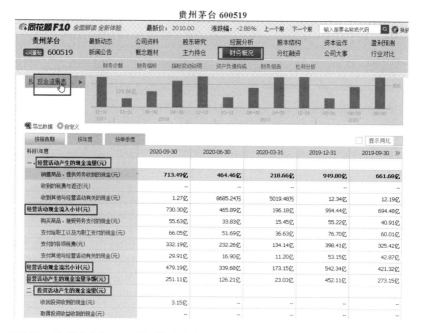

图2.15 贵州茅台(600519)经营活动产生的现金流量和投资活动产生的现金流量

向下拖动垂直滚动条，就可以看到投资活动产生的现金流量的各项信息及筹资活动产生的现金流量，如图 2.16 所示。

贵州茅台 600519

| 科目\年度 | 2020-09-30 | 2020-06-30 | 2020-03-31 | 2019-12-31 | 2019-09-30 |
|---|---|---|---|---|---|
| 收回的现金净额(元) | | | | | |
| 收到其他与投资活动有关的现金(元) | -- | -- | -- | 732.11万 | 732.11万 |
| 投资活动现金流入小计(元) | 3.15亿 | -- | -- | 735.92万 | 732.11万 |
| 购建固定资产、无形资产和其他长期资产支付的现金(元) | 16.15亿 | 9.64亿 | 4.14亿 | 31.49亿 | 20.28亿 |
| 投资支付的现金(元) | -- | -- | -- | -- | -- |
| 支付其他与投资活动有关的现金(元) | 1363.71万 | 877.73万 | 576.29万 | 2418.02万 | 1955.19万 |
| 投资活动现金流出小计(元) | 16.29亿 | 9.73亿 | 4.20亿 | 31.73亿 | 20.48亿 |
| 投资活动产生的现金流量净额(元) | -13.14亿 | -9.73亿 | -4.20亿 | -31.66亿 | -20.40亿 |
| 三、筹资活动产生的现金流量(元) | | | | | |
| 吸收投资收到的现金(元) | -- | -- | -- | 8.33亿 | 8.33亿 |
| 其中：子公司吸收少数股东投资收到的现金(元) | -- | -- | -- | 8.33亿 | 8.33亿 |
| 取得借款收到的现金(元) | -- | -- | -- | -- | -- |
| 收到其他与筹资活动有关的现金(元) | -- | -- | -- | -- | -- |
| 筹资活动现金流入小计(元) | -- | -- | -- | 8.33亿 | -- |
| 偿还债务支付的现金(元) | -- | -- | -- | -- | -- |
| 分配股利、利润或偿付利息支付的现金(元) | 238.78亿 | 237.34亿 | 4.51亿 | 201.17亿 | 201.21亿 |
| 其中：子公司支付给少数股东的股利、利润(元) | 24.92亿 | 23.47亿 | 4.51亿 | 18.54亿 | 17.97亿 |
| 支付其他与筹资活动有关的现金(元) | -- | -- | -- | -- | -- |
| 筹资活动现金流出小计(元) | 238.78亿 | 237.34亿 | 4.51亿 | 201.17亿 | 201.21亿 |

图2.16 投资活动产生的现金流量的各项信息及筹资活动产生的现金流量

## 2.6 PEG指标

PEG 指标，即市盈率相对盈利增长比率。该指标既可以通过市盈率考察公司目前的财务状况，又可通过盈利增长速度考察未来一段时期内公司的增长预期，因此是一个比较完美的参考指标。

### 2.6.1 PEG指标及其计算方式

PEG 指标最先由英国投资大师史莱特提出，后来由美国投资大师彼得·林奇发扬光大。史莱特被称为 PEG 选股法的创始者，同时名列 18 位投资大师排行榜中。PEG 指标最先在英国证券市场上使用，但是英国证券市场的影响力较小，所以该指标提出后，并未在世界上引起较大的反响。1992 年，史莱特通过自己的著作《祖鲁原则》，将市盈率相对盈利增长比率 (PEG) 这一投资和选股方法推广到了美国。此后，在美国著名投资大师彼得·林奇的努力下，终于使这一投资理念深入人心。后来，更多的人将 PEG 方法的功绩归功于彼得·林奇。

PEG 指标是市盈率除以盈利增长率，其计算公式为

$$PEG指标 = 市盈率 \div (盈利增长率 \times 100)$$

例如，某只股票的市盈率为 20，通过计算和预测，得到企业盈利增长率为 10%，则该股票的 PEG 为 20÷10=2，如果盈利增长率为 20%，则 PEG 为 20÷20=1，如果盈利增长率为 40%，则 PEG 为 20÷40=0.5。显然，PEG 值越低，说明该股的市盈率越低，或者盈利增长率越高，从而越具有投资价值。

### 2.6.2 PEG指标的作用

PEG 指标是将市盈率和公司业绩成长性对比起来看，其中的关键是要对公司的业绩作出准确的预测。

股民普遍习惯于使用市盈率来评估股票的价值，但是，当遇到一些极端情况时，市盈率的可操作性就表现出其局限性。比如，市场上有许多远高于股市平均市盈率水平，甚至高达上百倍市盈率的股票，此时就无法用市盈率来评估这类股票的价值。

但如果将市盈率和公司业绩成长性相对比，那些超高市盈率的股票看上去就有合理性了，股民就不会觉得风险太大了，这就是 PEG 估值法。PEG 虽然不像市盈率和市净率使用得那样普遍，但同样是非常重要的，在某些情况下，还是决定股价变动的决定性因素。

## 2.6.3 PEG指标运用的技巧

如果 PEG 大于 1，说明这只股票的价值就可能被高估，或市场认为这家公司的业绩成长性会高于市场的预期。

通常，那些成长型股票的 PEG 都会高于 1，甚至在 2 以上，股民愿意给予其高估值，表明这家公司未来很有可能会保持业绩的快速增长，这样的股票就容易有超出想象的市盈率估值。

当 PEG 小于 1 时，要么是市场低估了这只股票的价值，要么是市场认为其业绩成长性可能比预期的要差。通常价值型股票的 PEG 都会低于 1，以反映低业绩增长的预期。股民需要注意的是，像其他财务指标一样，PEG 也不能单独使用，必须和其他指标结合起来，这里最关键的还是对公司业绩的预期。

由于 PEG 需要对未来至少 3 年的业绩增长情况作出判断，而不能只用未来 12 个月的盈利预测，因此大大提高了准确判断的难度。事实上，只有当投资者有把握对未来 3 年以上的业绩表现作出比较准确的预测时，PEG 的使用效果才会体现出来，否则反而会起误导作用。此外，投资者不能仅看公司自身的 PEG 来确认它是高估还是低估，如果某公司股票的 PEG 为 1.2，而其他成长性类似的同行业公司股票的 PEG 都在 1.5 以上，则该公司的 PEG 虽然已经高于 1，但价值仍可能被低估。

PEG 指标弥补了静态市盈率指标在判断股票投资价值时的缺陷，不但考虑了本会计报告期的财务状况，同时也考虑了过去几年企业盈利的增长情况，以及未来几年企业的发展机遇。PEG 指标同时也弥补了动态市盈率指标的不足之处。相对于动态市盈率对盈利增长率的计算，PEG 指标的计算过程显得更为合理和科学。PEG 指标虽然同样带有一定的人为预测因素，但 PEG 指标在计算过程中，对盈利增长率的预测是建立在对企业本身近距离的研究和观察之上的，因此更加准确。

另外，PEG 指标还解决了静态市盈率和动态市盈率共同面临的一个问题，那就是对于价值评估标准的选择，这也是 PEG 指标选股法最大的优势所在。传统的市盈率选股法，是将个股市盈率与行业平均市盈率或者市场平均市盈率作比较，选择具有相对较低市盈率的个股进行投资。由于市场平均市盈率受宏观经济波动影响较大，容易产生脱离价值轨道的现象，导致作为价值评估标准的市场平均市盈率，本身并不具备可比性。

PEG 指标成功地解决了这一问题，因为 PEG 选股法并不将市场平均水平作为价值评估的标准，而是将该标准定为数字 1。当 PEG 值低于 1 时，说明该股票价值被低估，值得投资者进行投资；当 PEG 值超过 1 时，说明该股票价值被高估，已经持有该股的投资者，应该卖出该股票，买入其他 PEG 值低于 1 的股票。彼得·林奇曾经指出，最理想的投资对象，其 PEG 值应该低于 0.5。

## 2.6.4 利用炒股软件查看盈利增长率信息

盈利增长率主要包括两种，分别是营业收入增长率和净利润增长率。

打开同花顺炒股软件，输入贵州茅台的股票代码"600519"，然后回车，就可以看到贵州茅台 (600519) 的日 K 线图。

在日 K 线图状态下，按下键盘上的 F10 键，即可进入个股资料页面，在"最新动态"中单击"公司概要"，就可以看到贵州茅台 (600519) 的盈利增长率信息，如图 2.17 所示。

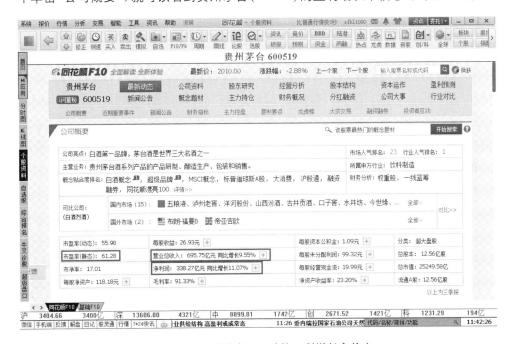

图2.17　贵州茅台(600519)的盈利增长率信息

在个股资料页面，单击"盈利预测"，向下拖动垂直滚动条，就可以看到贵州茅台 (600519) 近几年实际和预测的盈利增长率信息，如图 2.18 所示。

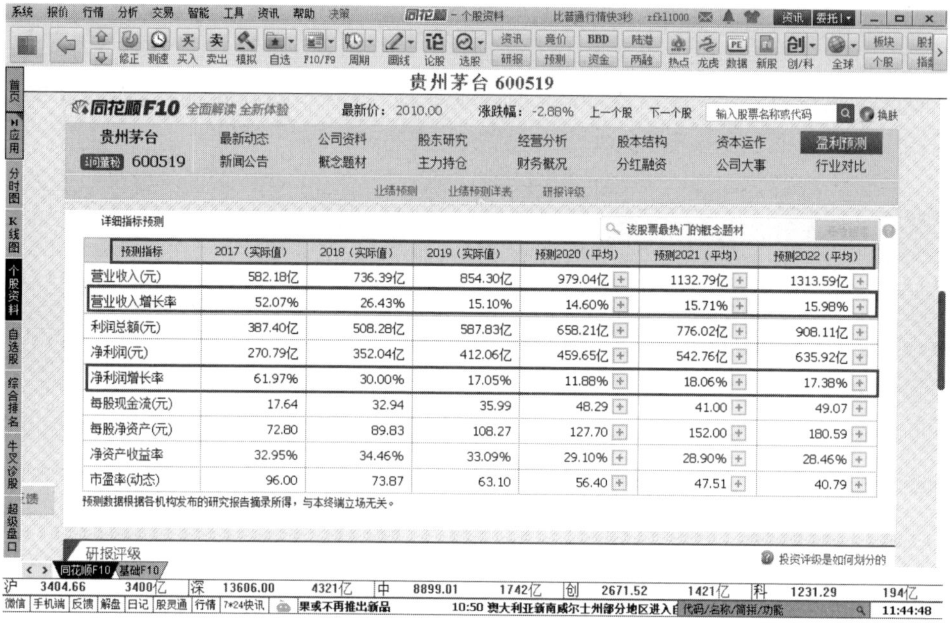

贵州茅台 600519

| 预测指标 | 2017（实际值） | 2018（实际值） | 2019（实际值） | 预测2020（平均） | 预测2021（平均） | 预测2022（平均） |
|---|---|---|---|---|---|---|
| 营业收入(元) | 582.18亿 | 736.39亿 | 854.30亿 | 979.04亿 | 1132.79亿 | 1313.59亿 |
| 营业收入增长率 | 52.07% | 26.43% | 15.10% | 14.60% | 15.71% | 15.98% |
| 利润总额(元) | 387.40亿 | 508.28亿 | 587.83亿 | 658.21亿 | 776.02亿 | 908.11亿 |
| 净利润(元) | 270.79亿 | 352.04亿 | 412.06亿 | 459.65亿 | 542.76亿 | 635.92亿 |
| 净利润增长率 | 61.97% | 30.00% | 17.05% | 11.88% | 18.06% | 17.38% |
| 每股现金流(元) | 17.64 | 32.94 | 35.99 | 48.29 | 41.00 | 49.07 |
| 每股净资产(元) | 72.80 | 89.83 | 108.27 | 127.70 | 152.00 | 180.59 |
| 净资产收益率 | 32.95% | 34.46% | 33.09% | 29.10% | 28.90% | 28.46% |
| 市盈率(动态) | 96.00 | 73.87 | 63.10 | 56.40 | 47.51 | 40.79 |

预测数据根据各机构发布的研究报告摘录所得，与本终端立场无关。

图2.18　贵州茅台(600519)的近几年实际和预测的盈利增长率信息

## 2.7 现金流贴现

现金流贴现，即现金流量贴现法 (Discounted Cash Flow Method)，是把企业未来特定期间内的预期现金流量还原为当前现值。由于企业价值的精髓还是它未来盈利的能力，只有当企业具备这种能力，它的价值才会被市场认同，因此理论界通常把现金流量贴现法作为企业价值评估的首选方法。该方法在评估实践中也得到了大量的应用，并且已经日趋完善和成熟。

### 2.7.1 现金流贴现的计算方式

现金流贴现的计算方式为

$$V=\sum_{t=1}^{n}\frac{CF_t}{(1+r)^t}$$

各参数意义如下所述。

$V$：企业的评估值。

$n$：资产（企业）的寿命。

$CF_t$：资产（企业）在 $t$ 时刻产生的现金流。

$r$：反映预期现金流的折现率。

从上述计算公式可以看出该方法有两个基本的输入变量，即现金流和折现率。因此，在使用该方法前首先要对现金流作出合理的预测。

首先，在评估中要全面考虑影响企业未来获利能力的各种因素，客观、公正地对企业未来现金流作出合理预测。

其次，选择合适的折现率。折现率的选择主要是根据评估人员对企业未来风险的判断。由于企业经营的不确定性是客观存在的，因此对企业未来收益风险的判断至关重要，当企业未来收益的风险较高时，折现率也应较高，当未来收益的风险较低时，折现率也应较低。

## 2.7.2 现金流贴现的优势

现金流贴现的优势主要表现在 3 个方面，分别是：最完善的估值方法，估值结果与股权的内在价值相近，反映出公司的经营战略，如图 2.19 所示。

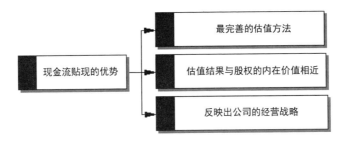

图2.19　现金流贴现的优势

1) 最完善的估值方法

现金流贴现是通过预测未来若干年的自由现金流，并用恰当的贴现率（通常为加权平均资本成本）和终值计算这些现金流和终值的现值，从而预测出合理的公司价值和股权价值。现金流量贴现法分析了一个公司的整体状况，既考虑了资金的风险，也考虑了资金的时间价值，是理论上最完善的估值方法。

2) 估值结果与股权的内在价值相近

现金流贴现最大的优点是最贴近公司的实际内在价值。通常会计科目中数据的记录往往带有主观判断色彩，因而可能产生误差。现金流量贴现法是通过对公司未来的自由现金流计算得出公司价值的，单纯追踪属于投资者的资金流，并不完全基于历史财务数据，因此计算出的价值更加贴近公司的内在价值。

3) 反映出公司的经营战略

为了预测公司未来的自由现金流，首先需要按照公司的业务流程建立一个估值模型。好的估值模型的结构可以充分反映公司采购、生产及销售等各个业务环节。在设计好估值模型的结构后，即可根据公司未来的经营战略，把相应的数据输入模型中，最终得到预测的自由现金流。因此，通过现金流量贴现法计算的估值结构可以反映公司的经营战略。

## 2.7.3 现金流贴现的劣势

现金流贴现的劣势也表现在 3 个方面，分别是：估值方法复杂并且工作量大，估值区间的范围大并且估值结果可用性有限，较难把握短期盈利机会，如图 2.20 所示。

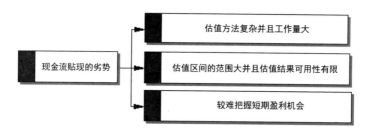

图2.20 现金流贴现的劣势

1) 估值方法复杂并且工作量大

首先，现金流贴现估值模型的结构非常复杂，并且模型的建立需要对行业和公司的现状有充分的了解。

其次，现金流量贴现法的估值模型不是建立在一系列固定不变的数据基础上的，因此，在行业未来前景出现变化，或者公司的经营策略进行转变的情况下，都需要随时调整模型所需要输入的数据。

因此相对于乘数估值法而言，工作量较大，操作不方便。

2) 估值区间的范围大并且估值结果可用性有限

首先，现金流量贴现法的估值结果对于公司未来发展速度以及市场走势的假设很敏感。如果对于自由现金流、贴现率以及永久增长率的预测仅仅基于主观判断，得到的估值区间就可能会很大，因此估值结果的参考价值有限。

现金流量贴现法的准确性有赖于对未来现金流的精确判断，对于难以预测销售和成本走势的企业而言，则很难准确预测未来的现金流。仅仅是预测未来几年的现金流就已经很困难，对无限延长后的预测数据的准确性则更值得商榷。为了保证公司的真实价值处于估值区间，就需要对众多假设进行敏感性分析，从而使最终得到的估值区间可能很大。

3) 较难把握短期盈利机会

现金流量贴现法的优点之一是不受市场短期波动的影响，因此现金流量贴现法无法应用在短期投资上的估值。虽然现金流量贴现法可以在很大程度上规避最终投资泡沫的风险，但也很可能使投资者错过股票短期上涨的盈利机会。

## 2.8 企业估值运用注意事项

企业估值运用注意事项有 6 点，具体如下所述。

第一，股市领先者通常拥有更高的估值。

第二，股市只有老大、老二、老三，其他都无足轻重。

第三，必须有成长计划让公司业务超越目前状态，从而维持估值。

第四，根据创建（复制）时的成本来估算公司价值是愚蠢的行为。真正的价值在于顾客、收入、成长前景，而不是公司创建时花了多少钱。

第五，千万不要低估竞争对手在面对飞速增长的情况下作出的反应。

第六，在股市领先者处于飞速增长期时出手（投资），惯性很重要。

## 2.9 股神巴菲特的企业估值方法

股神巴菲特的企业估值方法分三步，分别是选企业估值模型、选企业估值标准和选企业估值方法，如图 2.21 所示。

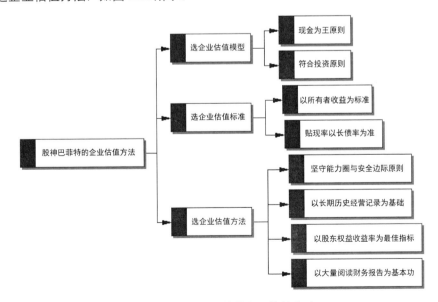

图2.21　股神巴菲特的企业估值方法

## ▌2.9.1▐ 选企业估值模型

巴菲特说，内在价值的定义很简单，它是一家企业在其余下的寿命中可以产生的现金流量的贴现值。内在价值非常重要，它为评估投资和企业的相对吸引力提供了唯一的逻辑手段，是一种以事实（比如资产、收益、股息、明确的前景等）作为根据的价值，完全有别于受到人为操纵和心理因素干扰的市场价格。

1) 现金为王原则

巴菲特认为，投资者进行投资决策的唯一标准不是企业是否具有竞争优势，而是企业的竞争优势能否为股民的将来带来更多的现金，所以，内在价值的评估原则就是现金为王。

因此，对巴菲特来讲，正确的内在价值评估模型是 1942 年威廉姆斯提出的现金流量贴现模型：今天任何股票、债券或公司的价值，取决于在资产的整个剩余使用寿命期间预期能够产生的、以适当的利率贴现的现金流入和流出。

2) 符合投资原则

巴菲特使用伊索寓言中"一鸟在手胜过二鸟在林"的比喻，再次强调内在价值评估应该采用现金流量贴现模型。使用这一公式及原则只需要回答 3 个问题：你能在多大程度上确定树丛里有小鸟？小鸟何时出现？有多少小鸟会出现？小鸟在此就是资金。

如果你能回答出以上 3 个问题，那么你将知道这片树丛的最大价值是多少，以及你现在需要拥有小鸟的最大数量是多少。只有这样，才能使你现在拥有的小鸟价值正好相当于树丛未来可能出现的小鸟的价值。

## ▌2.9.2▐ 选企业估值标准

现金流量表中的现金流量数值其实高估了真实的自由现金流量。无风险利率是多少？巴菲特说："我们认为应以美国长期国债利率为准"。

同样的评估企业内在价值的现金流量贴现模型，巴菲特在使用上与其他人截然不同，即在两个最关键的变量——现金流量和贴现率的标准选择上有根本不同。

1) 以所有者收益为标准

巴菲特认为，按照会计准则 (GAAP) 计算出来的现金流量并不能反映真实的长期自由现金流量，所有者收益才是计算自由现金流量的正确标准，二者的区别在于是否包括了企业为维护长期竞争优势地位的资本性支出。

所有者收益包括净利润加上折旧费用、折耗费用、摊销费用和某些其他非现金费用，减去企业为维护其长期竞争地位和单位产量而用于厂房和设备的年平均资本性支出。而根据现金流量表计算出的现金流量数值却没有减去企业为维护其长期竞争地位和单位产量而用于厂房和设备的年平均资本性支出。

所以，巴菲特说，现金流量表中的现金流量数值其实高估了真实的自由现金流量，他所倡导的所有者收益才是对企业长期自由现金流量的准确衡量。尽管由于年平均资本性支出只能估计，导致所有者收益计算并不精确，但大致的正确估计，远胜于精确的错误计算。

2) 贴现率以长债率为标准

贴现率是企业内在价值评估中非常重要的参数，其选择是否恰当将对评估结果和投资判断产生巨大的影响。巴菲特的选取标准是以美国长期国债利率为准。

巴菲特之所以将无风险利率以美国长期国债利率为准，是因为巴菲特把一切股票投资都放在与债权收益的相互关系之中。如果他所投资的股票无法得到超过债券的潜在收益率，那么他宁可购买国债。也就是说，美国长期国债利率是巴菲特为进行股票投资所设定的门槛收益率。

## 2.9.3 选企业估值方法

巴菲特说，价值评估，既是科学，又是艺术！

估值的最大困难和挑战是企业内在价值取决于企业未来的长期现金流，而未来的现金流又取决于企业未来的业务情况，而未来是不确定的，预测期间越长，越难准确进行预测。因此，内在价值是估计值而非精确值，更多的时候是一个大致的价值区间。为此，巴菲特给出了4种方法，分别是坚守能力圈与安全边际原则、以长期历史经营记录为基础、以股东权益收益率为最佳指标、以大量阅读财务报告为基本功。

1) 坚守能力圈与安全边际原则

为防止估计未来现金流量出错，巴菲特认为，有两个保守却可靠的办法，即能力圈原则与安全边际原则。

能力圈原则是指坚决固守于自己能够了解且可以了解的企业，这意味着这些企业的业务本身通常具有相对简单且稳定的特点，如果企业很复杂而产业环境又在不断变化，那就根本没有必要花费精力去预测其未来的现金流量。

与能力圈原则同等重要的是安全边际原则，即强调在买入价格上留有安全边际。例如，经过计算，某一只股票的内在价值仅仅略高于该股票的市场价格，则就不该对该股票产生兴趣。与格雷厄姆一样，巴菲特认为安全边际原则是成功投资的基石。

2) 以长期历史经营记录为基础

对未来保守的估计，只能建立在企业稳定的长期历史经营基础上。一个企业盈利的历史记录是预测其未来发展趋势的最可靠的指示器。巴菲特非常强调企业业务的长期稳定性，他认为，经营盈利能力最好的企业，经常是那些现在的经营方式与5年前甚至10年前几乎完全相同的企业。这些企业总是不断有机会进一步改善服务、产品线、生产技术等，最终形成稳定的持续竞争优势。

3) 以股东权益收益率为最佳指标

巴菲特认为衡量企业价值增值能力的最佳指标是股东权益收益率，而不是每股收益的增加，股东权益收益率体现了管理层利用股东投入资本的经营效率。高水平的权益投资收益率必然会导致公司股东权益的高速度增长，相应地，企业内在价值及股价也将稳定增长。集中投资于具有高水平权益投资收益率的企业，正是巴菲特获得巨大投资成功的重要秘诀之一。这一点，巴菲特通过1988年《财富》杂志出版的投资人手册的数据已得到充分证明。

由于每股盈利容易受很多因素影响，甚至受管理层的操纵，因此每股盈利经常不能准确地反映企业的价值创造能力。

4) 以大量阅读财务报告为基本功

巴菲特认为分析企业财务报告是进行企业内在价值评估的基本功。当人们问巴菲特是如何对一个企业的内在价值进行评估时，巴菲特回答说，大量阅读！巴菲特阅读最多的就是财务报告，不但要阅读自己所关注的企业财务报告，同时还要阅读它的竞争对手的财务报告。

巴菲特认为，当企业管理层试图向投资者解释清楚企业的实际情况时，可以通过财务报告的规定来进行；不幸的是，当他们想弄虚作假时，同样可以利用有关财务报告的规定来进行。如果不能辨认出其中的差别，那么就失去了在资产管理行业中谋生的意义。

# 第 3 章

# 价值投资的宏观信息分析

　　宏观经济形势不仅制约着投资主观愿望的产生，也制约着投资实现的客观条件，因此，股民需要密切关注宏观信息面的变化，捕捉好的投资市场、投资时机与投资产品。本章首先讲解什么是宏观信息分析及其作用，然后讲解经济周期、货币政策、通货膨胀、CPI、PPI、政治因素、法律、文化和自然因素对股市的影响，最后讲解宏观信息分析的注意事项。

# 3.1 初识宏观信息分析

下面来讲解一下什么是宏观信息分析及其作用。

## 3.1.1 什么是宏观信息分析

宏观信息分析就是社会经济大环境分析。股市是社会经济结构中的一部分，隶属于资本市场，而资本市场是为社会经济服务的，因而股市受制于宏观经济及其信息面。

## 3.1.2 宏观信息分析的作用

宏观信息分析的作用主要有 3 点，分别是：把握股市的总体变动趋势、判断整个股市的投资价值、掌握宏观经济政策对股市的影响力度与方向，如图 3.1 所示。

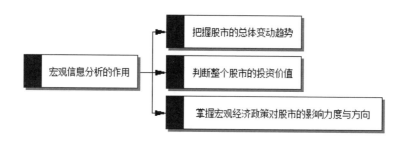

图3.1　宏观信息分析的作用

1) 把握股市的总体变动趋势

在股市投资领域，宏观经济信息分析非常重要，只有把握住经济发展的大方向，才能把握股市的总体变动趋势，作出正确的长期决策；只有密切关注宏观经济因素的变化，尤其是货币政策和财政政策的变化，才能抓住股市投资的市场时机。

2) 判断整个股市的投资价值

股市的投资价值与国民经济整体素质和结构变化息息相关。这里所说的股市的投资价值是指整个市场的平均投资价值。从某种意义上说，整个股市的投资价值就是整个国民经济增长质量与速度的反映，因为不同部门、不同行业与成千上万的不同企业相互影响、互相制约，共同决定着国民经济发展的速度和质量。宏观经济是各个体经济的总和，因而企业的投资价值必然在宏观经济的总体中综合反映出来，所以，宏观经济分析是判断整个股市投资价值的关键。

3) 掌握宏观经济政策对股市的影响力度与方向

股市与国家宏观经济政策息息相关。在市场经济条件下，国家经常通过财政政策和货币政策来调节经济，或挤出泡沫，或促进经济增长，这些政策直接作用于企业，从而可以影响经济增长速度和企业效益，并进一步对股市产生影响。因此，股市投资必须认真分析宏观经济政策，掌握其对股市的影响力度与方向，以便准确把握整个股市的运行趋势和各个股票的投资价值变动方向。这无论是对投资者、投资对象，还是对股市本身乃至整个国民经济的快速健康发展都具有重要的意义。

## 3.2 经济周期对股市的影响

经济周期是指总体经济活动的扩张和收缩交替反复出现的过程。股市波动通常与经济周期紧密相关。宏观经济的诸多因素对股市的综合作用，可以通过经济景气的周期运动与股市的周期运动之间的关系表现出来。既然股价反映的是对经济形势的预期，因而其表现必定领先于经济的现实表现，除非预期出现偏差，经济形势本身才能对股价产生纠错反应。

### 3.2.1 经济周期的4个阶段

经济周期一般由衰退、萧条、复苏和繁荣 4 个阶段构成，如图 3.2 所示。

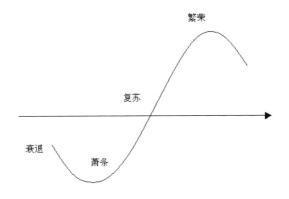

图3.2 经济周期的4个阶段

当经济持续衰退至尾声，百业不振时，投资者已远离股票市场，每日成交量稀少。此时，有眼光并且不断收集和分析有关经济形势信息的投资者已开始默默吸纳股票，股价已缓缓上升。

当各种媒介开始宣传萧条已过去、经济日渐复苏时，股价实际上已经升至一定水平。随着人们普遍认同以及投资者自身的境遇不断改善，股市开始活跃，需求逐渐扩大，股价不断攀升，更有主力借经济形势好转之"利好"哄抬股价，普通投资者在利益和乐观从众心理的驱使下极力"捧场",股价因此会屡创新高。而那些有识之士在综合分析经济形势的基础上,认为经济将不会再达高潮时,已开始悄然抛出股票,股价虽然还在上涨,但供需力量逐渐发生转变。

当经济形势逐渐被更多的投资者所认识,供求趋于平衡直至供大于求时,股价便开始下跌。当经济形势发展按照人们的预期走向衰退时,与上述现象相反的现象便会发生。

上面描述了股价波动与经济周期相互关联的一个总体轮廓,这样投资者就能明白,在经济周期的不同阶段,应该对股市采取不同的操作方法。

## 3.2.2 经济指标

如何才能准确把握经济周期呢?经各国统计部门和众多经济学家、统计学家对经济数据进行的广泛统计分析表明,一些指标循环运行领先于经济周期,被称为先行指标;也有一些指标循环运行与经济周期同步,被称为同步指标;还有一些指标循环运行滞后于经济周期,被称为滞后指标。通过对多个指标的研究,投资者可以对宏观经济运行作出初步判断。经济指标如图3.3所示。

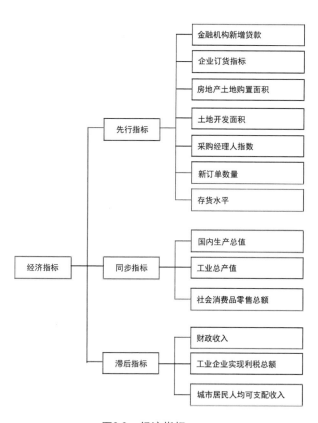

图3.3　经济指标

1) 先行指标

先行指标,又称超前指标或领先指标,是指在总体经济活动达到高峰或跌至低谷之前,先行出现高峰或低谷的指标。利用先行指标可以预测总体经济何时扩张,何时达到高峰;何时收缩,何时跌至低谷。先行指标很多,主要有金融机构新增贷款、企业订货指标、房地产土地购置面积、土地开发面积、采购经理人指数、新订单数量、存货水平等。

2) 同步指标

同步指标，又称一致指标，是指其达到高峰和低谷的时间与总体经济活动出现高峰和低谷的时间大致相同的指标。同步指标可以描述总体经济的运行轨迹，确定总体经济运行的高峰和低谷的位置。同步指标很多，主要有国内生产总值、工业总产值、社会消费品零售总额等。

3) 滞后指标

滞后指标，又称落后指标，是指其达到高峰和低谷的时间晚于总体经济活动出现高峰和低谷的时间的指标。该指标有助于分析前一个经济循环是否已结束，下一个循环将如何变化。滞后指标很多，主要有财政收入、工业企业实现利税总额、城市居民人均可支配收入等。

## 3.2.3 查看重要经济指数数据

利用中国人民银行网站可以了解我国的信贷政策、货币政策、利率及金融运行状况等信息。在浏览器的地址栏中输入"http://www.pbc.gov.cn"，然后按回车键，即可进入中国人民银行网站的首页，如图 3.4 所示。

图3.4　中国人民银行网站的首页

单击"信贷政策"超链接，进入信贷政策页面，在这里可以看到"政策法规"和"业务简介"两项内容，如图 3.5 所示。

图3.5  信贷政策页面

单击"政策法规"超链接，就可以看到所有信贷政策法规，如图3.6所示。

图3.6  所有信贷政策法规

如果要查看具体的某项信贷政策，只需单击其标题即可。

同理，可以查看货币政策和利率信息，方法同上，这里不再重复。

利用"调查统计"超链接，可以了解最近一个季度的银行家、企业家和全国城镇储户的情况。单击"调查统计"超链接，即可进入调查统计页面，如图3.7所示。

图3.7 调查统计页面

单击"2020 年第四季度企业家问卷调查报告"链接，就可以看到企业家宏观经济热度指数、产品销售价格感受指数和原材料购进价格感受指数、出口订单指数和国内订单指数、资金周转指数和销货款回笼指数、经营景气指数和盈利指数。

📶提醒：由于这个调查报告是PDF格式，所以要使用Acrobat Reader·软件才能打开。

图 3.8 显示的是企业家宏观经济热度指数。

调查与分析　　　　　　　　　　　　　　　　　　　调查统计司

2021年1月19日

**2020 年第四季度企业家问卷调查报告**

2020 年第四季度中国人民银行企业家问卷调查结果显示：

**一、企业家宏观经济热度指数**

企业家宏观经济热度指数为 34.4%，比上季提高 6.7 个百分点，比去年同期提高 2.6 个百分点。其中，33.3%的企业家认为宏观经济"偏冷"，64.6%认为"正常"，2.1%认为"偏热"。

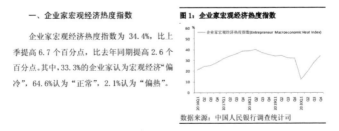

数据来源：中国人民银行调查统计司

图3.8 企业家宏观经济热度指数

图 3.9 显示的是产品销售价格感受指数和原材料购进价格感受指数。

**二、产品销售价格感受指数和原材料购进价格感受指数**

产品销售价格感受指数为 53.3%，比上季提高 5.1 个百分点，比去年同期提高 5.6 个百分点。其中，17.4%的企业家认为本季产品销售价格比上季"上升"，71.7%认为"持平"，10.9%认为"下降"。

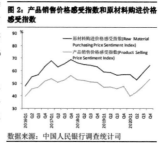

图 2：产品销售价格感受指数和原材料购进价格感受指数

数据来源：中国人民银行调查统计司

原材料购进价格感受指数为 64.2%，比上季提高 5.5 个百分点，比去年同期提高 7.0 个百分点。其中，31.4%的企业家认为本季原材料购进价格比上季"上升"，65.6%认为"持平"，3.0%认为"下降"。

图3.9　产品销售价格感受指数和原材料购进价格感受指数

图 3.10 显示的是出口订单指数和国内订单指数。

**三、出口订单指数和国内订单指数**

出口订单指数为 46.4%，比上季提高 2.8 个百分点，比去年同期提高 3.1 个百分点。其中，20.3%的企业家认为出口订单比上季"增加"，52.2%认为"持平"，27.5%认为"减少"。

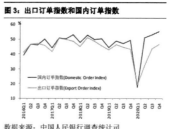

图 3：出口订单指数和国内订单指数

数据来源：中国人民银行调查统计司

国内订单指数为 55.0%，比上季提高 2.1 个百分点，比去年同期提高 5.9 个百分点。其中，26.8%的企业家认为本季国内订单比上季"增加"，56.5%认为"持平"，16.7%认为"减少"。

图3.10　出口订单指数和国内订单指数

图 3.11 显示的是资金周转指数和销货款回笼指数。

**四、资金周转指数和销货款回笼指数**

资金周转指数为 59.3%，比上季提高 3.1 个百分点，比去年同期提高 0.3 个百分点。其中，32.8%的企业家认为本季资金周转状况"良好"，53.0%认为"一般"，14.2%认为"困难"。

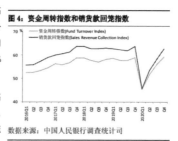

图 4：资金周转指数和销货款回笼指数

数据来源：中国人民银行调查统计司

销货款回笼指数为 62.7%，比上季提高 4.5 个百分点，比去年同期低 1.0 个百分点。其中，34.2%的企业家认为本季销货款回笼状况"良好"，57.0%认为"一般"，8.8%认为"困难"。

图3.11　资金周转指数和销货款回笼指数

图 3.12 显示的是经营景气指数和盈利指数。

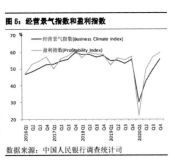

五、经营景气指数和盈利指数

经营景气指数为 55.8%，比上季提高 6.4 个百分点，比去年同期提高 0.2 个百分点。其中，24.8% 的企业家认为本季企业经营状况"较好"，62.0% 认为"一般"，13.2% 认为"较差"。

盈利指数为 59.8%，比上季提高 2.9 个百分点，比去年同期提高 2.5 个百分点。其中，41.7% 的企业家认为比上季"增盈或减亏"，36.2% 认为"盈亏不变"，22.1% 认为"增亏或减盈"。

图3.12　经营景气指数和盈利指数

单击"2020 年第四季度城镇储户问卷调查报告"链接，就可以看到城镇居民对收入的感觉和态度，如图 3.13 所示。

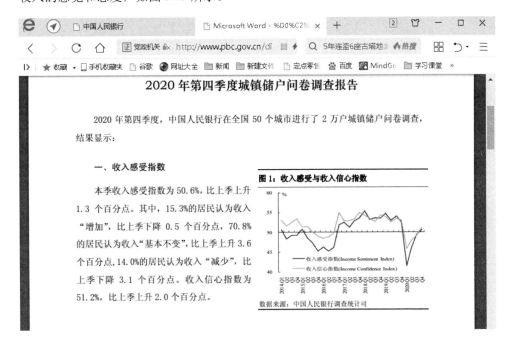

图3.13　2020年第四季度城镇储户问卷调查报告

向下拖动垂直滚动条，可以看到城镇居民对就业、房价、消费、投资等的感受和态度。

单击"2020 年第四季度银行家问卷调查报告"链接，就可以看到银行家宏观经济热度指数信息，如图 3.14 所示。

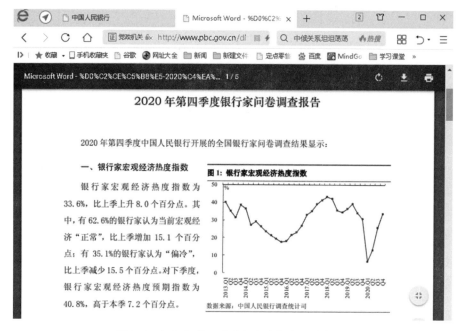

图3.14　2020年第四季度银行家问卷调查报告

向下拖动垂直滚动条，可以看到货币政策感受指数、贷款需求指数和银行业景气指数信息。

利用国家统计局网站可以了解最近月份及不同月份的工业、城镇投资、房地产开发、居民消费等信息。在浏览器的地址栏中输入"http://www.stats.gov.cn"，然后按回车键，即可进入国家统计局网站的首页，如图 3.15 所示。

图3.15　国家统计局网站的首页

在该页面中，可以看到最新发布的统计信息，如 2021 年 1~2 月社会消费品零售总额增长 33.8%、2021 年 1~2 月全国房地产开发投资和销售情况、2021 年 1~2 月全国固定资产投资 ( 不含农户 ) 增长 35.0% 等信息。如果想查看哪条信息，只需单击该信息即可。

在这里单击 "2021 年 1-2 月份全国房地产开发投资和销售情况" 链接，就会看到其信息内容，如图 3.16 所示。

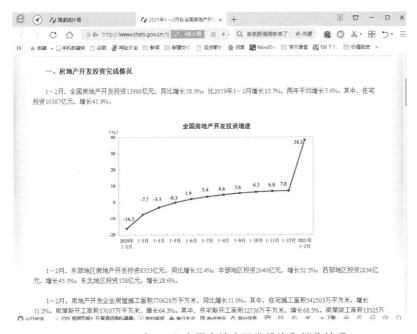

图3.16　2021年1~2月全国房地产开发投资和销售情况

## 3.3　货币政策对股市的影响

货币政策，即金融政策，是指中央银行为实现其特定的经济目标而采取的各种控制和调节货币供应量和信用量的方针、政策和措施的总称。货币政策的实质是国家对货币的供应根据不同时期的经济发展情况而采取 "紧" "松" 或 "适度" 等不同的政策趋向。

货币政策对股市和股票价格的影响很大。宽松的货币政策会扩大社会中的货币供应量，对经济发展和股市交易都有积极的影响。但货币供应太多，又会引发通货膨胀，会使企业发展受到影响，实际投资收益率下降。

紧缩的货币政策会减少社会中的货币供应量，不利于经济的扩张，也不利于股市的活跃和发展，这样股市往往会处于低迷状态。

国家在实施货币政策时，常常采用 3 个指标，分别是：利率、存款准备金率和汇率，如图 3.17 所示。

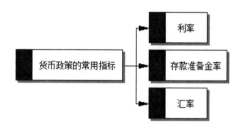

图3.17　货币政策的常用指标

## 3.3.1 利率对股市的影响

一般理论认为，利率下降时，股价就会上升；利率上升时，股价就会下跌。因此，利率的高低以及利率同股票市场的关系，也成为投资者买进和卖出股票的重要依据。

利率对股价的影响有两种途径，具体如下所述。

利率上升，一部分资金可能从股市转而投向银行储蓄或债券，从而会减少市场上的资金供应量，并减少股票需要，股价下跌；反之，利率下降，股票市场资金供应量增加，股价上升。

利率对上市公司经营的影响，进而影响公司未来的估值水平。贷款利率提高会加重企业利息负担，从而减少企业的盈利，并减少企业的股票分红派息，受利率提高和股票分红派息降低的双重影响，股价必然会下跌；相反，贷款利率下调将减轻企业利息负担，降低企业生产经营成本，提高企业赢利能力，进而增加企业的股票分红派息，受利率降低和股票分红派息增加的双重影响，股价必然会上涨。

从中国历年来的加息政策来看，利率上升会对人们生活的各个方面产生长远的影响，但这需要时间来消化，它不能对抽离股市资金产生立竿见影的效果，所以发生在牛市中的加息政策，往往在短期内不能改变牛市的格局。在熊市前期的加息政策，则会对股市产生很大的影响，这如同雪上加霜。

同理，在熊市里的减息政策，同样不能在短期内改变熊市格局，但它可以刺激部分资金重新选择保值、增值渠道。

总之，利率对股市的影响是长期的，在短期内往往不能改变股市的趋势。虽然利率的调整代表着国家意志，但股市的走势不一定马上如国家所愿。有时，股民与政府是一种博弈行为的对立面，所以用单一的政策来刹住高速运行的股市列车是需要时间的。

银行利率历次调整影响股市一览如表 3.1 所示。该表统计了从 2002-2022 年利率调整前后、调整幅度及消息公布次日指数涨跌幅度的变化情况。

表3.1  银行利率历次调整影响股市一览

| 数据调整时间 | 存款基准利率 | | | 贷款基准利率 | | | 消息公布次日指数涨跌幅度 | |
| --- | --- | --- | --- | --- | --- | --- | --- | --- |
| | 调整前 | 调整后 | 调整幅度 | 调整前 | 调整后 | 调整幅度 | 上海 | 深圳 |
| 2015 年 10 月 24 日 | 1.75% | 1.50% | −0.25% | 4.60% | 4.35% | −0.25% | 0.50% | 0.73% |
| 2015 年 8 月 26 日 | 2.00% | 1.75% | −0.25% | 4.85% | 4.60% | −0.25% | 5.34% | 3.58% |
| 2015 年 6 月 28 日 | 2.25% | 2.00% | −0.25% | 5.10% | 4.85% | −0.25% | −3.34% | −5.78% |
| 2015 年 5 月 11 日 | 2.50% | 2.25% | −0.25% | 5.35% | 5.10% | −0.25% | 1.56% | 0.81% |
| 2015 年 3 月 1 日 | 2.75% | 2.50% | −0.25% | 5.60% | 5.35% | −0.25% | 0.79% | 1.07% |
| 2014 年 11 月 22 日 | 3.00% | 2.75% | −0.25% | 6.00% | 5.60% | −0.40% | 1.85% | 2.95% |
| 2012 年 7 月 6 日 | 3.25% | 3.00% | −0.25% | 6.31% | 6.00% | −0.31% | 1.01% | 2.95% |
| 2012 年 6 月 8 日 | 3.50% | 3.25% | −0.25% | 6.56% | 6.31% | −0.25% | −0.51% | −0.50% |
| 2011 年 7 月 7 日 | 3.25% | 3.50% | 0.25% | 6.31% | 6.56% | 0.25% | −0.58% | −0.26% |
| 2011 年 4 月 6 日 | 3.00% | 3.25% | 0.25% | 6.06% | 6.31% | 0.25% | 0.22% | 1.18% |
| 2011 年 2 月 9 日 | 2.75% | 3.00% | 0.25% | 5.81% | 6.06% | 0.25% | −0.89% | −1.53% |
| 2010 年 12 月 26 日 | 2.50% | 2.75% | 0.25% | 5.56% | 5.81% | 0.25% | −1.90% | −2.02% |
| 2010 年 10 月 20 日 | 2.25% | 2.50% | 0.25% | 5.31% | 5.56% | 0.25% | 0.07% | 1.23% |

（续表）

| 数据调整时间 | 存款基准利率 | | | 贷款基准利率 | | | 消息公布次日指数涨跌幅度 | |
|---|---|---|---|---|---|---|---|---|
| | 调整前 | 调整后 | 调整幅度 | 调整前 | 调整后 | 调整幅度 | 上海 | 深圳 |
| 2008 年 12 月 23 日 | 2.52% | 2.25% | −0.27% | 5.58% | 5.31% | −0.27% | −4.55% | −4.69% |
| 2008 年 11 月 27 日 | 3.60% | 2.52% | −1.08% | 6.66% | 5.58% | −1.08% | 1.05% | 2.29% |
| 2008 年 10 月 30 日 | 3.87% | 3.60% | −0.27% | 6.93% | 6.66% | −0.27% | 2.55% | 1.91% |
| 2008 年 10 月 9 日 | 4.14% | 3.87% | −0.27% | 7.20% | 6.93% | −0.27% | −0.84% | −2.40% |
| 2008 年 9 月 16 日 | 4.14% | 4.14% | 0.00% | 7.47% | 7.20% | −0.27% | −4.47% | −0.89% |
| 2007 年 12 月 21 日 | 3.87% | 4.14% | 0.27% | 7.29% | 7.47% | 0.18% | 1.15% | 1.10% |
| 2007 年 9 月 15 日 | 3.60% | 3.87% | 0.27% | 7.02% | 7.29% | 0.27% | 2.06% | 1.54% |
| 2007 年 8 月 22 日 | 3.33% | 3.60% | 0.27% | 6.84% | 7.02% | 0.18% | 0.50% | 2.80% |
| 2007 年 7 月 21 日 | 3.06% | 3.33% | 0.27% | 6.57% | 6.84% | 0.27% | 3.81% | 5.38% |
| 2007 年 5 月 19 日 | 2.79% | 3.06% | 0.27% | 6.39% | 6.57% | 0.18% | 1.04% | 2.54% |
| 2007 年 3 月 18 日 | 2.52% | 2.79% | 0.27% | 6.12% | 6.39% | 0.27% | 2.87% | 1.59% |
| 2006 年 8 月 19 日 | 2.25% | 2.52% | 0.27% | 5.85% | 6.12% | 0.27% | 0.20% | 0.20% |
| 2006 年 4 月 28 日 | 2.25% | 2.25% | 0.00% | 5.58% | 5.85% | 0.27% | 1.66% | 0.21% |
| 2004 年 10 月 29 日 | 1.98% | 2.25% | 0.27% | 5.31% | 5.58% | 0.27% | −1.58% | −2.31% |
| 2002 年 2 月 21 日 | 2.25% | 1.98% | −0.27% | 5.85% | 5.31% | −0.54% | 1.57% | 1.40% |

那么，国家调整利率的依据是什么呢？一般来说，主要有 5 个因素，分别是：物价、投资、资金供求关系、国际金融市场的利率水准和利润的平均水平，如图 3.18 所示。

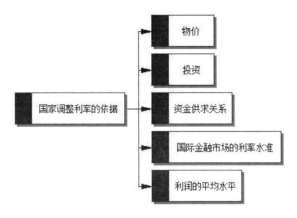

图3.18 国家调整利率的依据

1) 物价

如果物价长期上涨，国家就有可能采取措施以提高利率，促使流通市场中的货币供应量减少。如果物价回落并且经济极度疲软，国家则有可能以降低利率的方法来增加流通市场中的货币供应量，从而刺激市场的投资和消费。

2) 投资

如果全国各地基建投资、房地产投资、股市投资等热情高涨，则意味着资金出现了流动性过剩，这时国家就会采取提高利率的办法，吸引资金回流银行。反之，如果社会投资不景气，经济出现滑坡，国家又会降低利率，促使资金从银行流出。

3) 资金供求关系

当社会上的资金供不应求时，往往说明当时的利率偏高；反之，则表示当时的利率偏低。但是，当全国到处呈现资金吃紧时，在物价上涨和通货膨胀有所改善的前提下，国家会适当降低利率，以改善企业资金的周转状况，从而减少企业的破产概率。反之，当银根比较宽松时，如果社会投机成风，国家就会提高利率。

4) 国际金融市场的利率水准

如果国外金融市场的利率很低，而国内的利率较高，就会引起国外资金流入国内，从而享受无风险的高利率。如果国家不希望大量的外资流入，会提高利率。反之，则正好相反。

5) 利润的平均水平

利息是企业和百姓将资金提供给银行运营而获取的一种利润回报，也是衡量资金收益的一个最基本的标准。所以说利息是市场平均利润水平的一种体现，这样来说，利率就会有个限度。即：贷款利率的总水平要适应大多数企业的承受能力，而存款利率的总水平要适应大多数银行的承受能力或存款人的最低投资收益要求。所以，存、贷款利率的调整是有限度的。

## 3.3.2  存款准备金率对股市的影响

存款准备金是指金融机构为保证客户提取存款和资金清算需要而准备的在中央银行的存款，这一部分资金是风险准备金，是不能随便动用的。存款准备金率就是中央银行要求的存款准备金占其存款总额的比例，这个比例越高，表明中央银行执行银根紧缩政策的力度越大。

当中央银行提高存款准备金率时，金融机构用来创造信用、扩大信用规模的能力就会降低，其结果是使社会银根偏紧，货币供应量减少，从而导致投资和社会支出相应缩减；反之，情况正好相反。可见，提高存款准备金率可以相应地减缓货币信贷增长，防止金融风险产生，同时可以有效降低货币流动性过剩所造成的通货膨胀，保持国民经济协调发展。

存款准备金率的提高，对银行等金融机构会产生利空影响，对最终客户的影响是间接的。所以存款准备金率的调整对股市的总体影响不大，但它却反映了国家正在紧缩银根的信号，同时预示着利率最终可能上调，因而加大了股市上行的压力。所以对股市来说，存款准备金率的上调是一个利空消息。

> 📶提醒：存款准备金率的下调，对股市是个利好消息。

## 3.3.3  汇率对股市的影响

汇率的高低直接影响到企业产品在国际市场上的价格竞争力，因此，汇率变化将影响与进出口贸易相关的上市公司进出口产品数量，而这一变化又必然体现在企业尤其是上市公司的具体业务中，使上市公司的利润增加或减少，从而使公司的股票价格产生波动。

例如，一国本币升值，本国产品在国际市场上的竞争力减弱，则可能导致贸易额减少，出口型企业出口减少，利润减少，股价下跌；进口型企业成本减少，利润增加，股票价格上涨；反之，本币贬值短期内可刺激出口，限制进口。

汇率的变动还会通过外资产生复杂的宏观效应，如因贸易条件改变使进口产品价格上升而引起本国通货膨胀，从而影响到一国经济，并使股市价格受到影响。

人民币升值时，食品行业、房地产行业、商业贸易行业将受益；反之，当人民币贬值时，食品行业、房地产行业、商业贸易行业将受到负面冲击。

1) 食品行业

人民币升值对食品行业企业的影响主要是通过进出口这个链条传递的，进出口依存度越大的企业，对人民币汇率的变化越敏感。基于国内庞大的消费市场规模，以及大多数公司市场化与国际化时间均较短，食品行业企业消费市场主要在国内。为此人民币升值对产品出口的负面效应在食品行业整体影响不明显，而升值对降低原料进口价格，提高企业利润却有着明显的作用。也就是说，人民币升值后食品饮料行业板块指数总体会呈现上升的趋势。

2) 房地产行业

房地产行业在人民币升值时，一方面将享受到地产估价增加和由于货币供应量增加（外汇占款带来的货币供应量增加）刺激投资需求下的房地产需求增加的双重利好。在人民币升值预期下，资产价格要面临重估，另外在升值预期下，国际资本流入对资产价格（如房地产价格）有利好作用。

由于大量外资流入中国市场并换成人民币，对于房地产市场，在供给不变的前提下，需求上升自然会引起价格的上涨。房地产市场作为外资进入中国市场后转换成人民币资产的天然媒介，成为外资追捧的对象，外资通过持有房产获得房价上涨和汇率上升的双重收益。外资投资房地产，就算价格不涨，人民币汇率上涨也能达到资金保值升值的目的。

另一方面，收入效应及财富效应有可能导致国内房地产需求增加。升值可导致物价变得更便宜，用于购房的可支配收入增加，购房能力的提高可导致需求增加。因此，总体来看，人民币升值将导致房地产行业指数上涨。

3) 商业贸易行业

人民币升值将间接增加我国居民资产和可支配收入，激发居民消费热情并带动消费支出，有利于降低零售商国际采购的成本，提升零售商的收入和业绩水平。商业零售行业上市公司尤其是百货上市公司所处地段为繁华地段，人民币升值将间接提升资产价值。

人民币升值的间接后果是推动我国出口商品价格相对上升，削弱我国出口商品价格的竞争优势，由此造成我国出口商品竞争压力增大。出口主导型外贸公司将面临汇率升值造成的业务萎缩的不利后果。

但与此相反，人民币汇率升值将使进口商品价格相对下降，从而带动进口商品数量增加，这将为进口主导型的企业带来利好。总体上，人民币汇率升值会推动商业贸易行业板块指数上涨。

## 3.4 通货膨胀对股市的影响

货币发行量的多少有个度的限制，超过商品、劳务等流通需要即成为通货膨胀。

通货膨胀对股价的影响无永恒的定式，它完全可能同时产生相反方向的影响。对这些影响作具体分析和比较，必须从该时期通货膨胀的原因、通货膨胀的程度，并配合当时的经济结构和形势、政府可能采取的干预措施等方面的分析入手，其复杂程度可想而知。下面就一般性的原则来说明几点。

(1) 温和的、稳定的通货膨胀对股价的影响较小。

(2) 如果通货膨胀在一定的可容忍范围内持续，并且经济处于扩张景气阶段，产量和就业都持续增长，则股价也将持续上涨。

(3) 严重的通货膨胀是很危险的，可以使经济严重扭曲，货币加速贬值，并促使人们囤积商品，购买房产以期对资金保值。这就可以从两个方面影响股价：一是资金流出金融市场，引起股价下跌；二是经济扭曲并失去效率，企业一方面筹集不到必需的生产资金，另一方面，原材料、劳务价格等成本飞涨，使企业经营严重受挫，盈利水平下降，甚至倒闭。

(4) 政府往往不会长期容忍通货膨胀的存在，因而必然会运用某些宏观经济政策来抑制通货膨胀，这些政策必然会对经济运行造成影响，从而改变资金流向和企业的经济利润，进一步影响股价。

(5) 通货膨胀时期，并不是所有价格和工资都按同一比率变动，而是相对价格发生变化。这种相对价格变化可引起财富和收入的再分配以及产量和产业的扭曲，因而某些公司可能从中获利，而另一些公司可能蒙受损失。获利公司的股价上涨，投资者可以加仓。

基于以上分析，投资者能否合理判断通货膨胀水平是十分重要的。投资者可以通过关注物价指数的走向来判断通货膨胀水平。我国政府经常会公布一些比较重要的物价指数，利用这些物价指数的走向，投资者可以粗略分析判断通货膨胀或通货紧缩的水平。

不管何种原因引发的通货膨胀，都会对股市的运行产生影响。在通货膨胀初期，由于货币供应量迅速增加，社会总供给所需的资金相对充裕，经营规模扩大，产品产值倍数扩张，效益凸显；同时，消费者面临货币贬值的压力，抢先购物保值，社会需求量节节攀升，总供需相对平衡，股市利好信心大增。

在通货膨胀后期，预期的价格上升幅度太大，一方面投资成本升幅过大，另一方面消费者苦于物价过高不再扩大消费，市场供需平衡被打破，宏观经济萧条，股市就会上涨乏力。

## 3.5 CPI和PPI对股市的影响

CPI 是居民消费物价指数，反映的是一定时期内城镇居民所购买的生活消费品价格和服务项目价格的变动趋势和程度的相对数，是对城市居民消费价格指数和农村居民消费价格指数综合汇总计算的结果。利用 CPI，可以观察和分析消费品的零售价格和服务价格变动对城镇居民实际生活费用支出的影响程度。

PPI 是反映全部工业产品出厂价格总体水平的变动趋势和程度的相对数，包括工业企业出售给本企业以外所有单位的各种产品和直接出售给居民用于生活消费的产品。通过 PPI，能够观察到出厂价格变动对工业总产值的影响。

CPI 和 PPI 是用来衡量经济是否出现通货膨胀的指标，前面已说明通货膨胀对股市的影响，这里不再重复。

## 3.6 政治因素对股市的影响

股票市场价格的波动，除受经济、技术和社会心理因素影响外，还受政治因素的影响，并且，该因素对股价的影响是全面的、敏感的和整体的。

所谓政治因素，是指国内外的政治形势，如政治活动、政局变化、国家领导人或证权的更迭、国家或地区间的战争、军事行为等。这些因素，特别是其中的政局突变和战争爆发，会引起股价的巨大波动。

上述因素中，经常遇到的是国家经济政策和管理措施的调整。这会影响到股份有限公司的外部经济环境、经营方向、经营成本、盈利以及分配等方面，从而直接影响股价。

具体来说，能够对股市运行产生影响的政治因素包括 4 种，分别是政变或政权的更替、战争、恐怖袭击、国际政治形势，如图 3.19 所示。

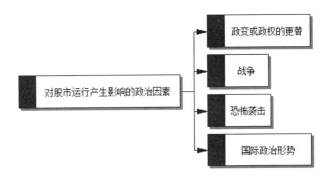

图3.19 对股市运行产生影响的政治因素

### 3.6.1 政变或政权的更替

当一个国家出现政变或政权更替时，股民往往会对该国未来政局的稳定持怀疑态度，对货币是否被废除以及新的货币政策的实施普遍担忧，对资本市场的整顿也比较担心。因此，该国此时的股市往往处于极度委靡的状态。

### 3.6.2 战争

战争对股票市场及股票价格的影响，有长期性的，也有短期性的；有好的方面，也有坏的方面；有范围广泛的，也有单一项目的，这要视战争性质而定。

战争可以促使军需工业兴起，凡与军需工业相关的公司股票当然要上涨。战争中断了某一地区的海空或陆路运输，提高了原料或成品输送之运费，因而导致商品涨价，影响居民购买力，公司业绩萎缩，与此相关的公司股票价格必然会下跌。其他由于战争引起的许多变化都是足以使股市产生波动的因素，投资者需要冷静分析。

### 3.6.3 恐怖袭击

当一个国家遭受重大恐怖事件或国家领导人遇刺身亡时，资本市场往往会动荡不安，并导致股价迅速下跌。2001 年 9 月 11 日，恐怖组织袭击美国世贸大厦事件发生后，美股指数疯狂下跌，如图 3.20 所示。

图3.20 恐怖组织袭击美国世贸大厦事件后美股指数疯狂下跌

### 3.6.4 国际政治形势

国际政治形势的改变，影响着资本在全球范围内的流动和基金在国际资本市场的配置，其对股价产生的影响越来越强烈。一些主要国家的政治、经济、财政等方面的措施，往往会紧随着国际形势的变化而变化，进而导致该国股市也会随之发生变化。

需要注意的是，政治因素往往只能改变股市短期的趋势，而无法改变股市的长期运行状态，除非股市被战争摧毁或被新政府取缔。但对我国股市来讲，政策对股市的影响是巨大的，这需要引起股民的注意。

## 3.7 法律、文化和自然因素对股市的影响

一般来说，法律不健全的股票市场更具投机性，震荡剧烈，涨跌无序，人为操纵成分大，不正当交易较多；反之，法律法规体系比较完善，制度和监管机制比较健全的股票市场，证券从业人员营私舞弊的机会较少，股价受人为操纵的现象也较少，因而表现得相对稳定和正常。总体上说，新兴的证券市场往往不够规范，而成熟的证券市场法律法规体系则比较健全。

我国的股市属于新兴的证券市场，制度和监管机制还不够规范，股价波动较大，人为操纵成分也较大，不当交易时有发生。面对这种情况，投资者首先要做的是了解相关法律法规，关注法律法规的变化，要适时抓住时机，果断作出决策，这一点对于个股的选择更为重要。

就文化因素而言，一个国家的文化传统往往在很大程度上决定着人们的储蓄和投资心理，从而影响股市资金流入流出的格局，进而影响股价。投资者的文化素质则从投资决策的角度影响股市，一般来说，文化素质较高的投资者在投资时较为理性，如果投资者的整体文化素质较高，则股价相对比较稳定；相反，如果投资者的整体文化素质偏低，则股价容易暴涨暴跌。

在自然方面，如发生自然灾害，生产经营就会受到影响，从而导致有关股价下跌；相反，如进入恢复重建阶段，则投入会大量增加，对相关物品的需求也会大量增加，从而导致相关股价上涨。因此，投资者要有预见性，判断要准确，虽然预见自然灾害的发生没有操作性，但至少在灾害发生后不能自乱阵脚，而要追踪政府的救援工作，以及相应的重建计划与其实质的进展，以此作为股票选时的依据。

## 3.8 宏观信息分析的注意事项

证券经纪机构及专业股评师、股市投资咨询公司、电视、报纸杂志等传媒每天都在传递有关股市的大量信息，或是分析股市现状，或是预测股市走势，这些经过人为加工处理的二手信息往往真假难辨，各持己见。

对于众多中小散户而言，由于其信息渠道及信息成本的局限性，可收集到的二

手信息也常常会成为他们投资决策的重要依据，特别是某些大券商或著名股评师的证券分析，对股市动荡的影响更大，被人们称之为"谣言市"。

由于我国股市历史较短，证券从业人员总体素质还不高，以及中国证监会和证交所的监管还有不完善之处，一些信息灵通的证券从业人员及相关机构与股市投资大户操纵股市，通过造谣、诱导等手段达到打压吸纳、拉高出货的目的。经纪业、咨询业和传媒业有关人员的低素质使中小散户的决策活动受到诱导，在交易中往往不自觉地充当了噪声交易者角色，并受到损失。

如果你是理性投机者，在获知一个利好消息并据此进行交易时，一般会意识到此价格的最新变动可能会刺激积极反馈交易者在明天买进，因而会在今天购买更多，从而使今天股价的上涨幅度高于基础信息所带来的价格上涨，同时，有关证券从业人员或股评人员则表示股价将可能继续上涨。到第二天，积极反馈交易者对前一天的价格作出反应，即积极买入，从而使股价进一步高于基础价格。在整个股价的上涨过程中，虽有一部分是理性的，但其中另一部分是源于对积极反馈者的预期，以及积极反馈者本身的影响。在股市中，信息灵通且与证券从业人员沟通的理性投机者，常常利用积极反馈者的交易行为特征，采取相应投机策略，加倍放大价格对价值的偏离而从中获利。

股市信息噪声意味着股票价格与其价值的偏离，如果在较长时间里偏离的均值不为零，则会降低股市的价格效率、信息效率和社会效益。但股市信息噪声又不能完全消除，所以投资者在明确这个道理的基础上，要提高自身分辨谣言的能力，从而使自己成为股市赢家。

# 第 4 章

# 价值投资的行业分析

宏观信息分析主要分析了社会经济的总体状况，向投资者发出了是否应该进场的信号，但它并没有对社会经济的各组成部分进行具体分析，使投资者不知道该选择哪个行业的股票进行投资。行业经济活动是介于宏观经济活动和微观经济活动之间的经济层面，是中观经济分析的主要对象之一。本章首先讲解什么是行业分析及其作用，然后讲解行业的类型、性质、生命周期、市场结构，最后讲解影响行业兴衰的因素、行业板块与经济周期的关系。

## 4.1  初识行业分析

下面来讲解一下什么是行业分析及其作用。

### 4.1.1  什么是行业分析

行业分析是指根据经济学原理，综合运用统计学、计量经济学等分析工具对行业经济的运行状况、产品生产、销售、消费、技术、行业竞争力、市场竞争格局、行业政策等行业要素进行深入的分析，从而发现行业运行的内在经济规律，进而进一步预测未来行业发展的趋势。

行业分析是发现和掌握行业运行规律的必经之路，是行业内企业发展的大脑，对指导行业内企业的经营规划和发展具有决定性的意义。

### 4.1.2  行业分析的作用

行业经济是宏观经济的构成部分，宏观经济活动是行业经济活动的总和。但在国民经济中，一些行业的增长率与国内生产总值保持同步，而另一些行业的增长率则高于国内生产总值的增长率，还有一些行业的增长率低于国内生产总值的增长率。所以，即使面对同样的经济大环境，不同的行业选择，也会导致投资收益的较大差距。

行业分析是连接宏观经济分析和上市企业分析的桥梁，是基本面分析的重要环节，其重要作用就是挖掘最具投资潜力的行业，并在此基础上选出具有投资价值的上市企业。

> 📶提醒：行业分析等同于局部经济小环境的分析，越来越多的机构投资者具有良好的行业分析能力，普通股民也应该掌握行业分析技巧。

## 4.2  行业的类型

行业是指一个企业群体，这个企业群体的成员由于其产品可相互替代而处于一种彼此紧密联系的状态，但企业与企业之间又因为产品可替代的差异性而各有不同表现。行业根据不同的分类标准，就会有不同的行业类型。

## 4.2.1 行业根据发展前景来分类

根据发展前景来分类，行业可分为朝阳行业和夕阳行业，如图 4.1 所示。

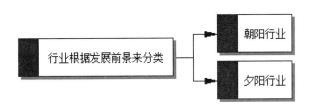

图4.1　行业根据发展前景来分类

1) 朝阳行业

朝阳行业是指新兴行业，是具有强大生命力的、能使技术突破创新并以此带动企业发展的行业。这种行业市场前景广阔，代表未来发展的趋势，一定条件下可演变为主导行业甚至支柱行业。但是风险性依然存在，如果技术周期预计错误，就会误入技术陷阱，使投资血本无归。盈利前景看好的朝阳行业，如 IT、环保、新能源等。

2) 夕阳行业

夕阳行业是对趋向衰落的传统工业部门的一种形象称呼，指产品销售总量在持续时间内绝对下降，或增长出现有规则地减速的行业，其基本特征是需求增长减速或停滞，行业收益率低于各行业的平均值，呈下降趋势。

夕阳行业是一个相对的概念，事实上，正如郎咸平所说："没有夕阳行业，只有夕阳思维。"只要在危机中顶住压力，坚持创新升级，增强自身竞争力，夕阳行业也能够焕发出勃勃生机。

## 4.2.2 行业根据技术的先进程度来分类

根据技术的先进程度来分类，行业可分为新兴行业和传统行业，如图 4.2 所示。

图4.2　行业根据技术的先进程度来分类

1) 新兴行业

新兴行业是指节能环保、新一代信息技术、生物、高端装备制造、新能源、新材料和新能源汽车等 7 个行业。

(1) 节能环保行业。重点开发推广高效节能技术装备及产品，实现重点领域关键技术突破，带动能效整体水平提高。加快资源循环利用关键共性技术研发和行业化示范，提高资源综合利用水平和再制造行业化水平。示范推广先进环保技术装备及产品，提升污染防治水平。推进市场化节能环保服务体系建设。加快建立以先进技术为支撑的废旧物品回收利用体系，积极推进煤炭清洁利用、海水综合利用。

(2) 新一代信息技术行业。加快建设宽带、泛在、融合、安全的信息网络基础设施，推动新一代移动通信、下一代互联网核心设备和智能终端的研发及行业化，加快推进三网融合，促进物联网、云计算的研发和示范应用。着力发展集成电路、新型显示、高端软件、高端服务器等核心基础行业。提升软件服务、网络增值服务等信息服务能力，加快重要基础设施智能化改造。大力发展数字虚拟等技术，促进文化创意产业发展。

(3) 生物行业。大力发展用于重大疾病防治的生物技术药物、新型疫苗和诊断试剂、化学药物、现代中药等创新药物大品种，提升生物医药行业水平。加快先进医疗设备、医用材料等生物医学工程产品的研发和行业化，促进规模化发展。着力培育生物育种产业，积极推广绿色农用生物产品，促进生物农业加快发展。推进生物制造关键技术开发、示范与应用。加快海洋生物技术及产品的研发和产业化。

(4) 高端装备制造行业。重点发展以干支线飞机和通用飞机为主的航空装备，做大做强航空产业。积极推进空间基础设施建设，促进卫星及其应用产业发展。依托客运专线和城市轨道交通等重点工程建设，大力发展轨道交通装备。面向海洋资源开发，大力发展海洋工程装备。强化基础配套能力，积极发展以数字化、柔性化及系统集成技术为核心的智能装备制造。

(5) 新能源行业。积极研发新一代核能技术和先进反应堆，发展核能产业。加快太阳能热利用技术推广应用，开拓多元化的太阳能光伏光热发电市场。提高风力发电技术装备水平，有序推进风电产业规模化发展，加快适应新能源发展的智能电网及运行体系建设。因地制宜地开发和利用生物质能。

(6) 新材料行业。大力发展稀土功能材料、高性能膜材料、特种玻璃、功能陶瓷、半导体照明材料等新型功能材料。积极发展高品质特殊钢、新型合金材料、工程塑料等先进结构材料。提升碳纤维、芳纶、超高分子量聚乙烯纤维等高性能纤维及其复合材料发展水平。开展纳米、超导、智能等共性基础材料的研究活动。

(7) 新能源汽车行业。着力突破动力电池、驱动电机和电子控制领域关键核心技术，推进插电式混合动力汽车、纯电动汽车的推广应用和产业化。同时，开展与燃料电池汽车相关的前沿技术研发，大力推进高能效、低排放节能汽车发展。

2) 传统行业

传统行业主要指劳动密集型的、以制造加工为主的行业，如制鞋、制衣、机械等制造业行业。

## 4.2.3 行业根据要素集约度来分类

根据要素集约度来分类，行业可分5种，分别是资本密集型行业、技术密集型行业、劳动密集型行业、知识密集型行业和资源密集型行业，如图4.3所示。

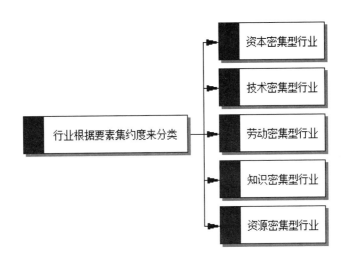

图4.3　行业根据要素集约度来分类

1) 资本密集型行业

资本密集型行业是指在其生产过程中，劳动、知识的有机构成水平较低，资本的有机构成水平较高，产品物化劳动所占比重较大的行业。例如，交通、钢铁、机械、石油、化学等基础工业和重化工业都是典型的资本密集型行业。

2) 技术密集型行业

技术密集型行业是指单位劳动力占用资金比劳动密集型行业多，比资金密集型行业少的行业。在生产结构中，技术知识所占比重大，科研费用高，劳动者文化技术水平高，产品附加价值高，增长速度快。包括新兴的电子计算机工业、机器人工业、航天工业、生物技术工业、新材料工业等。

3) 劳动密集型行业

劳动密集型行业是指对劳动力资源需求较高，对资金、技术和知识等资源的需求较低的行业。该行业在生产过程中主要消耗的是劳动力，对劳动力的成本较敏感。一般认为纺织产业、服装产业是典型的劳动密集型行业。

4) 知识密集型行业

知识密集型行业是指知识员工占据较高的比重，对知识的需求更为迫切，知识对业绩有着更关键影响的行业。

5) 资源密集型行业

资源密集型行业，又称土地密集型行业，是指在生产要素的投入中需要使用较多的土地等自然资源才能进行生产的行业。土地资源作为一种生产要素泛指各种自然资源，包括土地、原始森林、江河湖海和各种矿产资源。与土地资源关系最为密切的是农矿业，包括种植业、林牧渔业、采掘业等行业。

## 4.2.4 证券交易所的行业分类

上海证券交易所在 2001 年对所有上市公司进行过一次行业分类，其后在 2003 年为配合上证 180 指数的发布，又以摩根斯坦利和标准普尔公司联合发布的全球行业分类标准 (GICS) 为基础，参照中国证监会发布的《上市公司行业分类指引》进行了调整，把上市公司分成 10 大行业，并以此进行成分股的选择。但是，很多炒股软件还是以上海证券交易所在 2001 年公布的行业分类为准，并按股票的关联波动细分了更多的小分类。

打开同花顺炒股软件，单击菜单栏中的"报价 / 涨幅排名 / 沪深 A 股涨幅排名"命令，就可以看到深证 A 股涨幅排名信息。

在深证 A 股涨幅排名中，单击下方的"行业"标签，打开"行业"选项卡，就可以看到宏观行业，如图 4.4 所示。

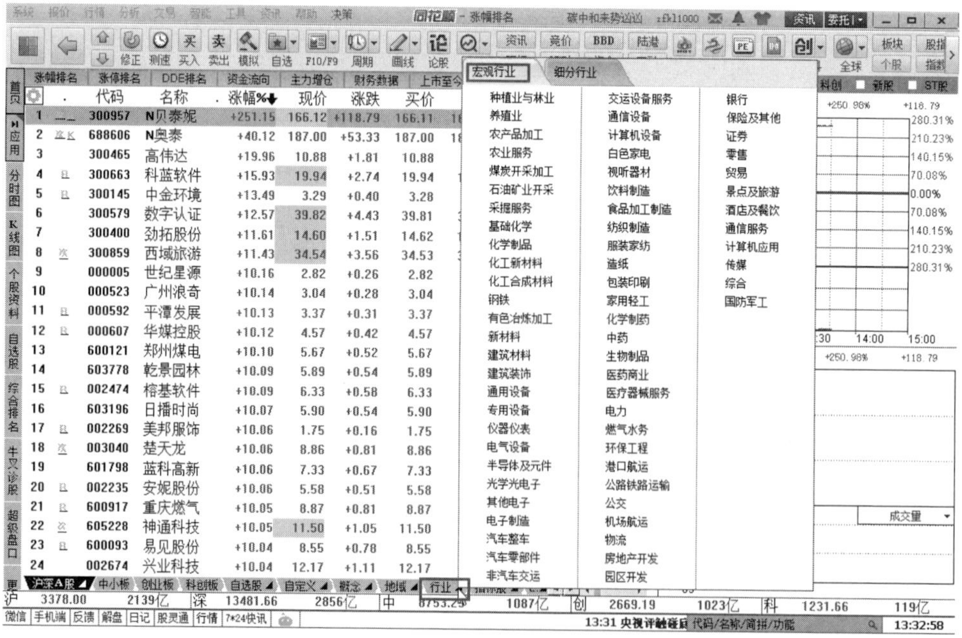

图4.4　宏观行业

在这里可以看到 66 个宏观行业。单击"细分行业"标签，打开"细分行业"选项卡，就可以看到 66 个宏观行业的子行业，如图 4.5 所示。

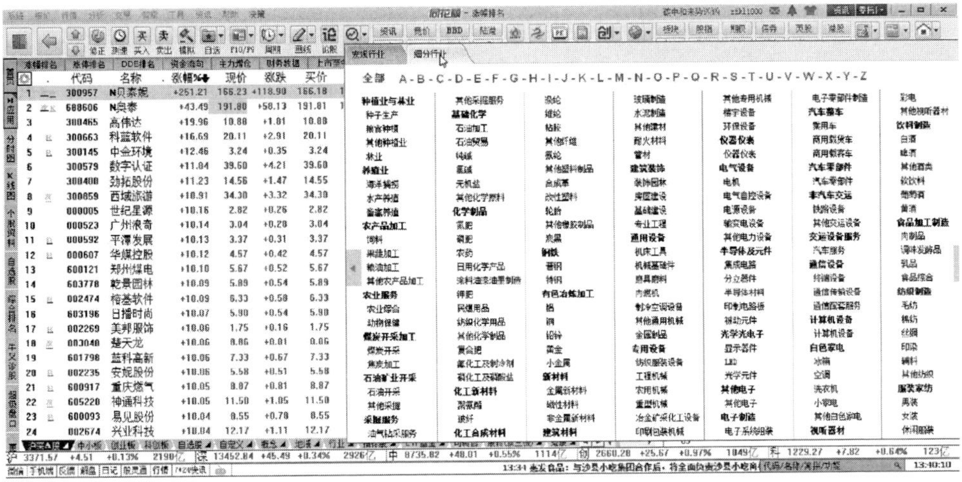

图4.5　细分行业

需要注意，细分行业可以按字母进行筛选，假如单击"F"，就可以看到含有"F"拼音汉字的细分行业，如图 4.6 所示。

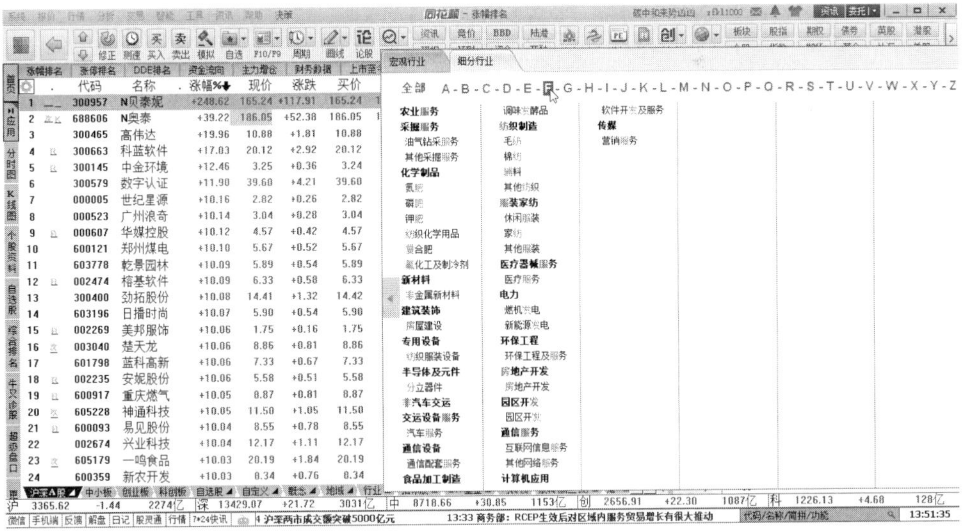

图4.6　含有"F"拼音汉字的细分行业

单击"软件开发及服务"标签，打开"软件开发及服务"选项卡，就可以看到该行业所有股票的报价信息，如图 4.7 所示。

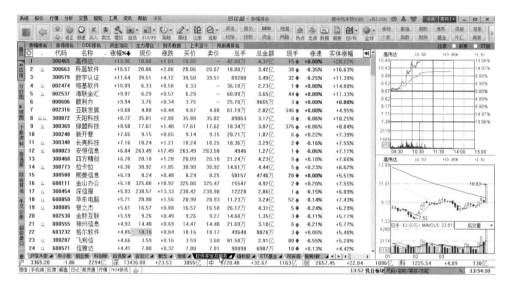

图4.7    软件开发及服务行业所有股票的报价信息

## 4.3    行业的性质

不是所有的行业都会同国民经济发展速度保持同步，根据行业与国民经济周期的关联程度，可以将行业分成三类，分别是：增长型行业、周期型行业和防御型行业。

### 4.3.1    增长型行业

增长型行业的发展状态与国民经济活动的周期及振幅无关，它们的收益及其股票价值常常由自身状态决定。这类行业多数有着良好的新市场前景（因而不与传统市场的景气周期同步），拥有明显的技术优势和优异的服务产品。增长型行业引领着某一方新市场的潮流，并可迅速开拓广阔的新市场，成为诸多股民的造币机器。

增长型行业主要包括计算机、电子通信、能源、人工智能、物联网、云计算等行业。

### 4.3.2    周期型行业

周期型行业就是其发展势头和国民经济周期密切相关的行业。当国民经济处于上升时期时，周期型行业会紧随其扩张；当国民经济出现衰退时，周期型行业也会随之委靡。

周期型行业主要包括钢铁、煤炭、化工、基建、券商、银行、汽车、地产、水泥、猪肉等行业。

股民在投资这样的行业时，其优点是容易通过国民经济周期的高、低点来判断股价的高、低点，从而把握有利的出入场时机；其缺点是它们无法使股价长期保持总体上升的趋势。

### 4.3.3 防御型行业

防御型行业是指那些经营收益不受国民经济周期影响的行业，它们虽然不一定会一直保持效益的持续增长，但至少在国民经济不景气或股市走熊时，还能保持稳定的获利水平和良好的股价抗跌能力。

防御型行业的获利稳定性来自市场稳定和需求状态，这些行业里的企业通常属于特定消费资料的供应企业，而且是必需消费品的供应企业，例如，食品业、医药业和公用事业。因为无论经济多么不景气，人们对食品、医药、水、电、煤气等的需求是少不了的，所以这些企业的收益相对比较稳定。

一般来讲，当经济增长下降时，防御型行业就会有较好的表现；当经济快速增长时，周期型行业会表现优秀；当市场流动性增加时，增长型行业的表现最好。

## 4.4 行业的生命周期

每个行业，除了会与国民经济发展保持一定的关联外，其自身也都要经历一个由初创到衰退的发展过程，这个过程就是行业的生命周期。一般来讲，行业的生命周期可分为 4 个阶段，分别是初创期、成长期、稳定期和衰退期，如图 4.8 所示。

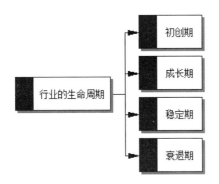

图4.8　行业的生命周期

不同行业发展的各个阶段的时间会有差别，而且这种差别或许会很大。各个阶段的特征对不同行业来讲一般是类似的，具体如表 4.1 所示。

表4.1　行业生命周期及其特征

| 特征 | 初创期 | 成长期 | 稳定期 | 衰退期 |
|---|---|---|---|---|
| 厂商数量 | 很少 | 增多 | 减少 | 很少 |
| 利润 | 较低或亏损 | 增加 | 无大变化 | 减少或亏损 |
| 风险 | 较高 | 较高 | 减少 | 较高 |

下面来分析一下行业生命周期各阶段的发展过程和特征。

## 4.4.1 初创期

随着社会的发展，新的行业不断涌现，并逐渐代替旧的传统行业。在行业发展的初创期，整个行业缺乏成熟的技术和成功的经验，产品鲜为人知，市场需求很小，生产未形成规模，单位成本较高，行业利润低甚至发生亏损，在这个阶段行业中的企业数量很少，其风险较高。

在初创期，低利润、高风险使人们极少关注这类行业，因而其股价偏低。投资者应对行业的性质和社会经济形势进行综合分析，从而对该行业的未来前景作出正确预测，一旦发现其具有广阔前景就应该逐渐加大投资，待发展到成长期、稳定期之后，将会获得高额回报，包括股息和价差两部分。

## 4.4.2 成长期

在初创末期，随着技术趋于成熟，市场需求扩大，产品成本降低，利润不断上升，行业便进入成长期。随着市场需求的扩大，行业中厂商的数量增加，竞争加剧，经营不善的企业被淘汰，而站稳脚跟的企业逐渐占据并控制了市场，获取了越来越高的利润。在这一阶段，行业的利润很高，但风险也很大，股价容易大起大落。

## 4.4.3 稳定期

随着市场需求饱和，产品销售增长率降低，赢利机会减少，行业进入稳定期。在这一阶段主要由少数大企业控制了整个行业，它们经过上一阶段的激烈竞争，已发展成为资金实力雄厚、财务状况良好、竞争力较强的一流企业，由于新企业很难进入该行业，所以行业利润因垄断而达到很高水平，而风险相对较低，公司股价基本上稳定上升。注意，不同行业稳定期的时间长短却并不相同，一般来说，技术含量高的行业稳定期时间较短，而公用事业稳定期持续的时间较长。

### 4.4.4 衰退期

当一个行业发展到最后阶段，随着新产品和大量替代品的出现，原行业市场需求和产品销量开始下降，某些厂商开始向其他行业转移资金，导致原行业出现厂商数量减少、利润下降的现象，此时，便进入衰退期。在这一阶段，该行业在国民经济中的地位也逐渐降低。衰退行业的企业股价或平淡或有所下跌，那些因产品过时而遭淘汰的行业，企业股价会受到非常严重的影响。

通过上述分析，可以看出，最有价值的行业是成长阶段处于初创期和成长期的行业，这个时期最容易产生牛股。

> 📶提醒：股民在进行行业分析时，不能只分析行业自身的周期性问题，还要结合上、下游行业同时进行分析。例如，钢铁行业的上游行业是铁矿石和煤炭等行业，它们的涨价与否直接关系到钢铁行业的成本和利润问题，而钢铁行业的下游行业是汽车行业、机械行业、建筑行业等，它们的发展速度和发展空间也直接关系到钢铁行业的发展速度和发展空间。

## 4.5 行业的市场结构

行业分析中十分重要的一个问题是行业的市场结构，通过对行业中生产企业数量、产品性质等的分析，可以确定行业的市场结构。根据西方经济学的研究，行业有 4 种市场结构类型，分别是完全竞争市场、不完全竞争市场、寡头垄断市场、完全垄断市场，如图 4.9 所示。

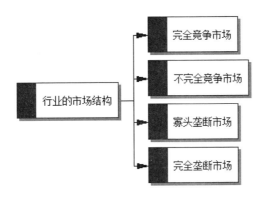

图4.9　行业的市场结构

## 4.5.1 完全竞争市场

完全竞争市场是指竞争充分且不受任何阻碍和干扰的一种市场结构。在这种市场类型中，市场完全由"看不见的手"进行调节，政府对市场不作任何干预，只起维护社会安定和抵御外来侵略的作用，扮演的只是"守夜人"的角色。

完全竞争市场的条件特征有 4 项，分别是：存在大量买者和卖者、产品同质性、资源流动性、信息完全性，如图 4.10 所示。

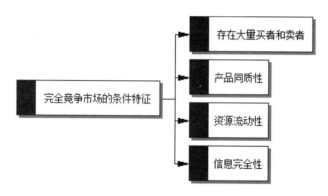

图4.10 完全竞争市场的条件特征

1) 存在大量买者和卖者

由于存在着大量的生产者和消费者，与整个市场的生产量(销售量)和消费量(购买量)相比较，任何一个生产者的生产量(销售量)和任何一个消费者的消费量(购买量)所占的比例都很小。因而，任何一个生产者或消费者都无能力影响市场的产量和价格。任何生产者和消费者的单独市场行为都不会引起市场生产量(即销售量)和价格的变化。用另一种方式来表达就是：任何购买者面对的供给弹性是无穷大的，而销售者面临的需求弹性也是无穷大的。

2) 产品同质性

市场上有许多企业，每个企业在生产某种产品时不仅是同质的产品，而且在产品的质量、性能、外形、包装等方面也是无差别的，以至任何一家企业都无法通过自己的产品具有特异之处来影响价格而形成垄断，从而享受垄断利益。对于消费者来说，无论购买哪一家企业的产品都是同质无差别产品，以至众多消费者无法根据产品的差别而形成偏好，消费者在市场上购买商品时不关心生产厂家和品牌。也就是说当各种商品互相之间具有完全的替代性时，就很容易接近完全竞争市场。

3) 资源流动性

资源流动性是指任何一个厂商都可以完全自由和毫无阻碍地进入某个市场，或是退出某个市场。即进入或退出市场完全由生产者自由决定，而不受任何社会法令和其他社会力量的限制。由于没有任何进出市场的社会障碍，因此，当某个行业市场上有净利润时，就会吸引许多新的生产者进入这个行业市场，从而引起利润的下降，以致利润逐渐消失。而当行业市场出现亏损时，许多生产者又会退出这个市场，从而又会引起行业市场利润的出现和增长。这样在一个较长的时期内，生产者只能获得正常的利润，而不能获得垄断利益。

4) 信息完全性

市场信息是完备的。市场上的每一个买者和卖者都可以无成本地随时获得或掌握与自己的经济决策有关的一切信息，特别是市场上价格和供求关系的充分信息。这样每一个消费者和厂商都可以根据自己掌握的完全信息，作出自己的最优经济决策，从而获得最大的经济效益。而且，由于每一个买者和卖者都知道既定的市场价格，都按照这一既定的市场价格进行交易，这也就排除了由于信息不畅而可能导致的一个市场同时按照不同的价格进行交易的问题。所以，任何市场主体都不能通过权力、关税、补贴、配给或其他任何人为的手段来控制市场供需和市场价格。

> 📶 提醒：完全竞争市场是一个理论性很强的市场类型，在现实经济中，这种类型不多见。

## 4.5.2 不完全竞争市场

不完全竞争市场是指许多生产者生产同类但不同质产品的市场情形，其特点如下所述。

第一，生产者众多，各种生产资料可以流动。

第二，生产的产品同类但不同质，即产品之间存在着实际或想象上的差异。

第三，由于产品差异化，生产者可以树立自己的产品信誉，对产品的价格有一定的控制能力。

在我国国民经济各行业中，民营企业所参与的市场一般都属于不完全竞争市场。

## 4.5.3 寡头垄断市场

寡头垄断市场是指某种产品的绝大部分由少数几家大企业控制的市场。每个大企业在相应的市场中占有相当大的份额，对市场的影响举足轻重。寡头垄断市场的特点有4点，分别是：厂商极少、相互依存、产品同质或异质、进出不易，如图4.11所示。

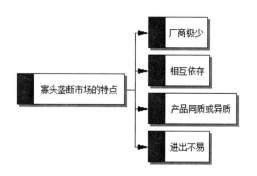

图4.11　寡头垄断市场的特点

1) 厂商极少

市场上只有少数几个厂商（当厂商为两个时，叫双头垄断），每个厂商在市场中都具有举足轻重的地位，对其产品价格具有相当的影响力。

2) 相互依存

任一厂商进行决策时，必须把竞争者的反应考虑在内，因而既不是价格的制定者，更不是价格的接受者，而是价格的寻求者。

3) 产品同质或异质

产品没有差别，彼此依存的程度很高，叫纯粹寡头，存在于钢铁、尼龙、水泥等行业；产品有差别，彼此依存程度较低，叫差别寡头，存在于汽车、重型机械、石油产品、电气用具、香烟等行业。

4) 进出不易

其他厂商进入相当困难，甚至极其困难。因为不仅在规模、资金、信誉、市场、原料、专利等方面，其他厂商难以与原有厂商匹敌，而且由于原有厂商相互依存，休戚相关，其他厂商不仅难以进入，也难以退出。

## 4.5.4　完全垄断市场

完全垄断市场是指在市场上只存在一个供给者和众多需求者的市场结构。

完全垄断市场的形成，有3个方面的原因，具体如下。

首先，规模经济的需要。有些产品的生产需要大量固定设备投资，规模经济效益十分显著，大规模生产可使成本大大降低。在这种条件下，效率高的厂商规模相对于市场需求来说非常之大，以至只需要一家厂商即可满足需要，两家厂商很难获得利润。许多公用事业，如交通、供水、发电、电话等行业，通常由一家厂商独家经营。由于规模经济的需要而形成的垄断，称为自然垄断。

其次，专利与专营权的控制。对于厂商的专项发明创造，政府有专门的法律加以保护，禁止其他厂商擅自使用其专利技术，在这种情况下会形成独家生产和经营的垄断。有时，政府由于公众利益或其他方面的原因，对一些特定产品的生产经营进行限制，只许某家厂商生产经营，如军工生产和烟酒经营，在这种情况下也会形成垄断。

最后，独家厂商控制了生产某种商品的全部资源或基本资源的供给。这种对生产资源的独占，排除了市场上的其他厂商生产同种产品的可能性，因而也会形成垄断。

完全垄断市场具有 4 个方面的特点，具体如下所述。

第一，完全垄断市场只有一家厂商，控制着整个行业的商品供给，因此，厂商即行业，行业即厂商。

第二，该厂商生产和销售的商品没有任何相近的替代品，需求的交叉弹性为零，因此，它不受竞争的威胁。

第三，新的厂商不可能进入该行业参与竞争。完全垄断厂商通过对价格和原材料的有效控制，使任何新厂商都不能进入这个行业。

第四，独自定价并实行差别价格。完全垄断厂商不但控制着商品供给量，而且还控制着商品价格，是价格制定者，可使用各种手段定价，保持垄断地位。完全垄断厂商还可以依据不同的销售条件，实行差别价格来获取更多的利润。

> 📶提醒：一般来说，竞争程度越高，投资壁垒越少，进入成本越低，其产品价格和企业利润受供求关系影响越大，而且企业倒闭的可能性越大，因此投资风险也越大。反之，垄断性行业由于企业对产品和价格控制能力很强，投资获利良好，风险较小，但投资壁垒较多，投资机会较少，进入成本较高。

## 4.6 影响行业兴衰的因素

影响行业兴衰的因素有很多，但主要因素有 3 项，分别是：技术进步因素、政府影响和干预因素、社会习惯改变因素，如图 4.12 所示。

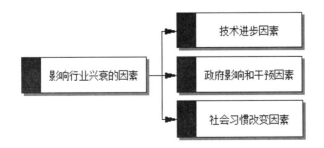

图4.12　影响行业兴衰的因素

## 4.6.1 技术进步因素

在众多技术因素中，最重要的也是首先应考虑的是产品的稳定性。通过产品稳定性分析，检验产品的性质及其技术复杂性有助于判断产品的未来需求是否保持不变，或出现剧烈变化，而历史资料只能说明过去的产业产品需求。

例如，仅以一时流行的产品为基础的行业很快就会被淘汰；产品性质较稳定的产业，如钢铁工业和化学工业，其产品需求则有着较长期的稳定性。然而，由于价格构成的变动及其产品需求的减少，这些产品需求较稳定的行业在不同的年份获利能力仍有波动。

技术进步对行业的影响是巨大的。例如，电灯的出现极大地削弱了对煤气灯的需求；蒸汽动力行业则被电力行业逐渐取代。显而易见，投资衰落的行业是一种错误的选择。投资者还必须不断地考察一个行业产品生产线的前途，分析其被优良产品或其他消费需求替代的趋势。

## 4.6.2 政府影响和干预因素

股民必须评估政府对特定行业的影响，因为政府可通过多种途径来广泛地影响一个行业，只是程度不同而已。

1) 政府影响的行业范围

政府的管理措施可以影响到行业的经营范围、增长速度、价格政策、利润率和其他方面。政府实施管理的主要行业包括公用事业，如煤气、电力、排水、排污、邮电通信、广播电视等；运输部门，如铁路、公路、航空、航运和管道运输等；金融部门，如银行与非银行金融机构、保险公司、商品与证券交易市场、经纪商、交易商等。

政府实施管理的主要行业都是直接服务于公共利益，或与公共利益密切联系的行业。公用事业是社会的基础设施，投资大、建设周期长、收效慢，允许众多厂商投巨资竞相建设是不经济的。因此政府往往通过授予某些厂商在指定地区独家经营某项公用事业特许权的方法来对它们进行管理。被授权的厂商也就因此而成为这些行业的合法垄断者。但这些合法的垄断者和一般的垄断者不一样，它们不能任意制定不合理的价格，其定价要受到政府的调节和管制。政府一般只允许这些厂商获得合理的利润，而且政府的价格管理并不保证这些企业一定能够盈利。成本的增加、管理的不善和需求的变化同样会使这些企业发生亏损。

交通运输行业与大众生活和经济发展有着密切的联系。这些产业服务的范围广（国内外运输），涉及的问题多（各地不同的法律、税收和安全规则等），因而有必要由政府统一管理。金融部门，尤其是银行部门，是国民经济的枢纽，也是政府干预经济的主要渠道之一。它们的稳定关系到整个经济的繁荣和发展，因而是政府重点管理的对象。此外，政府作为国家商品市场上的最大买主，对军事工业和许多民用工业也有着重要的影响。

2) 政府对行业的促进干预和限制干预

政府对行业的促进作用可通过补贴、优惠税法、限制外国竞争的关税、保护某一行业的附加法规等措施来实现，因为这些措施有利于降低该行业的成本并刺激和扩大其投资规模。例如，美国纺织业就受到进口关税这一法律手段的极大保护。同时，考虑到生态、安全、企业规模和价格因素，政府会对某些行业实施限制性规定，这会加重该行业的负担；某些法律已经对某些行业的短期业绩产生了副作用。在美国，铁路和天然气便能证明政府的干预是怎样影响私人利润形成的。

总体来说，政府的干预极大地支撑着某些行业的稳定性，否则情况会变得十分混乱。例如，航空业有其自己的正常航线，因而不会出现所有的航班仅在可能获利的城市之间飞行；公用事业的规模保证了某个地域只能有一家电力公司，从而避免了潜在的混乱，不至于有四五家电力公司在同一条街上竖起自己的电线杆。

## 4.6.3 社会习惯改变因素

在当今社会，消费者和政府越来越强调经济行业所应负的社会责任，越来越注重工业化给社会带来的种种影响。这种日益增强的社会意识或社会倾向对许多行业已经产生了明显的影响。近年来，许多西方国家，特别是产品责任法最严格的美国，在公众的强烈要求和巨大压力下，对许多行业的生产及产品作出了种种限制性规定。如美国政府要求汽车制造商加固汽车保险杠；安装乘员安全带；改善燃油系统；提高防污染系统的质量等。医药行业也受到政府的专门管制，如受美国仪器与药品管理委员会和消费者的监督。防止环境污染、保持生态平衡目前已成为工业化国家的一种重要的社会趋势，在发展中国家也正日益受到重视。现在发达国家的工业部门每年都要花费几十亿美元的经费来研制和生产与环境保护有关的各种设备，以便使工业排放的废物、废水和废气能够符合规定的标准。其他环境保护项目包括对有害物质(如放射性废料)和垃圾的处理等。从上面的分析可知，社会倾向对企业的经营活动、生产成本和利润收益等方面都会产生一定的影响。

## 4.7 行业板块与经济周期的关系

没有任何一个经济周期是完全一样的，但经济周期本身不断地在通货紧缩与通货膨胀之间进行转换。有些行业比较适应于通货紧缩的环境，而有些行业则在通货膨胀的环境里才有较好的表现，因此股市中的各行业板块经常呈现出板块轮动的现象。

经济周期的变化与股市中各板块轮动存在对应关系，具体如下所述。

第一，经济周期处于萧条期，股市基本上进入筑底阶段，此时适合投资金融板块。

第二，经济周期处于萧条期后期及恢复期前期，股市基本上完成了筑底并开始抬高，此时可以投资可选消费。所谓可选消费，就是非生活必需品的消费，比如，旅游、汽车、电器、家具、装修、服装等。

第三，当经济进入恢复期后期和繁荣期前期阶段，可以投资工业制造等相关板块。

第四，当经济进入繁荣期，可以投资资源类股票，包括能源类股票。

第五，当经济处于繁荣期后期接近拐点时，则可以投资公共事业相关股票。

第六，经济开始衰退后，则首先要避免强周期性行业股票的风险，比如，前面所讲的工业制造、资源、能源，包括金融等个股。原则上最好是避开股市投资。如果有局部的机会，可以参与日用消费类股票或医药类股票投资，这类股票被称为防御型股票。

在使用经济周期的变化与股市中各板块轮动的关系时，股民还需要注意下述几个问题。

第一，没有任何一个经济周期会完全相同，这将导致部分板块及个股行情出现复杂和往返的现象。

第二，利率和通货膨胀虽然会对股票产生作用，但对股票产生作用的还有很多其他因素。

第三，利润虽然会影响股票的价值，但最终还得看人们对各要素的看法以及当时的市场环境。

第四，一些行业板块因其政策原因，往往会在某一年内有非常突出的表现，但这跟利率和通货膨胀并没有多大关系。

第五，板块热点的变换和跟风效应，将会扰乱交易者的理性思维。所以，一些对利率或通货膨胀比较敏感的股票有时也会有违常理地进行运动，这一点，需要股民理解。

总之，股票市场的周期呈现出明显的行业板块轮动的特性，这一方面是因经济结构的发展顺序所致，另一方面也是因大盘热点的转换所致。仅从经济周期的角度来看，对利率敏感的行业板块将先行一步，对通货膨胀敏感的行业则后行一步，其他行业板块则夹在中间随大流发展。

# 第 5 章

## 价值投资的公司分析

　　股民进行价值投资，最终选择的对象是上市公司，所以对上市公司的分析具有非常重要的作用。本章首先讲解什么是上市公司及其分析内容，然后讲解公司竞争地位分析、公司经营管理能力分析，最后讲解价值投资选择公司的技巧。

# 5.1 初识公司分析

下面来讲解一下什么是上市公司及其分析内容，即公司竞争地位分析、公司经营管理能力分析、公司的赢利能力及增长性分析。

## 5.1.1 什么是上市公司

公司是指公司的组织形式，是以赢利为目的的社团法人。按公司的股票是否上市流通为标准，公司一般可划分为上市公司和非上市公司。而上市公司又有广义和狭义两种理解。

广义的上市公司不仅包括公司所发行的股票在证券交易所上市的股份有限公司，还包括在 STAQ 系统，也就是全国证券交易自动报价系统里挂牌买卖的股份有限公司。

狭义的上市公司仅仅指其所发行的股票在证券交易所上市交易的股份有限公司。我国目前立法所确认的上市公司仅仅指狭义的上市公司。

打开同花顺炒股软件，单击菜单栏中的"报价 / 涨幅排名 / 沪深 A 股涨幅排名"命令，就可以看到所有上市公司及其报价信息，如图 5.1 所示。

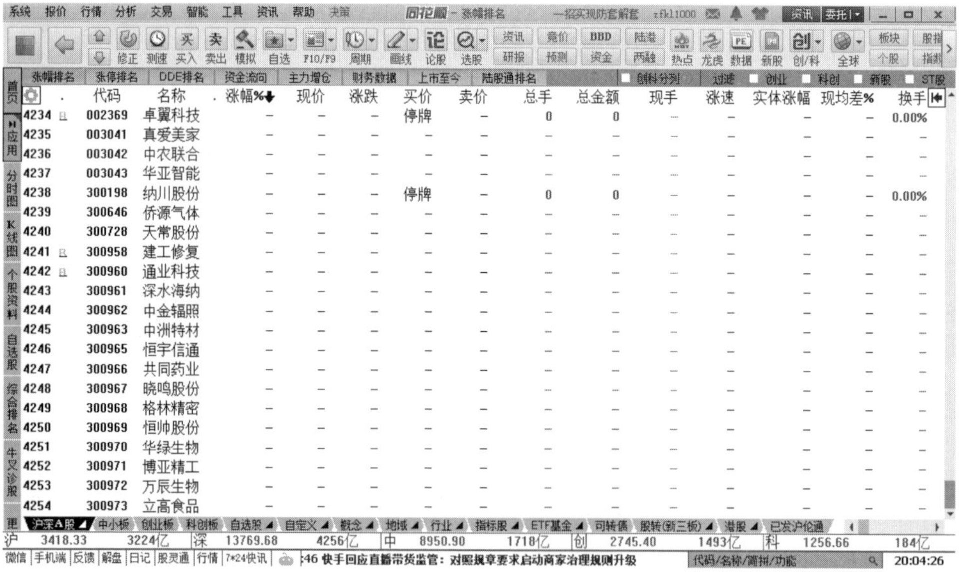

图5.1 所有上市公司及其报价信息

经过 20 多年的发展，沪深上市公司的股票数量已达 4200 多只。

## 5.1.2 上市公司分析及其内容

对上市公司进行分析，就是分析上市公司的现有价值和未来价值，以及该公司在同行业中的地位，做好买入股票前的调查分析工作。

对上市公司分析主要包括三个方面，分别是公司竞争地位分析、公司经营管理能力分析、公司的盈利能力及增长性分析，如图 5.2 所示。

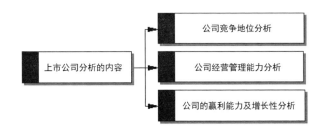

图5.2 上市公司分析的内容

1) 公司竞争地位分析

公司竞争地位分析是上市公司分析的主要内容。市场经济的规律就是优胜劣汰，在本行业中没有竞争优势的公司，注定要随着时间的推移逐渐萎缩直至消亡。只有确立了竞争优势，并且不断通过技术更新和管理水平提高来保持这种竞争优势的公司才有长期存在并发展壮大的机会，也只有这样的公司才有长期投资价值。

2) 公司经营管理能力分析

公司本身只是一个空壳，是资金将关联的人组织起来，是项目将关联的人调动起来，而对于资金的盘活与否、对于项目的成功与否，都取决于"人"这个最活跃的因素。所以，考察公司的竞争能力只是一种事后的观察，而事先的观察和主观能动性，都包含在公司的经营管理中。

事实上，对于任何一家上市公司，股民投资的首先是项目，其次就是人。但在同等的项目经营中，人的因素更为重要。

3) 公司的赢利能力及增长性分析

衡量公司现实的赢利能力，以及通过分析各种资料（财务报表）而对公司将来的赢利能力作出预测是投资者要掌握的一种重要方法。这部分内容后面章节会详细讲解。

## 5.2 公司竞争地位分析

公司竞争地位分析主要包括 5 个方面，分别是技术水平分析、市场开拓能力和市场占有率分析、资本与规模效益分析、项目储备及新产品开发分析、公司资源供应分析，如图 5.3 所示。

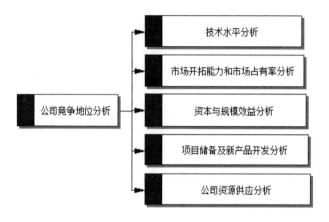

公司竞争地位分析

- 技术水平分析
- 市场开拓能力和市场占有率分析
- 资本与规模效益分析
- 项目储备及新产品开发分析
- 公司资源供应分析

图5.3 公司竞争地位分析

## 5.2.1 技术水平分析

决定公司竞争地位的首要因素在于公司的技术水平。对公司技术水平高低的评价可以分为评价技术硬件部分和软件部分两类。

评价技术硬件部分，如：机械设备、单机或成套设备；评价软件部分，如：生产工艺技术、工业产权、专利设备制造技术和经营管理技术，具备何等生产能力和达到什么样的生产规模，公司扩大再生产的能力如何，给公司创造多少经济效益等。

另外，公司如果拥有较多的掌握技术的高级工程师、专业技术人员等，那么公司就能生产质优价廉、适销对路的产品，公司也就具备了很强的竞争能力。

## 5.2.2 市场开拓能力和市场占有率分析

公司市场占有率是利润之源。效益好并能长期存在的公司，其市场占有率即市场份额必然是长期稳定并呈增长趋势的。不断地开拓进取，挖掘现有市场潜力并进军新的市场，是扩大市场占有份额和提高市场占有率的主要手段。

打开同花顺炒股软件，输入云南白药的股票代码 000538，然后按回车键，就可以看到云南白药 (000538) 的日 K 线图。

在日 K 线图状态下，按下键盘上的 F10 键，即可进入个股资料页面，单击"公司资料"标签，就可以看到云南白药 (000538) 的主营业务和公司简介信息，如图 5.4 所示。

图5.4 云南白药(000538)的主营业务和公司简介信息

在这里可以看到云南白药集团股份有限公司的主营业务是制造和销售以云南白药系列产品和天然植物药系列产品为主的各类药品。

在云南白药集团股份有限公司简介中，可以看到公司的销售市场：产品畅销国内市场及东南亚一带，并逐渐进入日本、欧美等发达国家市场。

还可以看到云南白药集团股份有限公司获得的荣誉和市场占有率信息，具体如下所述。

云南白药集团股份有限公司是我国知名中成药生产企业之一，是云南大型工商医药企业之一，是中国中成药五十强之一。1997 年被确定为云南省首批重点培育的四十家大企业大集团之一。2010 年中药行业品牌峰会品牌评选活动首次发布的中药行业各领域十强企业品牌榜单上，云南白药在中药企业传统品牌榜单十强中排名第一。 2017 年 9 月，云南白药入选由中国医药工业信息中心发布的"2016 年度中国医药工业百强企业榜"榜单。2017 年，云南白药系列产品荣获 2017 年度中国非处方药产品综合统计排名中成药骨伤科类第一名，云南白药气雾剂荣获首届最具创新价值 OTC 品种十大OTC 杰出创新奖，云南白药牙膏的市场占有率居全国第二位、民族品牌第一位。2018 年，云南白药集团股份有限公司荣获中国非处方药生产公司综合统计排名前十强，产品云南白药气雾剂、膏、创可贴、酊荣获中成药骨伤科类综合统计第一名，云南白药牙膏市场份额约 18.1%，居全国第二位。在医药商业流通领域，经过多年发展，公司全资子公司云南省医药有限公司已成为云南省销售规模最大的医药商业企业，也是云南省唯一承担云南省人民政府医药储备任务的医药企业。2019 年，云南白药集团荣获由中国医药保健品进出口商会颁发的"中国中成药行业企业出口十强"称号，公司连续3年获此奖项；2019年5月31日，国际咨询平台Interbrand发布"2019年中国最佳品牌排行榜"，云南白药品牌价值74.35亿元，排名榜单第34位，位列医药板块首位。

### 5.2.3　资本与规模效益分析

有些行业，比如汽车、钢铁、造船是资本密集型行业。这些行业往往是以"高投入，大产出"为行业基本特征的。由资本的集中程度而决定的规模效益是决定公司收益、前景的基本因素。因此在进行长期投资时，这些身处资本密集型行业，但又无法形成规模效益的厂家，一般是不在考虑范围之内的。

### 5.2.4　项目储备及新产品开发分析

在科学技术发展日新月异的今天，只有不断地进行产品更新、技术改造的公司才能长期立于不败之地。商海弄潮如逆水行舟，不进则退。一个公司在新产品开发上的停滞，相对于其他前进的公司，就是后退。多少"百年老字号"的倒闭都告诉人们这个道理。

在云南白药(000538)个股资料页面，单击"资本运作"标签，就可以看到云南白药(000538)的项目投资信息，如图5.5所示。

图5.5　云南白药(000538)的项目投资信息

向下拖动垂直滚动条，还可以看到股权投资、股权转让、关联交易等信息，云南白药 (000538) 的股权投资信息如图 5.6 所示。

图5.6　云南白药(000538)的股权投资信息

## 5.2.5　公司资源供应分析

如果公司的生产资源由自我供应，则供应稳定，成本低廉，对外部的依赖程度较小，风险也较小，但缺陷通常是内部效率低下。同时，如果上游资源出现问题，容易对公司内部资源产生影响，并容易产生资源类资产的贬值问题。

如果公司的生产资源由外部供应，则公司生产的市场化程度较高，自我经营效率较高，但缺陷是资源供应得不到保障，会增加经营成本的不稳定性。

## 5.3　公司经营管理能力分析

公司经营管理能力分析的主要内容包括 7 个方面，分别是：各层管理人员素质及能力分析、公司经营效率分析、公司内部调控机构效率分析、公司人事管理效率分析、公司生产调度效率分析、公司治理结构分析、公司股东持股分析，如图 5.7 所示。

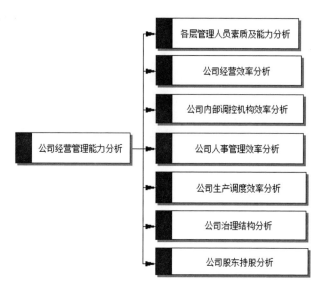

图5.7 公司经营管理能力分析

## 5.3.1 各层管理人员素质及能力分析

各层管理人员素质及能力主要是指决策层、高级管理层和执行层的素质及能力。

1) 决策层

决策层是公司最高的权力机构，应有明确的生产经营战略和良好的经济素养，他们应具备较高的公司管理能力和丰富的工作经验，有清晰的思维头脑和综合判断能力。他们必须具备较强的法制观念，严格按照我国的法律、法规、政策行事，能根据法律规范制定自己的生产经营策略和方向，有严明的组织纪律性，知人善任，坚持正确的经营方向。

2) 高级管理层

高级管理层人员应具有与该公司经营管理相关的技术知识，通晓现代化管理理论知识，有实际的管理经验，有较强的组织指挥能力，有扎实的廉政工作作风。

另外，高级管理层人员的工作欲望、沟通协调能力、专业管理能力等，也是应考察的因素。

3) 执行层

执行层，即公司的最基层。各部门的任务要由执行层人员动脑动手操作实施，加以完成。对本层人员的基本要求是了解本岗位工作范围，严格执行操作程序，操作技术娴熟，热爱本职工作，能保质保量完成和超额完成生产经营指标，能提出合理化建议，遵守公司规章制度，团结同志，品行端正。

在招商银行 (600036) 个股资料页面，单击"公司资料"标签，就可以看到招商银行 (600036) 的董事长、董秘、法人代表、总经理等信息，如图 5.8 所示。

图5.8　招商银行(600036)的董事长、董秘、法人代表、总经理等信息

向下拖动垂直滚动条，就可以看到高管介绍信息。首先看到的是董事会成员的姓名、职务、直接持股数等信息，如图 5.9 所示。

图5.9　招商银行(600036)的董事会成员的姓名、职务、直接持股数等信息

单击"监事会"标签，打开"监事会"选项卡，就可以看到监事会成员的姓名、职务、直接持股数等信息，如图 5.10 所示。

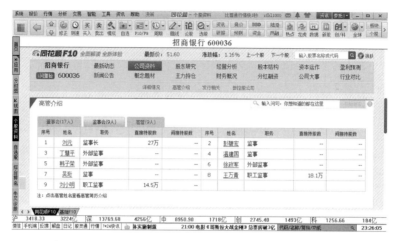

图5.10　招商银行(600036)的监事会成员的姓名、职务、直接持股数等信息

单击"高管"标签，打开"高管"选项卡，就可以看到高管成员的姓名、职务、直接持股数等信息，如图 5.11 所示。

图5.11　招商银行(600036)的高管成员的姓名、职务、直接持股数等信息

## 5.3.2 公司经营效率分析

公司产品的销售、生产原材料的供给、利润的获得都靠精干的经济活动部门去实现。他们必须按时、按量、廉价采购回原材料或零部件，保质保量地进行产品的加工生产，并把公司生产的产品及时地推销出去，打开国内外市场，争取广大消费者，

获得尽可能高的利润。这些都需要经营人员及时地宣传产品，利用各种信息媒介，分析市场行情，了解消费者的需求和消费心理，将综合信息以最快的速度、最敏捷的方式反馈到决策层，使公司适时地调整经营方向，生产适销对路的产品，从消费指导生产到生产引导消费，创造经营活动中的最佳业绩。

### 5.3.3 公司内部调控机构效率分析

公司内部应当建立严格的管理制度，共同遵守办事程序和行为准则。人们对生产经营活动经验的总结，是对客观规律和自然规律的主观反映。人们在实践中逐渐认识了客观规律，并把它条例化、文字化，通过一定的组织程序制定了各项办事规则和行为规范，这就形成了管理制度。

对那些努力工作、忠于职守、表现突出、作出贡献的人，可按公司内部奖励条例予以表彰和提拔；对那些行为不轨、表现较差、没有业绩，特别是不遵守规章制度、损害集体利益、破坏公司形象的人就应予以除名、调离工作岗位或进行降职降薪处理等，以调动广大员工的积极奉献精神，创造更多更好的经济效益，从而使公司内部各部门之间、上下级之间、员工之间和睦相处、精诚合作、尽职尽责。

我们可根据公司的具体经济目标，看公司内部各项规章制度是否订立，是否切实可行，各员工是否遵守，各部门是否都有自己的办事程序，是否分工明确、职责清楚，权利是否享受，义务是否履行，是否都熟悉自己的业务，技术水平、文化素质是否提高，操作是否娴熟，是否善于处理复杂问题，是否能适应多变的环境，等等。据此即可对该公司内部调控机制作出总体评价。

### 5.3.4 公司人事管理效率分析

人事管理是一门科学，它需要我们合理使用人才，挖掘人的智慧和发挥人的创造精神，做到用其所长，避其所短，同时还要积极教育、培养各种专业和技术人才，提高职工个人和整个职工队伍的技术和文化素质。另外，还要合理地安排生产劳动力，最大限度地减少浪费人力的现象。要根据公司生产经营需要增减机构，根据增减机构的实际情况做到因事设人。要合理地进行公司内部人才流动。要任人唯贤，稳定公司内部的有用人才和职工队伍。要尽最大努力防止任人唯亲。

### 5.3.5 公司生产调度效率分析

生产调度要根据目标要求制订各项生产计划，合理地安排生产任务，适时地调节规模、产品品种、质量、规格、数量和产出时间。要严格按生产计划进度表办事，提高生产设备的利用率，充分发挥对各类生产设备的协调作用，及时保养、维修，保证生产的顺利进行。同时还要在保证质量的前提下增加产品的品种和产量，节约能源，降低单件成本，加强技术改造和技术更新，减少或杜绝残次产品，积极开发新产品，提高产品市场竞争力。还可以充分利用闲置或多余的设备，生产市场上需要的零星产品，增加公司的边际收益等。

另外，要加强产品质量检测，防止不合格产品出厂，以保证公司的信誉，减少经营纠纷，确保公司最大效益。生产计划调度部门要有权威性，以确保对生产线和车间的指挥权与调度权，确保职工安全生产，实现公司总体计划目标。

## 5.3.6 公司治理结构分析

公司治理结构是公司运营的关键，它一般可分为两个层次，分别是：宏观层次和微观层次，如图 5.12 所示。

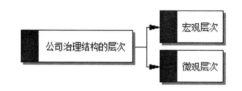

图5.12　公司治理结构的层次

1) 宏观层次

宏观层次主要是指公司股东、董事会、监事会和经理之间相互负责、相互制衡的一种制度安排。

2) 微观层次

微观层次主要是指公司的内部控制制度。

在宏观层次，要重点分析是否存在大股东侵蚀上市公司利益的行为，或大股东操纵上市公司的行为。这可以通过两个方面来进行，具体如下所述。

第一，关注上市公司与控股股东的关联交易情况，特别是非经常性业务的关联交易。

第二，关注监事会与独立董事对公司重大事项的独立意见，但也有必要对其意见进行反向思维。

在云南白药 (000538) 个股资料页面，单击"资本运作"标签，再单击"关联交易"标签，就可以看到云南白药 (000538) 的关联交易信息，如图 5.13 所示。

图5.13 云南白药(000538)的关联交易信息

## 5.3.7 公司股东持股分析

公司股东持股分析，主要看两个方面，分别是：控股股东变动情况、大股东的持股变动状况，如图 5.14 所示。

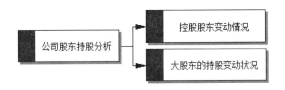

图5.14 公司股东持股分析

1) 控股股东变动情况

控股股东变动又分两种情况，分别是国有股股东由于股权的划转而导致控股股东改变、股市上发生兼并或资产重组行为而导致控股股东改变。

国有股股东由于股权的划转而导致控股股东改变，由于变动比较平稳，短期内不会对股价产生剧烈的冲击，但由于新旧控股股东的发展战略和经营理念不同，可能会对股价产生长期的影响。

股市上发生兼并或资产重组行为而导致控股股东改变，往往会对公司的经营、管理、人员等进行重大或全部调整，这些调整会改变公司的基本面，从而对股价产生重大影响。

2) 大股东的持股变动状况

大股东的持股变动状况的分析如下所述。

如果大股东正在通过二级市场增持股份，则说明大股东对自家公司的股价上涨充满信心，反之则说明没有信心。如果大股东正在通过二级市场减持股份，则说明大股东对自家公司的股价上涨失去信心。如果公司董事长和总经理持股较少，股价涨跌几乎与他们没有多少利益关系，这样的公司经营状况往往不会太好。

另外，如果十大流通股东多数是基金，说明该股受到长线投资者关注，如果是个人或机构持仓较重，则说明有庄家进场。

在云南白药(000538)个股资料页面，单击"股东研究"标签，再单击"十大流通股东"标签，就可以看到云南白药(000538)十大流通股东的名称、持股数量、持股变化等信息，如图5.15所示。

图5.15　云南白药(000538)十大流通股东的名称、持股数量、持股变化等信息

单击"十大股东"标签，就可以看到云南白药(000538)十大股东的名称、持股数量、持股变化等信息，如图5.16所示。

在云南白药(000538)个股资料页面，单击"主力持仓"标签，就可以看到机构持股总汇信息，即机构数量、累计持有数量、累计市值、持仓比例等信息，如图5.17所示。

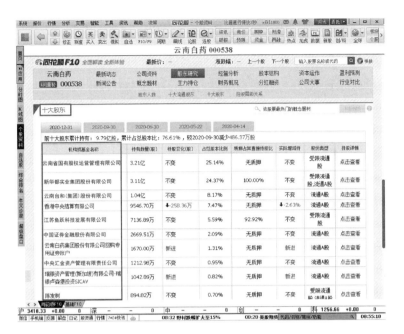

图5.16　云南白药(000538)十大股东的名称、持股数量、持股变化等信息

图5.17　云南白药(000538)的机构持股总汇信息

在"主力持仓"选项卡中，单击"机构持仓明细"标签，就可以看到机构持仓明细信息，即名称、机构类型、持有数量、持股市值等，如图5.18所示。

| 机构或基金名称 | 机构类型 | 持有数量(股) | 持股市值(元) | 占流通股比例 | 增减情况(股) | 基金收益排行 |
|---|---|---|---|---|---|---|
| 云南合和(集团)股份有限公司 | 一般法人 | 1.04亿 | 118.62亿 | 17.34% | 不变 | -- |
| 香港中央结算有限公司 | 一般法人 | 9546.70万 | 108.45亿 | 15.85% | ↓258.37万 | -- |
| 新华都的实业集团股份有限公司 | 一般法人 | 3534.34万 | 40.15亿 | 5.87% | 不变 | -- |
| 中国证券金融股份有限公司 | 一般法人 | 2669.51万 | 30.33亿 | 4.43% | 不变 | -- |
| 云南白药集团股份有限公司回购专用证券账户 | 一般法人 | 1670.00万 | 18.97亿 | 2.77% | 新进 | -- |
| 中央汇金资产管理有限责任公司 | 一般法人 | 1212.98万 | 13.78亿 | 2.01% | 不变 | -- |
| 瑞银资产管理(新加坡)有限公司-瑞银卢森堡投资SICAV | 一般法人 | 1042.89万 | 11.85亿 | 1.73% | ↑450.02万 | -- |
| 全国社保基金118组合 | 社保基金 | 764.89万 | 8.69亿 | 1.27% | ↑100.87万 | -- |
| 瑞士银行 | QFII | 611.43万 | 6.95亿 | 1.02% | 新进 | -- |
| 全国社保基金110组合 | 社保基金 | 602.15万 | 6.84亿 | 1.00% | 新进 | -- |
| 易方达3年封闭运作战略配售灵活配置混合型证券投资基金(LOF) | 基金 | 161.34万 | 1.83亿 | 0.27% | ↓27.07万 | -- |
| 诺安积极配置混合型证券投资基金A | 基金 | 100.00万 | 1.14亿 | 0.17% | 不变 | 2596/3702(一般) |
| 中银医疗保健灵活配置混合型证券投资基金A | 基金 | 96.34万 | 1.09亿 | 0.16% | ↑42.19万 | 1581/3702(良好) |
| 汇添富双利债券型证券投资基金A | 基金 | 80.00万 | 8808.00万 | 0.13% | 不变 | 377/3261(优秀) |

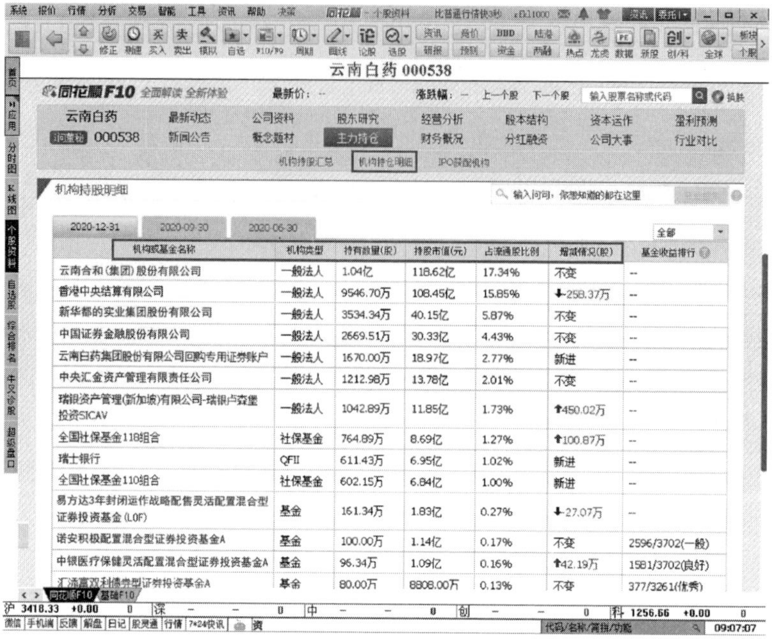

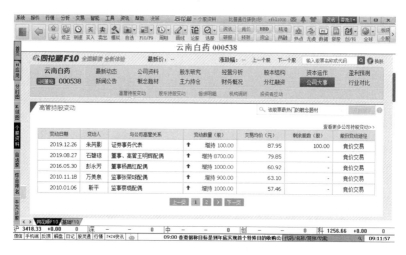

图5.18　云南白药(000538)的机构持仓明细信息

在云南白药 (000538) 个股资料页面，单击“公司大事”标签，再单击“高管持股变动”标签，就可以看到高管持股变动情况，即变动日期、变动人、与公司高管关系、变动数量、交易均价等信息，如图 5.19 所示。

| 变动日期 | 变动人 | 与公司高管关系 | 变动数量（股） | 交易均价（元） | 剩余股数（股） | 股份变动途径 |
|---|---|---|---|---|---|---|
| 2019.12.26 | 朱芮影 | 证券事务代表 | ↑ 增持 100.00 | 87.95 | 100.00 | 竞价交易 |
| 2019.08.27 | 石碧琼 | 董事、高管王明辉配偶 | ↑ 增持 8700.00 | 79.85 | - | 竞价交易 |
| 2016.05.30 | 彭永芳 | 董事杨昌红配偶 | ↑ 增持 1000.00 | 60.92 | - | 竞价交易 |
| 2010.11.18 | 万美泉 | 监事张荣球配偶 | ↑ 增持 900.00 | 63.10 | - | 竞价交易 |
| 2010.01.06 | 靳平 | 监事蔡珉配偶 | ↑ 增持 1000.00 | 57.46 | - | 竞价交易 |

图5.19　云南白药(000538)的高管持股变动情况

在“公司大事”选项卡中，单击“股东持股变动”标签，就可以看到股东持股变动情况，即公告日期、变动股东、变动数量、交易均价等信息，如图 5.20 所示。

图5.20　云南白药(000538)的股东持股变动情况

另外，在"公司大事"选项卡中，单击"机构调研"标签，还可以看到近期调研该上市公司的机构数量、机构类型、机构名称及调研结果，如图 5.21 所示。

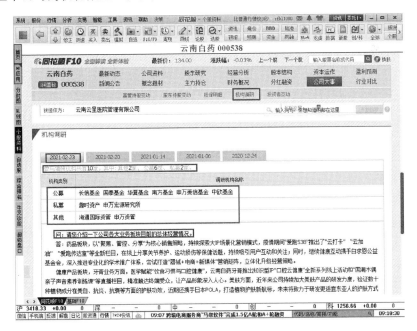

图5.21　调研云南白药(000538)的机构数量、机构类型、机构名称及调研结果

## 5.4 价值投资选公司的技巧

价值投资选公司的技巧，具体如下所述。

第一，所选公司必须有一个广阔的市场，有足够的广度和宽度。例如，消费品行业，周期很长。如果中国经济持续发展三四十年，那么消费品特别是奢侈品的周期就会有三四十年。而且，越是高档的奢侈品，它的增长就会越快。

第二，要能够抵御通货膨胀。投资的公司的产品一定要能够提价。能否提价，这是竞争能否胜出的关键。很多世界级的驰名品牌都会定期提价。如果提不了价，那么你的投资可能会发生很大的风险。

第三，价值投资所选公司是某种意义上"不死的公司"。4000 多家公司摆在你的面前，需要判断哪些公司能够长存下去，或者尽量地长存下去。当然，所有生命都有生命周期，公司不会有一直存在的，但是我们挑选的公司最好是能够存在足够长的时间。这是非常重要的一个标准。

第四，价值投资所选公司要有足够的净利润，最好是轻资产型的。

第五，价值投资所选公司是行业中的龙头公司，有很高的行业壁垒。这种公司"护城河"足够宽，产品的垄断性足够强，是长期竞争之后生存下来的强势公司，比如沃尔玛、可口可乐。它们都拥有别人无法复制和替代的独特技术和核心竞争力。

第六，价值投资所选公司有很好的 ROE(净资产回报率) 和 ROE 上升的能力。ROE 是衡量公司赢利能力的一个重要指标，我们选择的公司应该是没有负债的，现金流均为正值。

# 第6章

## 价值投资的财务报表分析

　　每个企业都有自己的财务密码，只要读懂了这些密码，就能帮助投资者了解企业的过去，更重要的在于发现企业的未来发展趋势。实际上，一个优秀企业的发展，经常基于看到简单财务数字后面所产生的智慧，而这些智慧开创了新的竞争模式。企业管理者通过数字进行决策，其可靠程度远比拍拍脑袋决策高得多。本章首先讲解财务报表的基础知识，然后讲解财务报表分析的基础知识、基本方法，最后讲解财务报表分析的步骤。

## 6.1 初识财务报表

一份沉甸甸的财务报表，对投资者而言就是一件价值投资的利器。而怎样发现和挖掘上市公司的潜在价值，只有用心的投资者才能够真正领悟到。

### 6.1.1 什么是财务报表

下面先来看一个小故事。

穷人老李是一个大家庭中的四个兄弟姐妹里的老大，他和弟弟妹妹都已各自成家，互相住得有点远。某天，老母亲说，你是老大，你帮我在家组织大家吃个饭，这个钱我出，也不知道会花多少，我先给你 100 元，剩下的你自己想办法，最后花了多少我们再算，厨房一般的用具都有，你直接用就好。然后，老母亲把饭菜规格、几个凉菜、几个热菜一说，扔下 100 元钱就回自己屋了。

这顿饭后，老李要给老母亲一个交代：花了多少钱？除了老母亲给的 100 元钱外其余的钱都是怎么筹备的？做了哪几个菜？大家吃饱没有？老母亲是否满意？等等，这就是财务报表。

老李做饭前要筹款，除了老母亲给的那 100 元，家里只有 60 元，他还向弟弟借了 30 元，向高利贷借了 40 元，大米是自家产的等，以上这些就是财务状况，用资产负债表来反映。

他买了鸡、鸭、鱼、肉等，请了村里的厨师二胖，在借高利贷时就付了高利贷的利息，由于吃饭的人太多，家里的厨具和餐具不够，于是便租赵三家的锅碗瓢盆用了 12 元。大家吃饭时，对这顿饭的评价很好，觉得这饭够 280 元的档次。老李的老母亲听后很高兴地认为，老李两口子辛苦了，便给了他们 280 元，多出的当他们的工钱。老李推辞不掉便收下了，事后他一算账，刨除本钱、利息、工钱外，还赚了 20 元。老李所列的这个账单就是利润表。

再仔细清点一下他们还剩下些鱼和鸭，是卖了回收现金，还是留着自己吃呢？老李想反正也要买，但这样可能就还不上高利贷了。老李的这些统计，就是现金流量表。

除了这些，可能还有一些与组织这顿饭相关的事情，比如，老李自己那 60 元本来计划要做什么，邻居家的吴老太太也想要老李帮忙筹备一顿饭，她付工钱等，再同老母亲商量，这些就是财务报表附注所反映的内容（此处我们暂且不提所有者权益变动表）。

通过这个小故事，投资者会对财务报表有一个大致的了解。下面来具体看一下财务报表的定义。

　　财务报表，简称财报，是一套会计文件，是会计主体对外提供的反映会计主体财务状况和经营绩效的会计报表，它反映的是一家企业过去一个财政时间段（主要是季度或年度）的财政表现及期末状况。它以量化的财务数字，分目表达，包括资产负债表、利润表、现金流量表、所有者权益变动表、财务报表附注。财务报表是财务报告的主要部分，不包括董事报告、管理分析及财务情况说明书等列入财务报告或年度报告的资料。

## 6.1.2　财务报表的组成

　　财务报表由 5 部分组成，分别是：资产负债表、利润表、现金流量表、所有者权益变动表、财务报表附注，如图 6.1 所示。

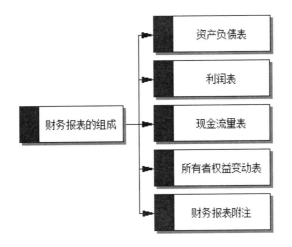

图6.1　财务报表的组成

1) 资产负债表

　　资产负债表，又称为财务状况表，是财务报表中最重要的一份报表。它是企业在报表日（年末或季度末）的定格照片。向投资者展示了企业在这个时刻的资产、负债及所有者权益的状况。

　　下面来查看企业的资产负债表。打开同花顺炒股软件，输入"云南白药"的代码 000538，然后按回车键，就可以查看云南白药 (000538) 的日 K 线图。接着按下键盘上的 F10 键，就可以看到云南白药 (000538) 的个股资料页面。

　　在个股资料页面，单击"财务概况"标签，就可以看到云南白药 (000538) 的主要指标数据信息及柱状图表，如图 6.2 所示。

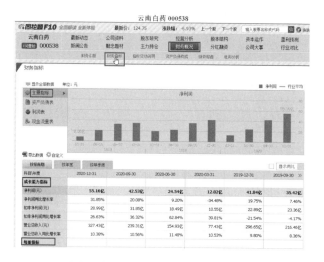

图6.2　云南白药(000538)的主要指标数据信息及柱状图表

📶提醒：主要指标可以分为5种，分别是：成长能力指标、每股指标、赢利能
力指标、运营能力指标、偿债能力指标。成长能力指标包括净利润、净利润同比
增长率、扣非净利润(元)、扣非净利润同比增长率、营业总收入(元)、营业总收
入同比增长率。每股指标包括基本每股收益(元)、每股净资产(元)、每股资本公
积金(元)、每股未分配利润(元)、每股经营现金流(元)。赢利能力指标包括销售净
利率、销售毛利率、净资产收益率、净资产收益率-摊薄。运营能力指标包括营
业周期(天)、存货周转率(天)、存货周转天数(天)、应收账款周转天数(天)。偿债
能力指标包括流动比率、速动比率、保守速动比率、产权比率、资产负债比率。

默认状态下，显示
的是最近3年净利润的
柱状图表。

单击"主要指标"
选项下方的"资产负债
表"选项，就可以看到
云南白药 (000538) 的资
产负债表数据信息及柱
状图表，如图 6.3 所示。

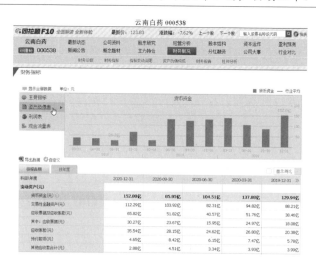

图6.3　云南白药(000538)的资产负债表数据信息及柱状图表

默认状态下，显示的是最近 3 年货币资金的柱状图表。

需要注意的是，单击资产负债表中的不同数据项，就会显示不同数据近 3 年的标状图表，在这里单击"交易性金融资产"选项，就会显示云南白药 (000538) 最近 3 年交易性金融资产的柱状图表，如图 6.4 所示。

图6.4　云南白药(000538)最近3年交易性金融资产的柱状图表

> 📶提醒：股神巴菲特常常通过现金资产和长期债务判断该企业是否具有持续的竞争优势。

2) 利润表

利润表反映了企业在一定期间发生的收入、费用和利润，是企业经营业绩的综合体现，它揭示了企业的未来发展前景和是否有能力为投资者创造财富。

下面来查看企业的利润表。在云南白药 (000538) 的"财务概况"选项卡中，单击"利润表"选项，就可以看到云南白药 (000538) 的利润表数据信息及柱状图表，如图 6.5 所示。

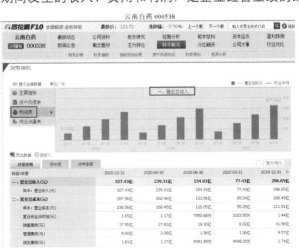

图6.5　云南白药(000538)的利润表数据信息及柱状图表

默认状态下，显示
的是最近3年营业总收
入的柱状图表。单击不
同的数据项，就会显示
不同数据的柱状图表，
在这里单击"管理费用"
选项，就会显示最近3
年管理费用的柱状图表，
如图6.6所示。

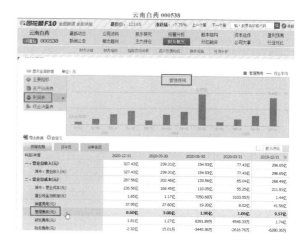

图6.6　云南白药(000538)最近3年管理费用的柱状图表

📶提醒：通过阅读和分析利润表，股神巴菲特能对企业的财务信息进行判断，例如利润率、股权收益、利润的稳定性和发展趋势(这一点特别重要)。在判断一个企业是否得益于持久竞争优势时，所有的这些因素都是必不可少的。

3) 现金流量表

现金流量表是财务报表的三个基本报表之一，所表达的是在一个固定期间（通常是每月或每季）内，一家机构现金（包含银行存款）的增减变动情形。

现金流量表的出现，主要是要反映出资产负债表中各个项目对现金流量的影响，并根据其用途划分为经营、投资及融资三个活动分类。现金流量表可用于分析一家机构在短期内有没有足够现金去应付开销。

下面来查看企业的
现金流量表。在云南白
药(000538)的"财务概
况"选项卡中，单击"现
金流量表"选项，就可
以看到云南白药(000538)
的现金流量表数据信息
及柱状图表，如图6.7
所示。

图6.7　云南白药(000538)的现金流量表数据信息及柱状图表

默认状态下，显示的是最近 3 年销售商品、提供劳务收到的现金的柱状图表。单击不同的数据项，就会显示不同数据的柱状图表，在这里单击"支付的各项税费"选项，就会显示最近 3 年支付的各项税费的柱状图表，如图 6.8 所示。

图6.8　云南白药(000538)最近3年支付的各项税费的柱状图表

4) 所有者权益变动表

所有者权益变动表是反映企业本期（年度或中期）内至截至期末所有者权益变动情况的报表。其中，所有者权益变动表应当全面反映一定时期所有者权益变动的情况。

2007 年以前，企业所有者权益变动情况是以资产负债表附表形式予以体现的。新准则颁布后，要求上市企业于 2007 年正式对外呈报所有者权益变动表。因此，所有者权益变动表将成为与资产负债表、利润表和现金流量表并列披露的第四份财务报表。

在所有者权益变动表中，企业还应当单独列示反映下列信息。

第一，所有者权益总量的增减变动。

第二，所有者权益增减变动的重要结构性信息。

第三，直接计入所有者权益的利得和损失。

5) 财务报表附注

财务报表附注是对资产负债表、利润表、现金流量表和所有者权益变动表等报表中列示项目的文字描述或明细资料，以及对未能在这些报表中列示项目的说明等。这些信息可以使报表使用者全面了解企业的财务状况、经营成果和现金流量。

财务报表附注是对财务报表的补充说明，是财务会计报告体系的重要组成部分。随着经济环境的复杂化以及人们对相关信息要求的提高，附表和附注在整个报告体系中的地位日益突出。但在我国，对报表附注的重视性却难以令人满意，其编制和使用状况也存在着局限性。

## 6.1.3 财务报表是价值投资的依据

随着股市的发展成熟与监管力度的不断加强，过去以价格取向为主体的投机操作时代已逐步让位于以价值取向为主导的投资时代。这样，投资某一股票之前，对投资价值的分析就显得格外重要，而财务报表分析就成了最基本、最重要的依据。

企业财务报表是关于企业经营活动的原始资料，也是供散户了解和分析发行该股票的上市企业公开的财务资料。财务公开是任何股份企业成为上市企业后都要遵守的基本原则。上市企业必须定期公开自己的财务状况，提供有关的财务资料，便于投资者查询。在上市企业公布的一整套财务资料中，最重要的是财务报表。

上市企业的财务报表反映了企业目前的财务状况，在一个会计周期内的经营业绩，以及上市企业的整体发展趋势，是投资者了解企业、决定投资行为的最全面、最翔实也是最可靠的第一手资料。

散户投资者可以通过对上市企业财务报表的有关数据进行汇总、计算、对比，综合地分析和评价企业的财务状况和经营成果，进而了解财务报表中各项指标的变动对股价的有利和不利影响，最终作出投资某一股票是否有利和安全的准确判断。

然而，也许是由于惯性投资思维的缘故，目前我国有相当大一部分散户投资者要么是不屑于分析财务报表，而唯消息是从、唯庄家是从；要么是不会分析财务报表，而单纯凭运气、靠投机炒股，其结果大多成了庄家的炮灰，而且一直在追涨杀跌的怪圈中徘徊，整日揪心不已。

可以说，散户投资者如果不学会看财务报表，不学会作财务分析，在市场里将寸步难行。可以肯定地说，在未来的股市里，只有能像股神巴菲特那样慧眼识珠、捕捉到具有成长潜力和投资价值的股票，才有可能成为真正的赢家。

从传统股票投资学的定义看，股价即为发行企业实质的反映，而发行企业的实质，就是它的运营情况、财务情况及盈利情况。了解这些情况最直接、最便利的办法，便是进行财务分析。因此，财务分析属于最基本的分析范畴，它是对企业历史资料的动态分析，是在研究过去的基础上预测未来，以帮助投资者作出正确的投资决定。

总之，阅读与分析上市企业的财务报表有两大重要功能：一是可以帮助散户进行选股，通过分析各种股票品质的好坏来挖掘其内在价值，进而决定选择方向；二是散户可以了解所应有的权益，通过阅读与分析欲投资的上市企业的财务报表，维护自身利益。

贵州茅台公司拥有茅台酒独特的生产工艺以及茅台酒产品的独特性、品牌地位以及产品自主定价能力。2016 年茅台酒的毛利率为 91.23%，净利润较 2015 年增长 29.85%。同时，贵州茅台公司茅台酒的销量在 2016 年也稳步增长，达 7000 吨，较

2015 年增长 18%。此外，贵州茅台现金流高 (2016 年为 65828 万元 ) 而负债低 (2015 年长期负债为 130 万元 ) 且有大量库存。库存即财富，库存期限越长茅台酒越值钱。综合以上的分析可以说明，该公司具有很低的财务风险和良好的行业前景。

　　某散户在 2016-2017 年的熊市中，就曾仔细研究过贵州茅台的财务报表，发现茅台股价完全没有反映出该上市公司的价值，确定这必然是一只能够逆势飞扬的个股，于是跟进，在 201.46 元买进。到了 2017 年股价上涨到了 342 元左右，然后不断震荡上涨，到了 2021 年 2 月，该股最高已涨到了 2627.88 元，该散户从而大大获利，如图 6.9 所示。

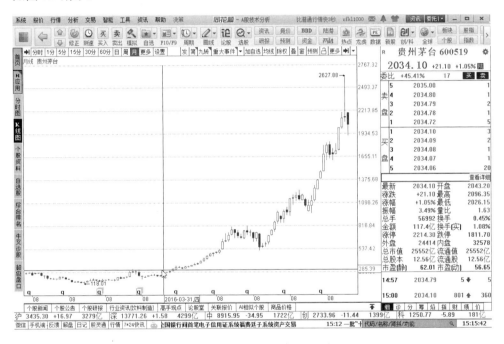

图6.9　贵州茅台(600519)的月K线图

　　📶提醒：股神巴菲特正是通过分析财务报表，以判断一个企业是否具有持久竞争优势。历经时日，企业的持久竞争优势总能给他带来丰厚收益。

# 6.2　财务报表分析的基础知识

　　财务报表分析，又称财务分析，是指通过一系列专门的分析技术与方法，对财务报表中的数据进行客观分析，从而对企业的经营成果进行进一步的认识和评价，并对企业未来的财务变动进行趋势分析。

## 6.2.1 财务报表分析的主要内容

财务报表分析是由不同的投资者进行的，他们各自有不同的分析重点，也有共同的要求。从企业总体来看，财务报表分析的主要内容包括 3 个方面，分别是：分析企业的偿债能力、评价企业资产的运营能力、评价企业的赢利能力。

1) 分析企业的偿债能力

分析企业的偿债能力，就是分析企业权益的结构，估量对债务资金的利用程度。分析企业的偿债能力常用指标有流动比率、速动比率、保守速动比率、产权比率、资产负债比率。云南白药(000538)最近几个季度的偿债能力常用指标值，如图 6.10 所示。

云南白药 000538

| 偿债能力指标 | 2020-12-31 | 2020-09-30 | 2020-06-30 | 2020-03-31 | 2019-12-31 | 2019-09-30 |
|---|---|---|---|---|---|---|
| 流动比率 | 3.15 | 4.07 | 4.25 | 4.56 | 4.65 | 3.85 |
| 速动比率 | 2.25 | 2.17 | 2.34 | 2.87 | 2.89 | 2.57 |
| 保守速动比率 | 2.13 | 2.13 | 2.24 | 2.82 | 2.71 | 2.57 |
| 产权比率 | 0.44 | 0.36 | 0.34 | 0.31 | 0.30 | 0.32 |
| 资产负债比率 | 30.56% | 26.19% | 25.23% | 23.69% | 23.28% | 24.03% |

图6.10 云南白药(000538)最近几个季度的偿债能力常用指标值

2) 评价企业资产的运营能力

评价企业资产的运营能力，就是分析企业资产的分布情况和周转使用情况。分析企业资产的运营能力常用指标有营业周期、存货周转率、存货周转天数、应收账款周转天数。云南白药(000538)最近几个季度的营运能力常用指标值如图 6.11 所示。

云南白药 000538

| 运营能力指标 | 2020-12-31 | 2020-09-30 | 2020-06-30 | 2020-03-31 | 2019-12-31 | 2019-09-30 |
|---|---|---|---|---|---|---|
| 营业周期(天) | 203.75 | 220.25 | 219.50 | 219.23 | 208.28 | 219.87 |
| 存货周转率(次) | 2.08 | 1.40 | 0.93 | 0.47 | 1.95 | 1.37 |
| 存货周转天数(天) | 173.01 | 192.87 | 193.36 | 191.82 | 184.67 | 196.39 |
| 应收账款周转天数(天) | 30.74 | 27.37 | 26.14 | 27.42 | 23.61 | 23.47 |

图6.11 云南白药(000538)最近几个季度的运营能力常用指标值

3) 评价企业的赢利能力

评价企业的赢利能力就是分析企业利润目标的完成情况和不同年度赢利水平的变动情况。反映企业赢利能力的指标主要有销售净利率、销售毛利率、净资产收益率、净资产收益率－摊薄。云南白药 (000538) 最近几个季度的赢利能力常用指标值如图 6.12 所示。

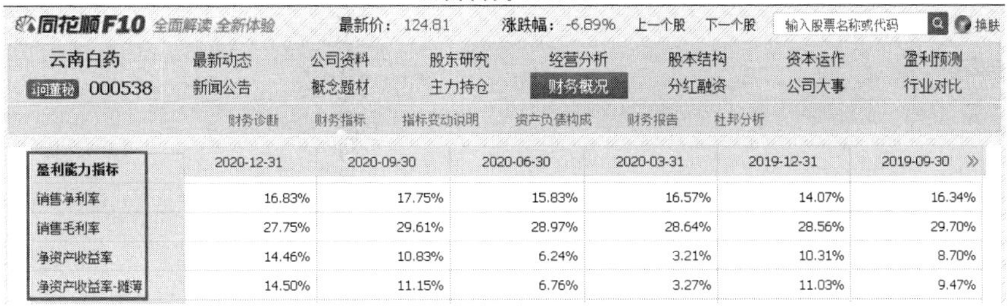

图6.12　云南白药(000538)最近几个季度的赢利能力常用指标值

以上三个方面的分析内容互相联系、互相补充，可以综合地描述出企业生产经营的财务状况、经营成果和现金流量情况，以满足不同投资者对报表信息的基本需要。

其中偿债能力是企业财务目标实现的稳健保证，而运营能力是企业财务目标实现的物质基础，赢利能力则是前两者共同作用的结果，同时也对前两者的增强具有推动作用。

## 6.2.2　财务报表分析的特征

财务报表分析的特征主要有 4 点，具体如下所述。

第一，财务报表分析的对象是企业的基本经济活动。

第二，财务报表是财务报表分析的信息来源。

第三，财务报表分析的主要方法是综合分析和财务分析。

第四，财务报表分析以了解过去、评价现在和预测未来为目的，可以帮助投资者完善投资决策。

## 6.2.3　财务报表分析的作用

财务报表分析从它的产生、发展及与其他学科的关系到财务报表分析的目的，都说明财务报表分析是相当重要的。从不同的分析角度看，其作用也不同。财务报表对评价企业过去、现在及未来的作用具体如下所述。

第一，可以帮助有关部门监督企业的行为，更好地执行相应的经济法规。

第二，可以通过财务报表分析，合理调整资金结构，有效配置企业资源。

第三，可以通过财务报表的分析和对比，了解企业与其竞争对手的情况和位置，提高管理水平，挖掘企业内部潜力等。

财务报表分析并不能为企业直接带来经济效益，其价值在于通过分析，可以更好地推动企业管理层进行自检和反省，及时掌握经营状况，不断总结经验教训，对管理环节进行实时完善，对经营策略进行有效修正，最终得到更高的经济效益。

## 6.3 财务报表分析的基本方法

财务报表分析的基本方法有 3 种，分别是：比率分析法、比较分析法、趋势分析法，如图 6.13 所示。

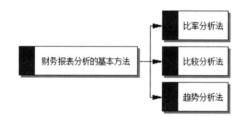

图6.13    财务报表分析的基本方法

### 6.3.1 比率分析法

比率分析法是指对同一期财务报表上若干重要项目的相关数据相互比较，求出比率，用来分析和评价公司的经营活动以及公司目前和历史状况的一种方法，是财务分析最基本的工具。

1) 比率分析法的形式

比率分析法有 3 种形式，分别是构成比率、效率比率和相关比率，如图 6.14 所示。

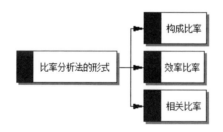

图6.14    比率分析法的形式

(1) 构成比率。构成比率又称结构比率，是某个经济指标的各个组成部分与总体的比率，反映部分与总体的关系，其计算公式具体为

$$构成比率 = 某个组成部分数额 \div 总体数额 \times 100\%$$

利用构成比率，可以考察总体中某个部分的形式和安排是否合理，以便协调各项财务活动，下面举例说明。

在云南白药 (000538) 的个股资料中，单击"财务概况"标签，然后再单击"财务报告"标签，就可以看到最近 3 年每个季度的财务报告，如图 6.15 所示。

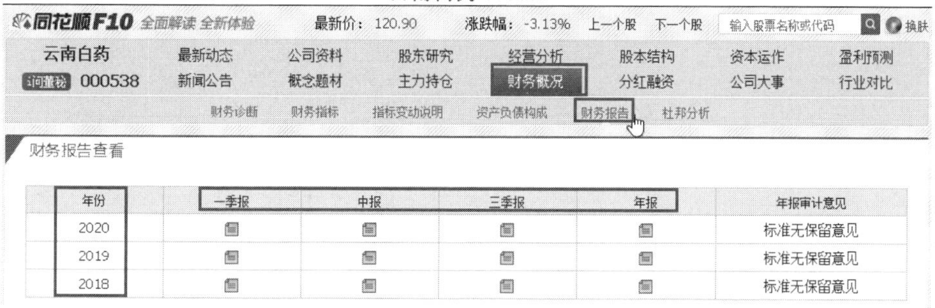

图6.15　云南白药(000538)最近 3 年每个季度的财务报告

单击 2020 年报对应的 按钮，就可以打开网页，显示云南白药集团股份有限公司 2020 年年度报告，如图 6.16 所示。

图6.16　云南白药集团股份有限公司2020年年度报告

在这里看到 2020 年年度报告共 245 页，当前为第一页。第三页显示的是 2020 年年度报告的目录，如图 6.17 所示。

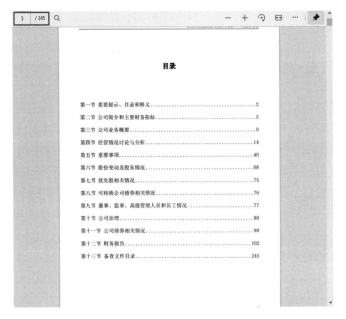

图6.17　云南白药集团股份有限公司2020年年度报告的目录

单击目录中的"第十二节 财务报告"，即可跳转到财务报告页面，如图 6.18 所示。

图6.18　云南白药集团股份有限公司2020年年度报告的财务报告页面

然后向下拖动垂直滚动条，就可以看到资产负债表，如图 6.19 所示。

图6.19　云南白药集团股份有限公司2020年年度报告的财务报告资产负债表

在这里可以看到，2020 年资产总计的期末余额为 55219448243.00 元，流动资产的期末余额为 49260880194.44 元，非流动资产的期末余额为 5958568048.56 元。

这样流动资产的构成比率为 49260880194.44÷55219448243.00×100%=89.2%

非流动资产的构成比率为 5958568048.56÷55219448243.00×100%=10.8%

在这里可以看到流动资产的构成比率明显高于非流动资产的构成比率，这表明企业偿还短期债务的能力很强。

> 📶提醒：流动资产越多，流动债务越少，企业的短期偿债能力越强。

(2) 效率比率。效率比率是某项经济活动中所费与所得的比率，反映投入与产出的关系。一般而言，涉及利润的有关比率指标基本上均为效率比率，如营业利润率、成本费用利润率等。因此要明确这里的效率不是衡量速度的快慢的，而是评价投入与产出之间的关系的。

例如，派出两个人去买东西，一个人步行，一个人打车。最后，这两个人都把东西买回来了 (效果是一样的)。但是打车的人却比步行的人花费了更多费用，那么他的效率就是低的。

图 6.20 显示的是云南白药 (000538) 的利润表数据信息，下面来计算一下成本费用利润率。

| | 28,425,124,997.72 | 26,559,856,210.51 |
|---|---|---|
| 手续费及佣金收入 | | |
| 二、营业总成本 | 28,425,124,997.72 | 26,559,856,210.51 |
| 其中：营业成本 | 23,655,878,134.56 | 21,191,364,351.40 |
| 利息支出 | | |
| 手续费及佣金支出 | | |
| 退保金 | | |
| 赔付支出净额 | | |
| 提取保险责任合同准备金净额 | | |
| 保单红利支出 | | |
| 分保费用 | | |
| 税金及附加 | 164,628,219.49 | 143,646,204.75 |
| 销售费用 | 3,795,034,017.28 | 4,156,302,856.50 |
| 管理费用 | 860,447,894.33 | 957,458,573.40 |
| 研发费用 | 181,082,459.62 | 173,887,854.07 |
| 财务费用 | -231,945,727.56 | -62,803,629.61 |
| 其中：利息费用 | 169,153,698.15 | 125,582,139.28 |
| 利息收入 | 419,112,255.11 | 249,053,463.07 |
| 加：其他收益 | 178,560,697.88 | 217,671,644.31 |
| 投资收益（损失以"-"号填列） | 392,173,282.77 | 1,470,474,492.25 |
| 其中：对联营企业和合营企业的投资收益 | 6,308,122.23 | 13,267,232.73 |
| 以摊余成本计量的金融资产终止确认收益 | | -2,121,791.71 |
| 汇兑收益（损失以"-"号填列） | | |
| 净敞口套期收益（损失以"-"号填列） | | |
| 公允价值变动收益（损失以"-"号填列） | 2,240,368,643.38 | 226,835,564.21 |
| 信用减值损失（损失以"-"号填列） | -205,456,429.36 | -88,199,318.42 |
| 资产减值损失（损失以"-"号填列） | -125,480,222.61 | -200,978,910.75 |
| 资产处置收益（损失以"-"号填列） | 14,195,251.06 | 12,357,042.96 |
| 三、营业利润（亏损以"-"号填列） | 6,812,002,989.19 | 4,742,978,172.73 |
| 加：营业外收入 | 8,419,140.17 | 12,321,522.73 |
| 减：营业外支出 | 19,286,621.31 | 29,111,024.43 |
| 四、利润总额（亏损总额以"-"号填列） | 6,801,135,508.05 | 4,726,188,671.03 |
| 减：所得税费用 | 1,290,099,287.03 | 553,136,699.13 |

图6.20　云南白药(000538)的利润表数据信息

在这里可以看到 2020 年利润总额的期末余额为 680113508.05 元，营业成本的期末余额为 23655878134.56 元，税金及附加为 164628219.49 元。

成本费用利润率＝利润总额÷成本费用总额×100%＝利润总额÷(营业成本+税金及附加)×100%＝680113508.05÷(23655878134.56+164628219.49)×100%＝28.55%

成本费用利润率指标表明每付出 1 元成本费用可获得多少利润，体现了经营耗费所带来的经营成果。该项指标越高，反映企业的经济效益越好。

(3) 相关比率。相关比率是指企业营销活动中性质不同但相互联系的两个指标的比率。例如，许多指标可与销售额形成相关比率，广告费用与销售额的比率为广告费用率，仓储费用与销售额的比率为仓储费用率，退货数额与销售额的比率为退货率，等等。运用相关比率可以了解企业营销中存在的某些问题。

2) 比率分析法的类型

由于进行财务分析的目的不同，因而各种分析者，如企业管理者、债权人等分析的侧重点是不同的。作为股市投资者来说，需要掌握并灵活运用以下 4 种比率进行财务报表分析。

第一，反映企业偿债能力的比率，有短期偿债能力的比率（如资产构成比率）与长期偿债能力的比率（如负债比率、举债经营比率、股东权益对负债比率等）。

第二，反映企业获利能力的比率，主要有每股盈利率、销售利润率、销售毛利率、股东权益报酬率、资产报酬率等。

第三，反映企业经营效率的比率，主要有存货周转率、固定资产周转率、资本周转率、总资产周转率等。

第四，反映企业扩展能力的比率，主要是通过再投资率来反映企业的内部扩展经营能力，通过举债经营比率、固定资产对长期负债比率来反映企业外部扩展经营的能力。

这么多比率可以按分析的具体要求进行选择。计算出所要求的比率后，可以通过与通用的正确值进行比较来判断企业的经营状况，也可以将比率与经验值或行业平均值进行比较，还可以考察比率在各个时期的变化等。

3) 比率分析法的注意事项

在财务报表分析中，比率分析法用途最广，但也有局限性，突出表现为比率分析属于静态分析，对于预测未来并非绝对合理可靠。比率分析所使用的数据为账面价值，难以反映物价水准的影响。所以，在运用比率分析时，要注意以下几点。

第一，要注意将各种比率有机联系起来进行全面分析，不可单独地看某种或各种比率，否则便难以准确地判断公司的整体情况。

第二，要注意审查公司的性质和实际情况，而不光是着眼于财务报表。

第三，要注意结合差额分析，这样才能对公司的历史、现状和未来有一个详尽的分析、了解，达到财务报表分析的目的。

## 6.3.2 比较分析法

比较分析法，也叫对比分析法，它是通过同质财务报表指标在不同时期或不同情况下的数量上的比较，揭示财务报表指标的数量关系和数量差异的一种方法。

1) 比较分析法的形式

比较分析法有两种分类形式，第一种是按比较对象的不同来分类；第二种是按比较标准的不同来分类。

(1) 按比较对象的不同来分类。比较分析法可分为 3 种形式，分别是：绝对数比较分析、相对数增减变动分析、百分比增减变动分析，如图 6.21 所示。

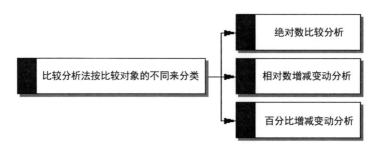

图6.21　比较分析法按比较对象的不同来分类

绝对数比较分析是通过编制比较财务报表，将比较各期的报表项目的数据予以并列，直接观察每一个项目的增减变化情况。

相对数增减变动分析是在比较财务报表绝对数的基础上增加绝对数"增减金额"一栏，计算比较对象各项目之间的增减变动差额。

百分比增减变动分析是在计算增减变动额的同时计算变动百分比，并列示于比较财务报表中，以消除项目绝对规模因素的影响，使投资者一目了然。

(2) 按比较标准的不同来分类。比较分析法可分为 3 种形式，分别是：实际指数与计划指标比较、本期指数与上期指数比较、该企业指标与国内外先进企业指标比较，如图 6.22 所示。

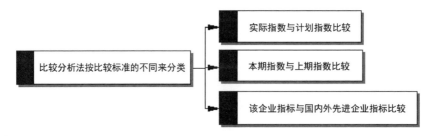

图6.22　比较分析法按比较标准的不同来分类

实际指数与计划指标比较，可以解释计划与实际之间的差异，了解该项目指标的计划或定额的完成情况。

本期指数与上期指数比较，可以确定前后不同时期有关指标的变动情况，了解企业生产经营活动的发展趋势和管理工作的改进情况。

该企业指标与国内外先进企业指标相比较，可以找出与先进企业之间的差距。

2) 比较分析法的类型

比较分析法可以分为 3 种，分别是：横向比较、纵向比较和标准比较，如图 6.23 所示。

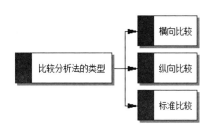

图6.23　比较分析法的类型

(1) 横向比较。横向比较是根据一个企业连续数期的财务报表，就其中的同一个项目或同一个比率进行数值比较，以判断企业未来经营状况的发展变化趋势。这种比较既可以是同一个项目绝对值的比较，也可以是增长率的比较。

下面来看一下云南白药 (000538) 最近几年主要财务报表数据的横向比较。在云南白药 (000538) 的个股资料中，单击"最新动态"标签，然后再单击"财务指标"标签，就可以看到 2019 年 12 月 31 日至 2020 年 12 月 31 日主要财务指标的横向对比信息，如图 6.24 所示。

云南白药 000538

| 报告期\指标 | 基本每股收益(元) | 每股净资产(元) | 每股资本公积金(元) | 每股未分配利润(元) | 每股经营现金流(元) | 营业总收入(元) | 净利润(元) | 净资产收益率 | 变动原因 |
|---|---|---|---|---|---|---|---|---|---|
| 2020-12-31 | 4.32 | 29.79 | 13.82 | 14.75 | 3.00 | 327.43亿 | 55.16亿 | 14.46% | 年报 |
| 2020-09-30 | 3.33 | 29.85 | 13.64 | 14.29 | 2.73 | 239.31亿 | 42.53亿 | 10.83% | 三季报 |
| 2020-06-30 | 1.92 | 28.43 | 13.64 | 12.88 | 1.79 | 154.93亿 | 24.54亿 | 6.24% | 中报 |
| 2020-03-31 | 1.00 | 30.67 | 13.64 | 14.93 | 0.39 | 77.43亿 | 12.82亿 | 3.21% | 一季报 |
| 2019-12-31 | 3.28 | 29.70 | 13.64 | 13.96 | 1.65 | 296.65亿 | 41.84亿 | 10.31% | 年报 |

图6.24　云南白药(000538)2019年12月31日至2020年12月31日主要财务指标的横向对比信息

(2) 纵向比较。纵向比较是指将财务报表中各个具体项目数据与一个基本项目数据进行比较，算出百分比，并就不同时期或时点的数值进行对比，以判断某一个具体项目与基本项目的关系、某一个具体项目在表中的地位以及这种地位增强或减弱的趋势。

(3) 标准比较。标准比较是将公司各个会计项目数据与一个设定的标准数据进行比较，以考察上市企业各项指标是否达到或超过社会平均经营水平。标准比较的关键是确定反映社会平均经营水平的标准数据。

下面来看一下云南白药(000538)与同一行业的上市公司的财务报表数据的对比信息。

在云南白药(000538)的个股资料中，单击"行业对比"标签，就可以看到2020年9月30日云南白药(000538)各财务报表数据在68家上市企业中的排名。默认状态下显示的是每股收益名次，云南白药(000538)排第1名，如图6.25所示。

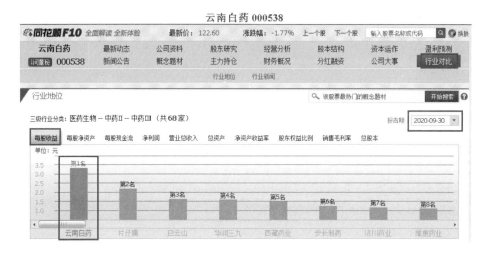

图6.25 云南白药(000538)每股收益排第1名

单击"每股现金流"标签，可以看到云南白药(000538)的每股现金流也排第1名，如图6.26所示。

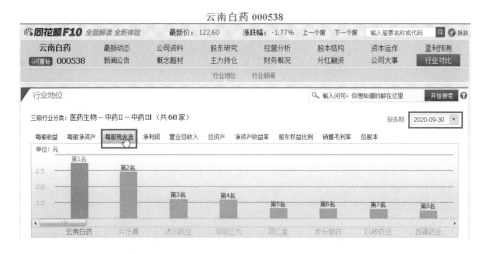

图6.26 云南白药(000538)每股现金流排第1名

还可以查看云南白药 (000538) 的每股净资产、净利润、营业总收入、总资产、净资产收益率、股东权益比例、销售毛利率、总股本的排名。

向下拖动垂直滚动条，可以看到 10 家制药上市公司的财务报表数据的对比信息，如图 6.27 所示。

云南白药 000538

| 股票代码 | 股票简称 | 排名 | 每股收益(元)▼ | 每股净资产(元)▼ | 每股现金流(元)▼ | 净利润(元)▼ | 营业总收入(元)▼ | 总资产(元)▼ | 净资产收益率▼ | 股东权益比率▼ | 销售毛利率▼ | 总股本(股)▼ |
|---|---|---|---|---|---|---|---|---|---|---|---|---|
| 000538 | 云南白药 | 1 | 3.330 | 29.85 | 2.735 | 42.53亿 | 239.30亿 | 521.60亿 | 10.83% | 73.81% | 29.61% | 12.77亿 |
| 600436 | 片仔癀 | 2 | 2.200 | 12.47 | 2.459 | 13.29亿 | 50.70亿 | 101.20亿 | 18.56% | 78.28% | 47.35% | 6.03亿 |
| 600332 | 白云山 | 3 | 1.636 | 15.91 | 0.2400 | 26.59亿 | 468.80亿 | 580.50亿 | 10.51% | 47.91% | 19.44% | 16.26亿 |
| 000999 | 华润三九 | 4 | 1.600 | 14.00 | 1.579 | 15.64亿 | 92.41亿 | 205.30亿 | 11.91% | 68.33% | 63.06% | 9.79亿 |
| 600211 | 西藏药业 | 5 | 1.500 | 10.23 | 1.252 | 3.25亿 | 9.90亿 | 29.23亿 | 13.00% | 87.20% | 85.19% | 2.48亿 |
| 603858 | 步长制药 | 6 | 1.262 | 11.61 | 1.314 | 13.96亿 | 112.40亿 | 223.90亿 | 10.16% | 59.74% | 76.91% | 11.42亿 |
| 600566 | 济川药业 | 7 | 1.177 | 8.269 | 1.607 | 9.60亿 | 43.14亿 | 100.20亿 | 15.92% | 74.28% | 81.94% | 8.15亿 |
| 300878 | 维康药业 | 8 | 1.110 | 16.59 | -0.0719 | 8930.00万 | 4.72亿 | 17.27亿 | 13.84% | 77.29% | 73.19% | 8044.00万 |
| 002603 | 以岭药业 | 9 | 0.8500 | 7.244 | 1.300 | 10.16亿 | 64.47亿 | 107.10亿 | 12.18% | 81.43% | 62.21% | 12.04亿 |
| 600976 | 健民集团 | 10 | 0.8200 | 8.442 | 0.4272 | 1.26亿 | 16.06亿 | 21.87亿 | 10.01% | 59.50% | 44.99% | 1.53亿 |

图6.27　10家制药上市公司的财务报表数据的对比信息

3) 比较分析法的注意事项

比较分析法的注意事项有 4 点，具体如下所述。

第一，指标内容、范围和计算方法的一致性。

第二，会计计量标准、会计政策和会计处理方法的一致性。

第三，时间单位和长度的一致性。

第四，企业类型、经营规模和财务规模及目标大体一致。

# 趋势分析法

趋势分析法，也称水平分析法，是指将连续数期财务报表与相同指标进行对比，确定其增减变动的方向、数额和幅度，以说明企业财务状况和经营成果变动趋势的一种方法。

1) 趋势分析法的形式

趋势分析法的形式有两种，分别是重要财务指标的比较、会计报表的比较，如图 6.28 所示。

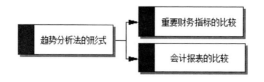

图6.28　趋势分析法的形式

(1) 重要财务指标的比较。重要财务指标的比较是指将不同时期财务报表中的相同指标或比率进行比较，直接观察其增减变化情况及变动幅度，考察其发展趋势，预测其发展前景。对不同时期财务指标的比较，有两种方法，分别是定基动态比率和环比动态比率，如图 6.29 所示。

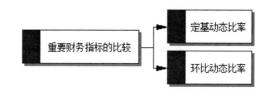

图6.29　重要财务指标的比较

定基动态比率是以某一时期的数额为固定的基期数额而计算出来的动态比率，其计算公式具体为

$$定基动态比率=分析期数额÷固定基期数额 ×100\%$$

在云南白药 (000538) 的个股资料中，单击"财务概况"标签，再单击"财务指标"标签，然后再单击"利润表"标签，最后单击"按年度"标签，打开"按年度"选项卡，就可以看到云南白药 (000538) 最近 5 年的利润表数据信息，如图 6.30 所示。

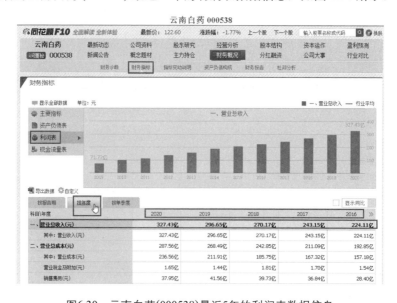

图6.30　云南白药(000538)最近5年的利润表数据信息

在这里可以看到 2016-2020 年的营业总收入数据信息。其中 2016 年营业总收入为 224.11 亿元，2017 年营业总收入为 243.15 亿元，2018 年营业总收入为 270.17 亿元，2019 年营业总收入为 296.65 亿元，2020 年营业总收入为 327.43 亿元。下面以 2016 年为固定基期，分别计算 2017-2020 年的营业总收入的定基动态比率。

$$2017 年的定基动态比率 = 243.15 \div 224.11 \times 100\% = 108.50\%$$

$$2018 年的定基动态比率 = 270.17 \div 224.11 \times 100\% = 120.55\%$$

$$2019 年的定基动态比率 = 296.65 \div 224.11 \times 100\% = 132.37\%$$

$$2020 年的定基动态比率 = 327.43 \div 224.11 \times 100\% = 146.10\%$$

环比动态比率是以每一分析期的前期数额为基期数据而计算出来的动态比率，其计算公式具体为

$$环比动态比率 = 分析期数额 \div 前期数额 \times 100\%$$

下面分别来计算一下 2017-2020 年云南白药 (000538) 的营业总收入的环比动态比率。

$$2017 年的环比动态比率 = = 243.15 \div 224.11 \times 100\% = 108.50\%$$

$$2018 年的环比动态比率 = 270.17 \div 243.15 \times 100\% = 111.11\%$$

$$2019 年的环比动态比率 = 296.65 \div 270.17 \times 100\% = 109.80\%$$

$$2020 年的环比动态比率 = 327.43 \div 296.65 \times 100\% = 110.38\%$$

(2) 会计报表的比较。会计报表的比较是指将连续数期的会计报表的金额并列起来，比较其相同指标的增减变动金额和幅度，据以判断企业财务状况和经营成果发展变化的一种方法。

图 6.31 显示的是云南白药 (000538) 的净利润数据信息，在这里可以看到 2018-2020 年净利润的数据信息。2018 年净利润为 34.80 亿元，2019 年净利润为 41.73 亿元，2020 年净利润为 55.11 亿元。

先通过绝对值来分析：2019 年比 2018 年的净利润增长了 41.73-34.80=6.93( 亿元 )，2020 年比 2019 年的净利润增长了 55.11-41.73=13.38( 亿元 )，说明 2019 年效益比 2018 年的效益要好，2020 年效益比 2019 年的效益更好。

云南白药 000538

| 减：所得税费用(元) | 2020 | 2019 | 2018 | 2017 | 2016 |
|---|---|---|---|---|---|
| **五、净利润(元)** | 55.11亿 | 41.73亿 | 34.80亿 | 31.33亿 | 29.31亿 |
| （一）持续经营净利润(元) | 55.11亿 | 41.73亿 | 34.80亿 | 31.33亿 | 29.31亿 |
| 归属于母公司所有者的净利润(元) | 55.16亿 | 41.84亿 | 34.94亿 | 31.45亿 | 29.20亿 |
| 少数股东损益(元) | -503.60万 | -1067.56万 | -1335.92万 | -1244.73万 | 1101.28万 |
| 扣除非经常性损益后的净利润(元) | 28.99亿 | 22.89亿 | 29.18亿 | 27.81亿 | 27.00亿 |

图6.31 云南白药(000538)的净利润数据信息

通过相对值分析：2019 年比 2018 年的净利润增长了 (41.73-34.80)÷34.80=19.91%，2020 年比 2019 年的净利润增长了 (55.11-41.73)÷41.73=32.06%。在这里可以看到 2019 年净利润增长率为 19.91%，而 2020 年净利润增长率为 32.06%，说明企业的效益越来越好了。

2) 趋势分析法的注意事项

趋势分析法的注意事项有 3 点，具体如下所述。

第一，在进行对比各个时期的指标时，计算口径必须一致。

第二，剔除偶发性项目的影响，使作为分析对象的数据能反映正常的经营状况。

第三，应用例外原则，应对某项有显著变动的指标作重点分析，研究其产生的原因，以便采取对策，趋利避害。

## 6.4 财务报表分析的步骤

财务报表分析一般有 5 步，分别是：明确分析目的、确定分析方案、收集数据信息、整理审核数据信息、得出分析结论，如图 6.32 所示。

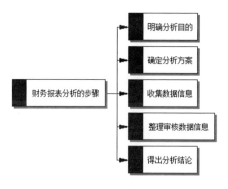

图6.32 财务报表分析的步骤

## 6.4.1 明确分析目的

明确财务报表分析的目的是非常重要的，因为财务报表分析的主体和内容不同，财务报表分析的目的也会不同。财务报表使用者进行财务分析的目的决定着分析范围的大小、收集资料的内容、收集资料的多少、分析方法的选择等整个财务分析过程。

例如，如果你是企业管理者，你希望从财务报表中了解到企业的财务状况，以便进行经营决策，你的目标就是经营决策分析目标，是为企业产品、生产结构和发展战略方面的决策服务的，所以要重点分析企业的赢利能力、偿还能力和支付能力等。

## 6.4.2 确定分析方案

分析目标确定后，要根据分析问题的难易程度和可以收集到所需要分析资料的工作量大小来制定分析方案。

财务分析方案，就是要确定财务分析范围。在实际工作中，不是每一项财务分析都要全面展开，大多数财务只对某一方面展开，或者从某一侧重点进行分析，其他方面的分析只起参考作用。

## 6.4.3 收集数据信息

收集数据信息要注意以下 3 点。

第一，应根据分析目的、分析范围来确定所要收集的分析资料。

第二，财务分析最基本的资料是财务报表，包括资产负债表、利润表、现金流量表等会计报表，以及会计报表附注及其财务状况和经营成果的说明。

第三，必须收集企业内部和外部及与分析目的相关的资料，如行业情况信息、债务人的信誉状况等。

## 6.4.4 整理审核数据信息

财务数据信息收集完成后，还需要对这些数据信息进行核实，看是否存在逻辑问题，如发现资料和数据不真实、不全面，则可以进一步查对，寻找真实原因，核实后，再对具体资料进行整理。

在整理数据信息时，可以使用各种分析方法，如比率分析法、比较分析法、趋势分析法等。这些方法各有特点，在进行财务分析时，应根据财务分析的目的来决定，财务分析的目的不同，所选择的分析方法也不同。

## 6.4.5 得出分析结论

财务分析的最终目的，是为财务决策提供依据。运用一定的分析方法对企业财务状况和经营成果进行分析后，可总结财务管理中的一些经验和教训，发现企业财务管理中存在的问题，寻找问题存在的原因，根据管理层制定的解决问题的办法，不断改进企业的财务状况，实现企业的最终目标。

# 第 7 章

# 价值投资的资产负债表分析

资产负债表是财务报表中的三大主表之一,也是企业最重要的、反映企业全部财务状况的第一主表。投资者往往把资产负债表看作公司的一张"体检表"。每个公司到底健康不健康,不是自己说了算,而是由资产负债表中的数据说了算。本章首先讲解资产负债表的基本结构和作用,然后讲解资产负债表中的资产、负债和所有者权益,接着讲解资产负债表的结构分析、流动资产营运能力的分析、非流动资产营运能力的分析、短期偿债能力的分析、长期偿债能力的分析,最后讲解总资产营运能力的分析。

# 7.1 初识资产负债表

"资产负债表就像是一家企业的信用报告。"这句话说得很形象，资产负债表各项数据反映出来的，就是企业在某一特定时点的"底子"厚薄，包括拥有的资产情况怎么样、负债情况如何等。这样，投资者通过资产负债表，就可以在最短时间内了解企业的财务状况。

## 7.1.1 资产负债表的基本结构

资产负债表的基本结构是以"资产 = 负债 + 所有者权益"这一会计平衡公式为理论基础的，等式的左方是企业的资产，即企业在商品经营活动中持有的各项经济资源。等式的右方是企业的投资者(债权人、股权人)投入企业的资金及企业盈利部分。

资产负债表反映的是企业持有的各项经济资源及其产权归属的对照关系，不论企业资金运行处于何种状态，这种平衡的对照关系始终存在。

打开同花顺炒股软件，输入"云南白药"的代码000538，然后回车，就可以查看云南白药(000538)的日K线图。接着按下键盘上的"F10"键，就可以看到云南白药(000538)的个股资料信息。

在个股资料中，单击"财务概况"，再单击"资产负债表构成"，就可以看到云南白药(000538)的资产负债表构成，如图7.1所示。

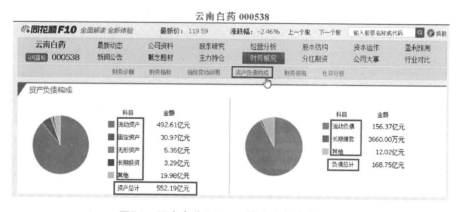

图7.1 云南白药(000538)的资产负债表构成

在这里可以看到2020年12月31日，云南白药(000538)的资产总计为552.19亿元，具体计算公式为

资产总计 = 流动资产 + 固定资产 + 无形资产 + 长期资产 + 其他 = 492.61+30.97+5.35+ 3.29+19.98=552.19 ≈ 552.20 亿元

在这里可以看到 2020 年 12 月 31 日，云南白药 (000538) 的负债总计为 168.756 亿元，具体计算公式为

负债总计 = 流动负债 + 长期借债 + 其他 =156.37+0.366+12.02=168.756 ≈ 168.75 亿元

> 📶 提醒：在这里要注意3660万元，要变成0.366亿元。

这样就可以计算出 2020 年 12 月 31 日，云南白药 (000538) 的所有者权益，具体计算公式为

$$所有者权益=资产-负债=552.19-168.75=383.44亿元$$

下面再来看一下云南白药 (000538)2020 年的财务报表，以进一步验证资产负债表的基本结构，即资产 = 负债 + 所有者权益。

在个股资料中，单击"财务概况"，再单击"财务报告"，就可以查看云南白药 (000538) 的财务报表，如图 7.2 所示。

图7.2 云南白药(000538)的财务报表

单击 2020 年年报对应的 ▤ 按钮，就可以打开网页，显示云南白药集团股份有限公司 2020 年年度报告。向下拖动垂直滚动条，就可以看到云南白药 (000538) 的资产负债表，如图 7.3 所示。

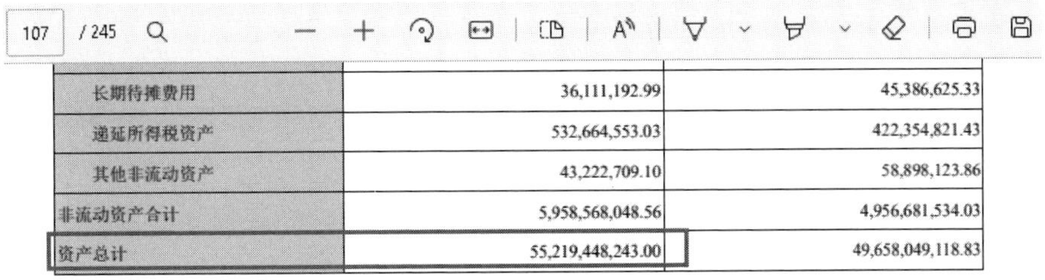

图7.3 云南白药(000538)的资产负债表

在这里可以看到云南白药(000538)2020 年 12 月 31 日资产总计为 55219448243.00 元。

向下拖动垂直滚动条，就可以看到云南白药 (000538)2020 年 12 月 31 日负债合计金额为 16875427831.52 元，如图 7.4 所示。

| | 108 / 245 | | | | | | |
| --- | --- | --- | --- | --- | --- | --- | --- |
| 非流动负债合计 | | | 1,238,850,186.92 | | | 1,943,562,199.30 | |
| 负债合计 | | | 16,875,427,831.52 | | | 11,558,141,281.90 | |

图7.4 云南白药(000538)2020年12月31日负债合计

再向下拖动垂直滚动条，还可以看到云南白药 (000538)2020 年 12 月 31 日所有者权益合计为 38344020411.48 元，如图 7.5 所示。

| | 109 / 245 | | |
| --- | --- | --- | --- |
| 未分配利润 | 18,841,228,817.39 | 17,831,191,285.89 | |
| 归属于母公司所有者权益合计 | 38,052,550,013.05 | 37,938,097,253.00 | |
| 少数股东权益 | 291,470,398.43 | 161,810,583.93 | |
| 所有者权益合计 | 38,344,020,411.48 | 38,099,907,836.93 | |
| 负债和所有者权益总计 | 55,219,448,243.00 | 49,658,049,118.83 | |

图7.5 云南白药(000538)2020年12月31日所有者权益合计

这样，资产总计 55219448243.00 元 = 负债合计 16875427831.52 元 + 所有者权益，合计为 38344020411.48 元。

> 📶 提醒：掌握了资产负债表的基本结构，也就掌握了资产负债表的内在逻辑关系，可为后面如何用最短的时间判断资产负债表的准确性打下良好的基础。

## 7.1.2 资产负债表的作用

资产负债表的作用主要表现在 5 个方面，具体如下所述。

第一，资产负债表向人们揭示了企业拥有或控制的能用货币表现的经济资源，即资产的总规模及具体的分布形态。由于不同形态的资产对企业的经营活动有不同的影响，因而对企业资产结构的分析可以对企业的资产质量作出一定的判断。

第二，把流动资产、速动资产 ( 流动资产中变现能力较强的货币资金、债权、短期投资等 ) 与流动负债联系起来分析，可以评价企业的短期偿债能力。这种能力对企业的短期债权人尤为重要。

第三，通过对企业债务规模、债务结构及与所有者权益的对比，可以对企业的长期偿债能力及举债能力（潜力）作出评价。一般而言，企业的所有者权益占负债与所有者权益的比重越大，企业清偿长期债务的能力越强，企业进一步举借债务的潜力也就越大。

第四，通过对企业不同时点资产负债表的比较，可以对企业财务状况的发展趋势作出判断。可以肯定地说，企业某一特定日期（时点）的资产负债表对信息使用者的作用极其有限。只有把不同时点的资产负债表结合起来分析，才能把握企业财务状况的发展趋势。同样，将不同企业同一时点的资产负债表进行对比，还可对不同企业的相对财务状况作出评价。

第五，通过对资产负债表与利润表有关项目的比较，可以对企业各种资源的利用情况作出评价。如可以考察资产利润率，运用资本报酬率、存货周转率、债权周转率等。

## 7.2  资产负债表中的资产

资产是指企业过去的交易或事项形成的，由公司拥有或控制的，预期会给公司带来经济利益的资源。它是公司从事生产经营活动的物质基础。

在资产负债表中，资产可分为两类，分别是流动资产和非流动资产。

### 7.2.1  流动资产

流动资产是指公司可以在一年或者超过一年的一个正常营业周期内变现或者运用的资产，是公司资产中必不可少的组成部分。

流动资产在周转过渡中，从货币形态开始，依次改变其形态，最后又回到货币形态（货币资金→储备资金、固定资金→生产资金→成品资金→货币资金），各种形态的资金与生产流通紧密相关，周转速度快，变现能力强。

加强对流动资产业务的审计，有利于确定流动资产业务的合法性、合规性，有利于检查流动资产业务账务处理的正确性，揭示其存在的弊端，提高流动资产的使用效益。

在资产负债表中，流动资产类项目包括 19 种，分别是货币资金、结算备付金、拆出资金、交易性金融资产、衍生金融资产、应收票据、应收账款、应收款项融资、预付款项、应收保费、应收分保账款、应收分保合同准备金、其他应收款、买入返售金融资产、存货、合同资产、持有待售的资产、一年内到期的非流动资产、其他流动资产等，如图 7.6 所示。

📶提醒：流动资产合计就是19个流动资产类项目之和。有些项没有数据，即为零。

106 / 245

编制单位：云南白药集团股份有限公司

2020 年 12 月 31 日

单位：元

| 项目 | 2020 年 12 月 31 日 | 2019 年 12 月 31 日 |
|---|---|---|
| 流动资产： | | |
| 货币资金 | 15,279,726,658.64 | 12,994,207,213.17 |
| 结算备付金 | | |
| 拆出资金 | | |
| 交易性金融资产 | 11,228,743,395.18 | 8,821,143,917.42 |
| 衍生金融资产 | | |
| 应收票据 | 3,027,432,887.80 | 1,807,934,520.01 |
| 应收账款 | 3,554,161,411.16 | 2,037,970,725.32 |
| 应收款项融资 | 1,745,893,730.10 | 1,756,339,025.42 |
| 预付款项 | 465,297,056.14 | 577,521,185.51 |
| 应收保费 | | |
| 应收分保账款 | | |
| 应收分保合同准备金 | | |
| 其他应收款 | 287,694,256.58 | 399,145,021.57 |
| 其中：应收利息 | 256,159.97 | 60,585,954.39 |
| 应收股利 | | 9,474,363.70 |
| 买入返售金融资产 | | |
| 存货 | 10,990,346,685.44 | 11,746,860,527.37 |
| 合同资产 | | |
| 持有待售资产 | | |
| 一年内到期的非流动资产 | | |
| 其他流动资产 | 2,681,584,113.40 | 4,560,245,449.01 |
| 流动资产合计 | 49,260,880,194.44 | 44,701,367,584.80 |

图7.6　流动资产类项目

1) 货币资金

货币资金又称为货币资产，是指在企业生产经营过程中处于货币形态的资产，即可以立即投入流通，用以购买商品或劳务或用以偿还债务的交换媒介物。是企业资产的重要组成部分，是流动性最强的资产，也是最容易受到觊觎的资产。

货币资金包括库存现金、银行存款和其他货币资金三个总账账户的期末余额，具有专门用途的货币资金不包括在内，其他货币资金包括外埠存款、银行汇票存款、银行本票存款、信用证保证金存款、信用卡存款、存出投资款、在途货币资金等。

2) 结算备付金

结算备付金是指证券公司为证券交易的清算交割而存入指定清算代理机构的款项。

3) 拆出资金

拆出资金是我国商业银行的一项重要业务，其目的在于通过优化资产结构而实现整体资产收益最大化。

4) 交易性金融资产

交易性金融资产是指企业预期通过积极管理和交易以获取利润的债权证券和权益证券。企业通常会频繁买卖这类证券以期在短期价格变化中获取利润。

5) 衍生金融资产

衍生金融资产，又称"金融衍生产品"，是指建立在基础产品或基础变量之上，其价格随基础金融产品的价格（或数值）变动的派生金融产品，例如，期货、期权等。

6) 应收票据

应收票据是指企业持有的未到期或未兑现的商业票据，是一种载有一定付款日期、付款地点、付款金额和付款人的无条件支付的流通证券，也是一种可以由持票人自由转让给他人的债权凭证。

7) 应收账款

应收账款是指企业在正常的经营过程中因销售商品、产品、提供劳务等业务，应向购买单位收取的款项，包括应由购买单位或接受劳务单位负担的税金、代购买方垫付的各种运杂费等。

8) 应收款项融资

应收款项融资是指企业以自己的应收账款转让给银行并申请贷款，银行的贷款额一般为应收账款面值的 50%～90%，企业将应收账款转让给银行后，应向买方发出转让通知，并要求其付款至融资银行。

9) 预付款项

预付款项包括预付货款和预付工程款等。预付款项是指企业按照购货合同的规定，预先以货币资金或货币等价物支付供应单位的款项。在会计核算中，预付款项应按实际付出的金额入账，如预付的材料、商品采购货款、必须预先发放的在以后收回的农副产品预购定金等。

10) 应收保费

应收保费是指保险公司按照合同约定应向投保人收取但尚未收到的保费收入。

11) 应收分保账款

应收分保账款是指公司开展分保业务而发生的各种应收款项。

12) 应收分保合同准备金

应收分保合同准备金是用于核算企业（再保险分出人）从事再保险业务确认的应

收分保未到期责任准备金，以及应向再保险接受人摊回的保险责任准备金。

13) 其他应收款

其他应收款是企业应收款项的另一重要组成部分，具体包括如下所述。

第一，应收的各种赔款、罚款。如因企业财产等遭受意外损失而应向有关保险公司收取的赔款等。

第二，应收出租包装物租金。

第三，应向职工收取的各种垫付款项，如为职工垫付的水电费、应由职工负担的医药费、房租费等。

第四，存出保证金，如租入包装物支付的押金。

第五，其他各种应收、暂付款项。

14) 买入返售金融资产

买入返售金融资产是指公司按返售协议约定先买入再按固定价格返售的证券等金融资产所融出的资金。

15) 存货

存货是指企业在日常活动中持有以备出售的产成品或商品、处在生产过程中的在产品、在生产过程或提供劳务过程中耗用的材料或物料等，包括各类材料、在产品、半成品、产成品或库存商品以及包装物、低值易耗品、委托加工物资等。

16) 合同资产

合同资产是指企业已向客户转让商品而有权收取对价的权利，且该权利取决于时间流逝之外的其他因素。

17) 持有待售的资产

持有待售的资产核算的是持有待售的固定资产、持有待售的无形资产、持有待售的长期股权投资等。同时满足下列条件的非流动资产（包括固定资产）应当划分为持有待售资产。

第一，企业已经就处置该非流动资产作出决议。

第二，企业已经与受让方签订了不可撤销的转让协议。

第三，该项转让将在一年内完成。

18) 一年内到期的非流动资产

一年内到期的非流动资产是指反映企业将于一年内到期的非流动资产项目金额。包括一年内到期的持有至到期投资、长期待摊费用和一年内可收回的长期应收款。

19) 其他流动资产

资产负债表上的其他流动资产，是指除货币资金、应收票据、应收款项、存货等流动资产以外的流动资产。一般企业"待处理流动资产净损益"科目未处理转账，报表时挂在"其他流动资产"项目中。

## 7.2.2 非流动资产

非流动性资产是指不能在一年或者超过一年的一个营业周期内变现或者耗用的资产。

非流动性资产占用资金多、企业持有时间长，会对企业相互联系的多个会计期间的财务状况、经营成果产生影响。因此，对它们的管理和会计处理，应按照各自不同的特点，分别采用不同的程序和方法。

在资产负债表中，非流动资产类项目包括19种，分别是发放贷款及垫款、债权投资、其他债权投资、长期应收款、长期股权投资、其他权益工具投资、其他非流动金融资产、投资性房地产、固定资产、在建工程、生产性生物资产、油气资产、使用权资产、无形资产、开发支出、商誉、长期待摊费用、递延所得税资产、其他非流动资产，如图7.7所示。

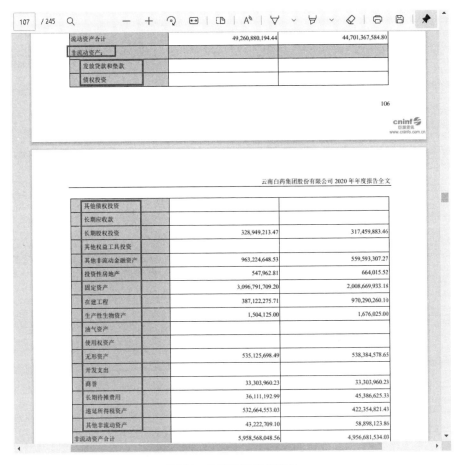

图7.7 非流动资产类项目

> 📶 提醒：非流动资产合计就是19个非流动资产类项目之和。有些项目没有数据，即为零。

1) 发放贷款及垫款

发放贷款是指银行或者其他金融机构依据法律、行政法规规定，向贷款人发放贷款。垫款是指银行在客户无力支付到期款项的情况下，被迫以自有资金代为支付的行为。

2) 债权投资

债权投资是指为取得债权所进行的投资。如购买公司债券、购买国库券等，均属于债权投资。企业进行这种投资不是为了获得其他企业的剩余资产，而是为了获取高于银行存款利率的利息，并保证按期收回本息。

3) 其他债权投资

以公允价值计量且其变动计入其他综合收益的金融资产（债权）对应科目是其他债权投资；以摊余成本计量的金融资产其对应科目是债权投资。

4) 长期应收款

长期应收款是指企业融资租赁产生的应收款项和采用递延方式分期收款、实质上具有融资性质的销售商品和提供劳务等经营活动产生的应收款项。

5) 长期股权投资

长期股权投资是指通过投资取得被投资单位的股份。企业对其他单位的股权投资，通常可视为长期持有，以及通过股权投资控制被投资单位，或对被投资单位施加重大影响，或为了与被投资单位建立密切关系，以分散经营风险。

6) 其他权益工具投资

其他权益工具投资属于金融资产。以公允价值计量且其变动计入其他综合收益的金融资产包括权益投资和债权投资。核算权益投资的科目时使用"其他权益工具投资"。

7) 其他非流动金融资产

其他非流动金融资产是指除资产负债表上所列非流动资产项目以外的其他周转期超过1年的长期资产。

8) 投资性房地产

投资性房地产，是指为赚取租金或资本增值，或两者兼有而持有的房地产。投资性房地产应当能够单独计量和出售。投资性房地产主要包括已出租的土地使用权、持有并准备增值后转让的土地使用权和已出租的建筑物。

下列各项不属于投资性房地产。

第一，自用房地产，即为生产商品、提供劳务或者经营管理而持有的房地产。

第二，作为存货的房地产。投资性房地产属于正常经常性活动，形成的租金收入或转让增值收益确认为企业的主营业务收入。但对于大部分企业而言，是与经营性活动相关的其他经营活动。

9) 固定资产

固定资产是指企业为生产产品、提供劳务、出租或者经营管理而持有的、使用时间超过 12 个月的，价值达到一定标准的非货币性资产，包括房屋、建筑物、机器、机械、运输工具以及其他与生产经营活动有关的设备、器具、工具等。

固定资产是企业的劳动设施，也是企业赖以生产经营的主要资产。从会计的角度划分，固定资产一般被分为生产用固定资产、非生产用固定资产、租出固定资产、未使用固定资产、不需用固定资产、融资租赁固定资产、接受捐赠固定资产等。

10) 在建工程

在建工程是指企业固定资产的新建、改建、扩建，或技术改造、设备更新和大修理工程等尚未完工的工程。

在建工程通常有"自营"和"出包"两种方式。自营在建工程指企业自行购买工程用料、自行施工并进行管理的工程；出包在建工程是指企业通过签订合同，由其他工程队或单位承包建造的工程。

11) 生产性生物资产

生产性生物资产，是指为产出农产品、提供劳务或出租等目的而持有的生物资产，包括经济林、薪炭林、产畜和役畜等。生产性生物资产具备自我生长性，能够在持续的基础上予以消耗并在未来的一段时间内保持其服务能力或未来经济利益，属于劳动手段。

12) 油气资产

油气资产是指油气开采企业所拥有或控制的矿井及相关设施和矿区权益。

13) 使用权资产

使用权资产是指承租人在租赁期内使用租赁的资产。

14) 无形资产

无形资产是指企业拥有或者控制的没有实物形态的可辨认非货币性资产。

15) 开发支出

开发支出是反映企业开发无形资产过程中能够资本化形成无形资产成本的支出部分。

16) 商誉

商誉是指能在未来期间为企业经营带来超额利润的潜在经济价值，或一家企业预期的获利能力超过可辨认资产正常获利能力（如社会平均投资回报率）的资本化价值。

商誉是企业整体价值的组成部分。在企业合并时，它是购买企业投资成本超过被合并企业净资产公允价值的差额。

依据商誉的取得方式，商誉可分为外购商誉和自创商誉。外购商誉是指由于企业合并采用购买法进行核算而形成的商誉；其他商誉即是自创商誉或称之为非外购商誉。

17) 长期待摊费用

"长期待摊费用"账户用于核算企业已经支出，但摊销期限在 1 年以上 ( 不含 1年 ) 的各项费用，包括固定资产修理支出、租入固定资产的改良支出以及摊销期限在1 年以上的其他待摊费用。

18) 递延所得税资产

递延所得税资产，就是未来预计可以用来抵税的资产，递延所得税是时间性差异对所得税的影响，在纳税影响会计法的前提下才会产生的递延税款。是根据可抵扣暂时性差异及适用税率计算、影响 ( 减少 ) 未来期间应交所得税的金额。

19) 其他非流动性资产

其他非流动性资产是指除资产负债表上所列非流动资产项目以外的其他周转期超过 1 年的长期资产。

需要注意的是，在"非流动资产合计"后面有一个"资产总计"栏目，其值为流动资产合计 + 非流动资产合计，即 55219448243.00= 49260880194.44+ 5958568048.56，如图 7.8 所示。

| | | |
|---|---|---|
| 递延所得税资产 | 532,664,553.03 | 422,354,821.43 |
| 其他非流动资产 | 43,222,709.10 | 58,898,123.86 |
| 非流动资产合计 | 5,958,568,048.56 | 4,956,681,534.03 |
| 资产总计 | 55,219,448,243.00 | 49,658,049,118.83 |

图7.8　资产总计

## 7.3　资产负债表中的负债

负债是指公司过去的交易或事项形成的、预期会导致经济利益流出公司的现时义务。为什么要有负债，即为什么要借钱，原因有两点，具体如下所述。

第一，负债可以减少投资者对公司的投入，降低出资风险。

第二，适量负债对公司有益，这个可以从两个方面来说，一是借款费用可以从税前扣除，公司可获得纳税上的利益，股东可以增加盈利；二是债权人无权参与公司的经营管理，不会影响投资人对公司的控制。

但需要注意的是，公司的息税前利润率应大于借款利息率，否则负债经营会背上沉重包袱，一是借款有规定期限，到期必须偿还；二是需要负担固定利息，不论公司使用资金效益如何，都必须无条件支付。

在资产负债表中，负债可分为两类，分别是流动负债和非流动负债。

## 7.3.1 流动负债

流动负债是指在一张资产负债表中，一年内或者超过一年的一个营业周期内需要偿还的债务合计。流动负债主要特征有两项，具体如下所述。

第一，流动负债的金额一般比较小。

第二，流动负债的到期日在 1 年或一个营业周期以内。

在资产负债表中，流动负债类项目包括 21 种，分别是短期借款、向中央银行借款、拆入资金、交易性金融负债、衍生金融负债、应付票据、应付账款、预收款项、合同负债、卖出回购金融资产款、吸收存款及同业存放、代理买卖证券款、代理承销证券款、应付职工薪酬、应交税费、其他应付款、应付手续费及佣金、应付分保账款、持有待售的负债、一年内到期的非流动负债、其他流动负债，如图 7.9 所示。

| | | |
|---|---|---|
| 递延所得税资产 | 532,664,553.03 | 422,354,821.43 |
| 其他非流动资产 | 43,222,709.10 | 58,898,123.86 |
| 非流动资产合计 | 5,958,568,048.56 | 4,956,681,534.03 |
| 资产总计 | 55,219,448,243.00 | 49,658,049,118.83 |
| 流动负债： | | |
| 短期借款 | 1,965,443,134.17 | |
| 向中央银行借款 | | |
| 拆入资金 | | |
| 交易性金融负债 | | |
| 衍生金融负债 | | |
| 应付票据 | 1,678,687,548.75 | 1,653,405,860.53 |
| 应付账款 | 4,636,890,964.95 | 4,590,527,407.42 |
| 预收款项 | 1,883,474.95 | 1,166,336,746.83 |
| 合同负债 | 2,076,079,331.31 | |
| 卖出回购金融资产款 | | |
| 吸收存款及同业存放 | | |
| 代理买卖证券款 | | |
| 代理承销证券款 | | |
| 应付职工薪酬 | 735,837,076.80 | 455,131,481.05 |

图7.9　流动负债的前14个项目

1) 短期借款

短期借款是借款的一种，与之相对应的是长期借款。就中国的会计实务而言，短期借款是指企业为维持正常的生产经营所需的资金或为抵偿某项债务而向银行或其他金融机构等外单位借入的、还款期限在一年以下（含一年）的各种借款。

短期借款主要包括经营周转借款、临时借款、结算借款、票据贴现借款、卖方信贷、预购定金借款和专项储备借款等。

2) 向中央银行借款

向中央银行借款是指金融企业向中央银行借入的临时周转资金、季节性资金、年度性资金以及因特殊需要经批准向中央银行借入的特种借款等。

3) 拆入资金

拆入资金是指信托投资公司向银行或其他金融机构借入的资金。拆入资金应按实际借入的金额入账。

4) 交易性金融负债

交易性金融负债是指企业采用短期获利模式进行融资所形成的负债，比如应付短期债券。作为交易双方来说，甲方的金融债权就是乙方的金融负债，由于融资方需要支付利息，因此，就形成了金融负债。交易性金融负债是企业承担的交易性金融负债的公允价值。

5) 衍生金融负债

衍生金融工具分为部分资产和负债，同一个衍生金融工具，资产负债表日公允价值是正的，就是衍生金融资产；资产负债表日公允价值是负的，就是衍生金融负债。

6) 应付票据

应付票据是指企业购买材料、商品和接受劳务供应等而开出、承兑的商业汇票。在我国，应收票据、应付票据仅指"商业汇票"，包括"银行承兑汇票"和"商业承兑汇票"两种，属于远期票据，付款期一般在 1 个月以上，6 个月以内。其他银行票据（支票、本票、汇票）等，都是作为货币资金来核算的，而不作为应收应付票据。

7) 应付账款

应付账款是企业应支付但尚未支付的手续费和佣金，是会计科目的一种，用以核算企业因购买材料、商品和接受劳务供应等经营活动应支付的款项。

应付账款通常是指因购买材料、商品或接受劳务供应等而发生的债务，这是买卖双方在购销活动中由于取得物资与支付贷款在时间上不一致而产生的负债。

8) 预收款项

预收款项是在企业销售交易成立以前，预先收取的部分货款。由于预收款项是随着企业销售交易的发生而发生的，注册会计师应结合企业销售交易对预收款项进行审计。

9) 合同负债

合同负债是指企业已收或应收因客户对价而应向客户转让商品的义务。

10) 卖出回购金融资产款

卖出回购金融资产款是用于核算企业（金融）按回购协议卖出票据、证券、贷款等金融资产所融入的资金。

11) 吸收存款及同业存款

吸收存款可以核算企业（银行）吸收的除同行业存放款项以外的其他各种存款，包括单位存款（企业、事业单位、机关、社会团体等）、个人存款、信用卡存款、特种存款、转贷款资金和财政性存款等。

同业存款还可以核算企业（银行）吸收的境内、境外金融机构的存款。

12) 代理买卖证券款

代理买卖证券款是指公司接受客户委托，代理客户买卖股票、债券和基金等有价证券而收到的款项，包括公司代理客户认购新股的款项、代理客户领取的现金股利和债券利息，代客户向证券交易所支付的配股款等。

13) 代理承销证券款

代理承销证券款是指公司接受委托，采用承购包销方式或代销方式承销证券所形成的、应付证券发行人的承销资金。

14) 应付职工薪酬

应付职工薪酬是企业根据有关规定对应付给职工的各种薪酬，按照"工资，奖金，津贴，补贴""职工福利""社会保险费""住房公积金""工会经费""职工教育经费""解除职工劳动关系补偿""非货币性福利""其他与获得职工提供的服务相关的支出"等应付职工薪酬项目进行明细核算。

15) 应交税费

应交税费是指企业根据在一定时期内取得的营业收入、实现的利润等，按照现行税法规定，采用一定的计税方法计提的应交纳的各种税费。

应交税费包括企业依法交纳的增值税、消费税、营业税、企业所得税、资源税、土地增值税、城市维护建设税、房产税、土地使用税、车船税、教育费附加、矿产资源补偿费等税费，以及在上缴国家之前，由企业代收代缴的个人所得税等，如图7.10所示。

📶提醒：流动负债合计就是21个流动负债类项目之和。有些项目没有数据，即为零。

| | | |
|---|---|---|
| 应交税费 | 790,411,608.98 | 292,923,160.12 |
| 其他应付款 | 2,585,252,684.20 | 1,376,254,426.65 |
| 其中：应付利息 | 439,125.00 | 312,000.00 |
| 应付股利 | 86,490,742.04 | 86,490,742.04 |
| 应付手续费及佣金 | | |
| 应付分保账款 | | |
| 持有待售负债 | | |
| 一年内到期的非流动负债 | 917,928,974.00 | |
| 其他流动负债 | 248,162,846.49 | 80,000,000.00 |
| 流动负债合计 | 15,636,577,644.60 | 9,614,579,082.60 |

图7.10 流动负债的后7个项目

16) 其他应付款

其他应付款是指企业在商品交易业务以外发生的应付和暂收款项。指企业除应付票据、应付账款、应付工资、应付利润等以外的应付、暂收其他单位或个人的款项。

17) 应付手续费及佣金

手续费及佣金支出是用来核算企业（金融）发生的与其经营活动相关的各项手续费、佣金等支出的。

18) 应付分保账款

应付分保账款是指本公司与其他保险公司之间开展分保业务发生的各种应付款项，因分保业务上下级公司间发生的各种应收款项、应付款项通过"分保内部往来"科目核算。

19) 持有待售的负债

持有待售的负债，就是准备"卖"的负债。企业主要通过出售而非持续使用一项非流动资产或处置收回其账面价值的资产，应当将其划分为持有待售类别。

20) 一年内到期的非流动负债

一年内到期的非流动负债是反映企业各种非流动负债在一年之内到期的金额，包括一年内到期的长期借款、长期应付款和应付债券。

21) 其他流动负债

其他流动负债是指不能归属于短期借款、应付短期债券、应付票据、应付账款、应付所得税、其他应付款、预收账款这七款项目的流动负债。但以上各款流动负债，其金额未超过流动负债合计金额 5% 者，得并入其他流动负债内。

## 7.3.2 非流动负债

非流动负债又称为长期负债，是指偿还期在一年或者超过一年的一个营业周期以上的债务。非流动负债主要是公司为筹集长期投资项目所需资金而发生的，比如公司为购买大型设备而向银行借入的中长期贷款等。

在资产负债表中，非流动负债类项目包括 10 种，分别是保险合同准备金、长期借款、应付债券、租赁负债、长期应付款、长期应付职工薪酬、预计负债、递延收益、递延所得税负债、其他非流动负债，如图 7.11 所示。

| 108 / 245 | | |
| --- | --- | --- |
| 一年内到期的非流动负债 | 917,928,974.00 | |
| 其他流动负债 | 248,162,846.49 | 80,000,000.00 |
| 流动负债合计 | 15,636,577,644.60 | 9,614,579,082.60 |
| 非流动负债： | | |
| 保险合同准备金 | | |
| 长期借款 | 36,600,000.00 | 3,600,000.00 |
| 应付债券 | | 912,928,974.00 |
| 其中：优先股 | | |
| 永续债 | | |
| 租赁负债 | | |
| 长期应付款 | 656,157,151.25 | 661,012,380.98 |
| 长期应付职工薪酬 | 4,892,497.07 | 5,374,509.42 |
| 预计负债 | 4,796,514.18 | |
| 递延收益 | 234,518,419.30 | 225,043,669.11 |
| 递延所得税负债 | 299,954,050.76 | 133,671,111.43 |
| 其他非流动负债 | 1,931,554.36 | 1,931,554.36 |
| 非流动负债合计 | 1,238,850,186.92 | 1,943,562,199.30 |
| 负债合计 | 16,875,427,831.52 | 11,558,141,281.90 |

图7.11 非流动负债类项目

> 📶提醒：非流动负债合计就是10个非流动负债类项目之和。有些项目没有数据，即为零。负债合计=流动负债合计+非流动负债合计，即16875427831.52 =15636577644.60+1238850186.92。

1) 保险合同准备金

保险合同准备金是指保险人为保证其如约履行保险赔偿或给付义务，根据政府有关法律规定或业务特定需要，从保费收入或盈余中提取的与其所承担的保险责任相对应的一定数量的基金。

2) 长期借款

长期借款是指企业向银行或其他金融机构借入的期限在一年以上（不含一年）或超过一年的一个营业周期以上的各项借款。

长期借款的利息率通常高于短期借款，但信誉好或抵押品流动性强的借款企业，仍然可以争取到较低的长期借款利率。长期借款利率有固定利率和浮动利率两种。浮动利率通常有最高、最低限，并在借款合同中予以明确。对于借款企业来讲，若预测市场利率将上升，应与银行签订固定利率合同；反之，则应签订浮动利率合同。

3) 应付债券

应付债券是指企业为筹集长期资金而实际发行的债券及应付的利息，它是企业筹集长期资金的一种重要方式。企业发行债券的价格受同期银行存款利率的影响较大，一般情况下，企业既可以按面值发行，又可以溢价发行和折价发行债券。

4) 租赁负债

租赁负债是指承租人在租入资产确认使用权资产的同时确认租赁负债，不管是经营租赁还是融资租赁均要在资产负债表列示，它等于按照租赁期开始日尚未支付的租赁付款额的现值。

5) 长期应付款

长期应付款是指外贸企业在发生补偿贸易时应付引进国外设备价款和融资租入固定资产时而发生的应付租赁费等。

6) 长期应付职工薪酬

长期应付职工薪酬的主要种类，有三个，分别是退休后的福利、其他长期福利、裁员福利。

7) 预计负债

预计负债是因或有事项可能产生的负债。根据或有事项准则的规定，与或有事项相关的义务同时符合以下三个条件的，企业应将其确认为负债。

一是该义务是企业承担的现时义务。

二是该义务的履行很可能导致经济利益流出企业，这里的"很可能"指发生的可能性为"大于 50%，但小于或等于 95%"。

三是该义务的金额能够可靠地计量。

8) 递延收益

递延收益是指尚待确认的收入或收益，也可以说是暂时未确认的收益，它是权责发生制在收益确认上的运用。

9) 递延所得税负债

递延所得税负债主要指：①本科目核算企业根据所得税准则确认的应纳税暂时性差异产生的所得税负债；②本科目应当按照应纳税暂时性差异项目进行明细核算；③递延所得税负债的主要账务处理。

10) 其他非流动负债

其他非流动负债是企业除长期借款、应付债券等以外的其他非流动负债。其他非流动负债项目应根据有关科目期末余额减去将于一年内（含一年）到期偿还数后的余额填列。

## 7.4 资产负债表中的所有者权益

所有者权益，在股份制企业中又称为股东权益，是指企业资产扣除负债后由所有者享有的剩余权益。它受总资产和总负债变动的影响。所有者权益包含所有者以其出资额的比例分享企业利润。与此同时，所有者也必须以其出资额承担企业的经营风险。所有者权益还意味着所有者有法定的管理企业和委托他人管理企业的权利。

所有者权益主要包括4项，分别是股本（实收资本金）、资本公积金、盈余公积金、未分配利润。盈余公积金与未分配利润合称为留存收益，如图7.12所示。

| 108 / 245 | | |
|---|---|---|
| 非流动负债合计 | 1,238,850,186.92 | 1,943,562,199.30 |
| 负债合计 | 16,875,427,831.52 | 11,558,141,281.90 |
| **所有者权益：** | | |
| 股本 | 1,277,403,317.00 | 1,277,403,317.00 |
| 其他权益工具 | | |
| 其中：优先股 | | |
| 永续债 | | |
| 资本公积 | 17,655,344,607.55 | 17,420,060,412.06 |
| 减：库存股 | 1,807,904,769.04 | |
| 其他综合收益 | 71,232.39 | -3,139,873.40 |
| 专项储备 | | |

108

云南白药集团股份有限公司 2020 年年度报告全文

| 盈余公积 | 2,086,406,807.76 | 1,412,582,111.45 |
|---|---|---|
| 一般风险准备 | | |
| 未分配利润 | 18,841,228,817.39 | 17,831,191,285.89 |
| 归属于母公司所有者权益合计 | 38,052,550,013.05 | 37,938,097,253.00 |
| 少数股东权益 | 291,470,398.43 | 161,810,583.93 |
| 所有者权益合计 | 38,344,020,411.48 | 38,099,907,836.93 |
| 负债和所有者权益总计 | 55,219,448,243.00 | 49,658,049,118.83 |

图7.12 所有者权益类各项目

> **提醒**：归属于母公司所有者权益合计=股本+其他权益工具+资本公积金−库存股+其他综合收益+专项储备+盈余公积金+一般风险准备+未分配利润=1277403317.00+0+17655344607.55−1807904769.04+71232.39+0+2086406807.76+0+18841228817.39=38052550013.05(元)。
>
> 所有者权益合计=归属于母公司所有者权益合计+少数股东权益=38052550013.05+291470398.43=38344020411.48(元)。
>
> 负债和所有者权益总计=负债合计+所有者权益合计= 16875427831.52+3834402 0411.48=55219448243.00(元)。还需要注意，负债和所有者权益总计就等于资产合计

## 7.4.1 股本

股本指股东在公司中所占的权益。股票的面值与股份总数的乘积为股本，股本应等于公司的注册资本，所以，股本是很重要的指标。为了直观地反映这一指标，在会计核算上股份公司应设置"股本"科目。

公司的股本应在核定的股本总额范围内发行股票取得。但值得注意的是，公司发行股票取得的收入与股本总额往往不一致，公司发行股票取得的收入大于股本总额的，称为溢价发行；小于股本总额的，称为折价发行；等于股本总额的，称为面值发行。我国不允许公司折价发行股票。在采用溢价发行股票的情况下，公司应将相当于股票面值的部分记入"股本"科目，其余部分在扣除发行手续费、佣金等发行费用后记入"资本公积"科目。

## 7.4.2 资本公积金

资本公积金是在公司的生产经营之外，由资本、资产本身及其他原因形成的股东权益收入。股份公司的资本公积金，主要来源于股票发行的溢价收入、接受的赠与、资产增值、因合并而接受其他公司资产净额等。其中，股票发行溢价是上市公司最常见、最主要的资本公积金来源。

资本公积账户在会计核算上具有特殊意义。由于股票溢价（或者出资溢价）是资本公积金的主要组成部分，因此，在早期的资产负债表中，资本公积账户直接称为"股本溢价"账户。随着现代企业经营和资本运作的日趋复杂，资本公积账户所反映的内容也日渐增多，许多基于特定会计处理程序引起的项目也被置于资本公积账户之下。

### 7.4.3 盈余公积金

盈余公积金是指企业按照规定从税后利润中提取的积累资金。盈余公积金按其用途，可分为法定公积金和任意公积金。盈余公积金主要用来弥补企业以前年度的亏损和转增资本。

### 7.4.4 未分配利润

未分配利润是企业未作分配的利润。它在以后年度可继续进行分配，在未进行分配之前，属于所有者权益的组成部分。从数量上来看，未分配利润是期初未分配利润加上本期实现的净利润，减去提取的各种盈余公积和分出的利润后的余额。

未分配利润有两层含义：一是留待以后年度处理的利润；二是未指明特定用途的利润。相对于所有者权益的其他部分来说，企业对于未分配利润的使用有较大的自主权。

上市公司报表中的"未分配利润"明细科目的余额，反映了上市公司累积未分配利润或累计未弥补亏损。由于各种原因，如平衡各会计年度的投资回报水平，以丰补歉，留有余地等。上市公司实现的净利润不予以全部分完，剩下一部分留待以后年度进行分配。这样，一年年地滚存下来，结余在"未分配利润"明细科目上，它反映的是历年累计的未分配利润。同样道理，上一年度未弥补亏损，留待以后年度弥补，以后年度又发生亏损继续滚存下来，结余在"未分配利润"明细科目上，它反映的是历年累计的亏损，记为负数。

## 7.5 资产负债表的结构分析

资产负债表的结构分析包括两项，分别是资产的结构分析和负债的结构分析。对资产结构和负债结构的分析，使我们可以从两个不同的角度审视了一家企业是如何来开展其经营活动的。资产结构的分析可以让我们大略掌握该企业的资产分布状况，以及企业的经营特点、行业特点、转型容易度和技术开发换代能力；而负债结构的分析则可以让我们了解了企业发展所需资金的来源情况，以及企业资金利用潜力和企业的安全性、独立性及稳定性。

### 7.5.1 资产的结构分析

资产的结构分析，主要是研究流动资产与总资产之间的比例关系，反映这一关

系的一个重要指标是流动资产率，其公式为

$$流动资产率=流动资产÷总资产×100\%$$

在云南白药 (000538) 个股资料中，单击"财务概况"，再单击"财务指标"，然后单击"资产负债表"，最后单击"按年度"选项卡，就可以看到云南白药 (000538) 最近几年的流动资产和总资产的数据信息，如图 7.13 所示。

云南白药 000538

| | 2020 | 2019 | 2018 | 2017 | 2016 |
|---|---|---|---|---|---|
| 流动资产合计(元) | 492.61亿 | 447.01亿 | 490.49亿 | 251.04亿 | 220.68亿 |
| 非流动资产(元) | | | | | |
| 可供出售金融资产(元) | -- | -- | 8.44亿 | 1.25亿 | 1.25亿 |
| 长期股权投资(元) | 3.29亿 | 3.17亿 | 3.08亿 | 76.80万 | -- |
| 其他权益工具投资(元) | -- | -- | -- | -- | -- |
| 其他非流动金融资产(元) | 9.63亿 | 5.60亿 | -- | -- | -- |
| 投资性房地产(元) | 54.80万 | 66.40万 | 81.94万 | 28.24万 | 674.25万 |
| 固定资产合计(元) | 30.97亿 | 20.09亿 | 17.96亿 | 17.45亿 | 17.82亿 |
| 其中:固定资产(元) | 30.97亿 | 20.09亿 | 17.96亿 | 17.45亿 | 17.82亿 |
| 固定资产清理(元) | -- | -- | -- | -- | -- |
| 在建工程合计(元) | 3.87亿 | 9.70亿 | 6.14亿 | 1.45亿 | 1.37亿 |
| 其中:在建工程(元) | 3.87亿 | 9.70亿 | 6.14亿 | 1.45亿 | 1.37亿 |
| 工程物资(元) | -- | -- | -- | -- | -- |
| 无形资产(元) | 5.35亿 | 5.38亿 | 3.69亿 | 3.19亿 | 2.31亿 |
| 商誉(元) | 3330.40万 | 3330.40万 | 3402.57万 | 1356.54万 | 1356.54万 |
| 长期待摊费用(元) | 3611.12万 | 4538.66万 | 5820.44万 | 728.86万 | 950.63万 |
| 递延所得税资产(元) | 5.33亿 | 4.22亿 | 6.77亿 | 2.27亿 | 1.98亿 |
| 其他非流动资产(元) | 4322.27万 | 5889.81万 | 4067.42万 | 1552.46万 | 1623.34万 |
| 非流动资产合计(元) | 59.59亿 | 49.57亿 | 48.99亿 | 25.99亿 | 25.19亿 |
| 资产合计(元) | 552.19亿 | 496.58亿 | 539.48亿 | 277.03亿 | 245.87亿 |

图7.13 云南白药(000538)最近几年的流动资产和总资产的数据信息

2016 年的流动资产率 = 流动资产 ÷ 总资产 = 220.68÷245.87×100%=89.75%

2017 年的流动资产率 = 流动资产 ÷ 总资产 = 251.04÷277.03×100%=90.62%

2018 年的流动资产率 = 流动资产 ÷ 总资产 = 490.49÷539.48×100%=90.92%

2019 年的流动资产率 = 流动资产 ÷ 总资产 = 447.01÷496.58×100%=90.02%

2020 年的流动资产率 = 流动资产 ÷ 总资产 = 492.61÷552.19×100%=89.21%

在这里可以看到，云南白药 (000538) 最近几年的流动资产率都很高，都在 90% 左右。

流动资产率越高，说明企业生产经营活动越重要，其发展势头越旺盛；也说明企业当期投入生产经营活动的现金，要比其他时期、其他企业投入多；此时，企业的经营管理就显得格外重要。

对流动资产率这一指标的分析，一般要同行业横向对比看，同企业纵向对比看。不同的行业，该指标有不同的合理区间，纺织、中药材、化工、冶金、航空、啤酒、建材、重型机械等行业，该指标在 30%～60% 之间，而商业批发、房地产则有可能高达 90% 以上。由于对同行业进行对比研究相对更复杂，工作量要大得多，因此，我们一般多重视同企业的历年间（至少是连续两年，即期初、期末）的纵向对比分析。

反过来说，如果一家企业的流动资产率低于合理区间，并逐年不断减少，一般来说，其业务处于萎缩之中，生产经营亮起了红灯，需及时找出原因并谋求相应对策，以求尽快脱离险境。

除了对流动资产进行分析研判外，资产结构的分析还包括对无形资产增减的分析。无形资产不断增加的企业，其开发创新能力强。图 7.14 显示的是云南白药 (000538) 最近几年的无形资产的数据信息。

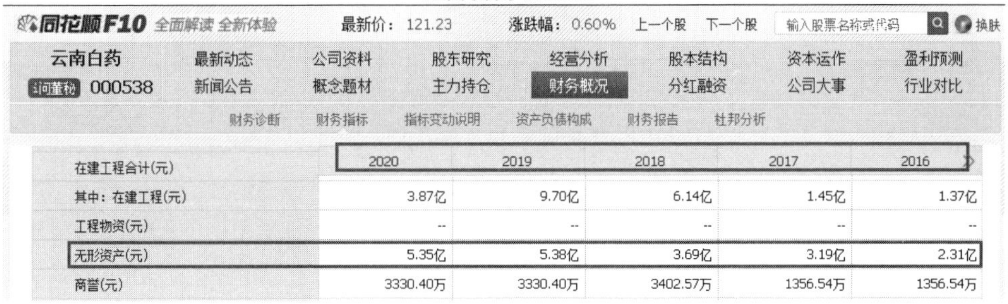

图7.14　云南白药(000538)最近几年的无形资产的数据信息

在这里可以看到 2016 年，云南白药的无形资产为 2.31 亿元；而 2020 年，云南白药的无形资产为 5.35 亿元，增加了 3.04 亿元。

## 7.5.2 负债的结构分析

负债的结构分析，主要是研究负债总额（流动负债＋长期负债）与所有者权益、长期负债与所有者权益之间的比例关系，前者反映了上市公司自有资金负债率，后者则反映了企业的负债经营状况。

1) 自有资金负债率

自有资金负债率，也称为企业投资安全系数，用来衡量投资者对负债偿还的保障程度，其公式为

$$自有资金负债率＝负债总额÷所有者权益$$

图 7.15 显示的是云南白药 (000538) 最近几年的负债总额和所有者权益的数据信息。

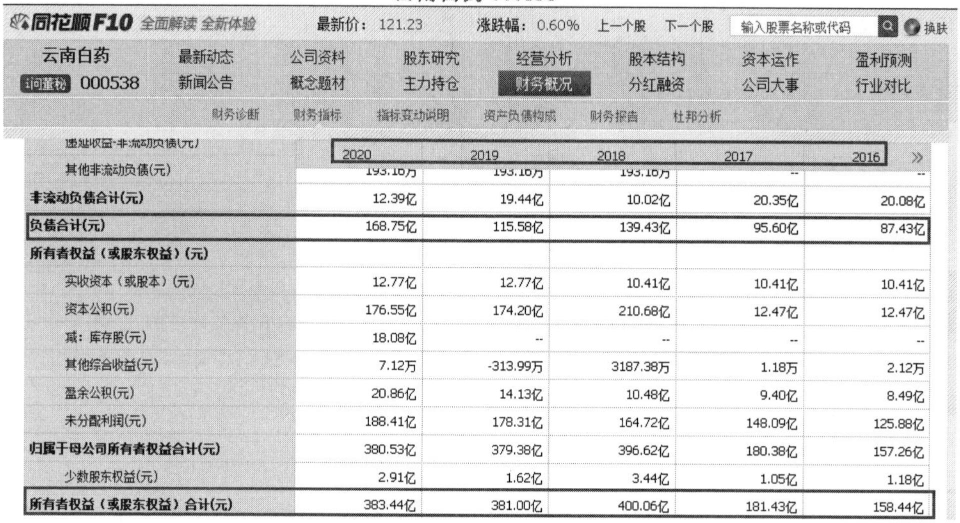

图7.15　云南白药(000538)最近几年的负债总额和所有者权益的数据信息

2016 年的自有资金负债率＝负债总额÷所有者权益＝87.43÷158.44×100%＝55.18%

2017 年的自有资金负债率＝负债总额÷所有者权益＝95.60÷181.43×100%＝52.69%

2018 年的自有资金负债率＝负债总额÷所有者权益＝139.43÷400.06×100%＝34.85%

2019 年的自有资金负债率＝负债总额÷所有者权益＝115.58÷381.00×100%＝30.34%

2020 年的自有资金负债率＝负债总额÷所有者权益＝168.75÷383.44×100%＝44.04%

在这里可以看到云南白药 (000538) 最近几年的自有资金负债率很小。自有资金负债率越小，债权人得到的保障就越大，股东及企业外的第三方对公司的信心就越足，并愿意甚至主动要求借款给企业。当然，凡事需有个度，如果自有资金负债率过小，说明企业过于保守，没有充分利用好自有资金，挖掘潜力还很大。自有资金负债率的最佳值为 100%，即负债总额＝所有者权益。

自有资金负债率越大，债权人得到的保障就越小，银行及原料供应商就会持谨慎态度，甚至中止信贷或停止原料供应，并加紧催促企业还款，这样一来，已经负债累累的企业，就有可能陷入资金困境而举步艰难。

此外，对这一指标的分析，也要同行业间横向对比，同行企业不同报告期末纵向对比，另外，还要结合公司其他情况来综合分析。

2) 负债经营率

负债经营率一般可用来衡量企业的独立性和稳定性，其公式为

$$负债经营率=长期负债÷所有者权益$$

图 7.16 显示的是云南白药 (000538) 最近几年的长期负债和所有者权益的数据信息。

云南白药 000538

| | | 2020 | 2019 | 2018 | 2017 | 2016 |
|---|---|---|---|---|---|---|
| | 递延所得税负债(元) | | | | | |
| | 递延收益-非流动负债(元) | 2.35亿 | 2.25亿 | 2.47亿 | 2.18亿 | 1.87亿 |
| | 其他非流动负债(元) | 193.16万 | 193.16万 | 193.16万 | -- | -- |
| | 非流动负债合计(元) | 12.39亿 | 19.44亿 | 10.02亿 | 20.35亿 | 20.08亿 |
| | 负债合计(元) | 168.75亿 | 115.58亿 | 139.43亿 | 95.60亿 | 87.43亿 |
| | 所有者权益（或股东权益）(元) | | | | | |
| | 实收资本（或股本）(元) | 12.77亿 | 12.77亿 | 10.41亿 | 10.41亿 | 10.41亿 |
| | 资本公积(元) | 176.55亿 | 174.20亿 | 210.68亿 | 12.47亿 | 12.47亿 |
| | 减：库存股(元) | 18.08亿 | -- | -- | -- | -- |
| | 其他综合收益(元) | 7.12万 | -313.99万 | 3187.38万 | 1.18万 | 2.12万 |
| | 盈余公积(元) | 20.86亿 | 14.13亿 | 10.48亿 | 9.40亿 | 8.49亿 |
| | 未分配利润(元) | 188.41亿 | 178.31亿 | 164.72亿 | 148.09亿 | 125.88亿 |
| | 归属于母公司所有者权益合计(元) | 380.53亿 | 379.38亿 | 396.62亿 | 180.38亿 | 157.26亿 |
| | 少数股东权益(元) | 2.91亿 | 1.62亿 | 3.44亿 | 1.05亿 | 1.18亿 |
| | 所有者权益（或股东权益）合计(元) | 383.44亿 | 381.00亿 | 400.06亿 | 181.43亿 | 158.44亿 |

图7.16　云南白药(000538)最近几年的长期负债和所有者权益的数据信息

📶提醒：长期负债就是非流动负债合计。

2016 年的负债经营率 = 长期负债 ÷ 所有者权益 =20.08÷158.44×100%=12.67%

2017 年的负债经营率 = 长期负债 ÷ 所有者权益 =20.35÷181.43×100%=11.22%

2018 年的负债经营率 = 长期负债 ÷ 所有者权益 =10.02÷400.06×100%=2.50%

2019 年的负债经营率 = 长期负债 ÷ 所有者权益 =20.35÷381.00×100%=5.34%

2020 年的负债经营率 = 长期负债 ÷ 所有者权益 =20.08÷383.44×100%=5.00%

从理论上说，负债经营率一般在 0.25~0.33 之间较为合适。比率过高，说明企业的独立性差；比率过低，说明企业的资金来源较稳定，经营独立性强。在这里可以看到云南白药 (000538) 最近 5 年资金来源较稳定，经营独立性较强。

企业在发展的过程中，通过长期负债，如银行贷款、发行债券、借款等筹集固

定资产和长期投资所需的资金，是一条较好的途径。但是，如果长期负债过大，利息支出很高，一旦企业陷入经营困境，出现如货款收不回、流动资金不足等问题，长期负债就会变成企业的包袱。为了避免投资这样的企业，我们在分析时，需关注企业的利润，甚至生产经营活动的现金流量净额，当其不足以支付当期利息，甚或已经相当紧张时，我们就需格外留神了。

## 7.6  流动资产营运能力的分析

分析企业的流动资产营运能力，就是对企业短期资产营运能力的分析，是对企业资金周转状况的分析。一般来说，资金周转越快，资金利用效率越高，那么企业的管理水平也就越高。

分析流动资产营运能力时，一般采用的财务指标有 3 种，分别是营运资金周转率、存货周转率和流动资产周转率。

### 7.6.1  营运资金周转率

营运资金周转率是指年销货净额与营运资金之比，反映的是营运资金在一年内的周转次数。它是按照建立现代企业制度的要求，为了全面反映企业经济效益状况而设立的一个重要指标。

营运资金周转率的计算公式为

$$营运资金周转率 = 销售收入净额 \div (平均流动资产 - 平均流动负债)$$

$$或营运资金周转率 = 销售收入净额 \div 平均营运资金$$

其中，"平均"指报表期初数与报表期末数之平均值。

下面以云南白药 (000538) 的财务数据为例简单说明分析。云南白药 (000538) 的财务数据如表 7.1 所示。

表7.1  云南白药(000538)的财务数据　　　金额单位：亿元

| 项　目 | 2020 年 12 月 31 日 | 2020 年 9 月 30 日 |
|---|---|---|
| 销售收入 | 327.43 | 239.31 |
| 流动资产 | 492.61 | 471.15 |
| 流动负债 | 156.37 | 115.83 |

> 提醒：销售收入就是利润表中的营业收入。流动资产和流动负债在资产负债表中可以找到相应数据。

利用上表中的财务数据来计算营运资金周转率，下面先计算营运资金。

2020 年 9 月 30 日的营运资金：471.15 –115.83 = 355.32 亿元；

2020 年 12 月 31 日的营运资金：492.61 –156.37 =336.24 亿元。

下面来计算营运资金周转率。

2020 年 9 月 30 日的营运资金周转率：239.31÷355.32=0.6735；

2020 年 12 月 31 日的营运资金周转率：327.43÷336.24=0.9738。

通过计算可知，云南白药 (000538) 的资金营动能力在上升，即企业的营运资金周转速度变快，说明企业的短期偿债能力有所增强。

不存在衡量营运资本周转率的通用标准，只有将这一指标与企业历史水平，其他企业或同行业平均水平相比才有意义。但是可以说，如果营运资本周转率过低，表明营运资本使用率太低，即相对营运资本来讲，销售不足，有潜力可挖；如果营运资本周转率过高，则表明资本不足，业务清偿债务危机之中。

## 7.6.2 存货周转率

存货周转率是企业营运能力分析的重要指标之一，在企业管理决策中被广泛地使用。存货周转率不仅可以用来衡量企业生产经营各环节中存货运营效率，而且还可用来评价企业的经营业绩，反映企业的绩效。

存货周转率是企业一定时期主营业务成本与平均存货余额的比率，是衡量和评价企业购入存货、投入生产、销售收回等各环节管理状况的综合性指标，其计算公式为

$$存货周转率(次)＝销售(营业)成本÷平均存货$$

其中

$$平均存货＝(年初存货+年末存货)÷2$$

$$存货周转率(天)＝360÷存货周转率(次)$$

例如，云南白药 (000538)2020 年的营业成本为 236.56 亿元，2020 年年初存货为 117.47 亿元，年末存货为 109.90 亿元。

> 提醒：营业成本在利润表中可以找到相应数据。存货在资产负债表中可以找到相应数据。

下面利用公式来计算存货周转率。

$$平均存货＝(117.47+109.90)÷2＝113.685(亿元)$$
$$存货周转率(次)＝236.56÷113.685＝2.08(次)$$
$$存货周转率(天)＝360÷2.08≈173(天)$$

一般情况下，存货周转率（次数）越高，表明存货周转速度越快，存货的占用水平越低，流动性越强；反之，存货周转速度越慢，存货储存越多，占用资金越多，有积压现象。分析企业存货周转率的高低应结合同行业的存货平均水平和企业过去的存货周转情况进行判断。

## 7.6.3 流动资产周转率

流动资产周转率指企业一定时期内主营业务收入净额同平均流动资产总额的比率，流动资产周转率是评价企业资产利用率的一个重要指标。流动资产周转率的计算公式为

流动资产周转率(次数)=主营业务收入净额÷平均流动资产总额

其中，主营业务收入净额是指企业当期销售产品、商品、提供劳务等主要经营活动取得的收入减去折扣与折让后的数额。

平均流动资产总额是指企业流动资产总额的年初数与年末数的平均值，其公式为

$$平均流动资产总额=(流动资产年初数+流动资产年末数)÷2$$

流动资产周转期(天数)=计算期天数÷流动资产周转率=计算期天数流动资产平均占用额÷销售收入净额

下面以云南白药 (000385) 的财务数据为例简单地说明分析。云南白药 (000385) 的财务数据如表 7.2 所示。

表7.2　云南白药(603858)的财务数据　　　金额单位：亿元

| 项目 | 2020 年 12 月 31 日 | 2019 年 12 月 31 日 |
|---|---|---|
| 主营业务收入净额 | 326.96 | 295.85 |
| 流动资产年末余额 | 492.61 | 447.01 |
| 流动资产平均余额 | 469.81 | 468.75 |

提醒：流动资产数据信息，可以在资产负债表中查找。主营业务收入不在利润主表中，而是在利润表的附表中，如图7.17所示。

203 / 245

4)、由于同一控制导致的合并范围变更，影响期初未分配利润 0 元。

5)、其他调整合计影响期初未分配利润 0 元。

**44、营业收入和营业成本**

单位：元

| 项目 | 本期发生额 | | 上期发生额 | |
|---|---|---|---|---|
| | 收入 | 成本 | 收入 | 成本 |
| 主营业务 | 32,695,579,665.45 | 23,621,742,929.02 | 29,585,212,987.52 | 21,161,587,190.26 |
| 其他业务 | 47,187,098.34 | 34,135,205.54 | 79,460,881.16 | 29,777,161.14 |
| 合计 | 32,742,766,763.79 | 23,655,878,134.56 | 29,664,673,868.68 | 21,191,364,351.40 |

经审计扣除非经常损益前后净利润孰低是否为负值

图7.17　主营业务收入

下面先来利用公式来计算 2020 年 12 月 31 日的流动资产周转率。

2020 年主营业务收入净额 =326.96( 亿元 )

2020 年流动资产平均余额 =(492.61+447.01)÷2=469.81( 亿元 )

2020 年流动资产周转率 ( 次数 )=326.96÷469.81=0.696( 次 )

2020 年流动资产周转期 ( 天数 )=360÷0.696 ≈ 517( 天 )

下面再利用公式来计算 2019 年 12 月 31 日的流动资产周转率。

2019 年主营业务收入净额 =295.85( 亿元 )

2019 年流动资产平均余额 =(447.01+490.49)÷2=468.75( 亿元 )

注意，这里使用了 2018 年 12 月 31 日的流动资产，如图 7.18 所示。

云南白药 000538

同花顺F10 全面解读 全新体验　最新价：--　涨跌幅：--　上一个股　下一个股　输入股票名称或代码　换肤

云南白药 000538　最新动态　公司资料　股东研究　经营分析　股本结构　资本运作　盈利预测
新闻公告　概念题材　主力持仓　财务概况　分红融资　公司大事　行业对比

财务诊断　财务指标　指标变动说明　资产负债构成　财务报告　杜邦分析

| 其他应收款(元) | 2020 | 2019 | 2018 | 2017 | 2016 |
|---|---|---|---|---|---|
| 存货(元) | 109.90亿 | 117.47亿 | 110.31亿 | 86.63亿 | 69.18亿 |
| 一年内到期的非流动资产(元) | -- | -- | -- | -- | -- |
| 其他流动资产(元) | 26.82亿 | 45.60亿 | 30.64亿 | 8.77亿 | 43.44亿 |
| 总现金(元) | 265.08亿 | 218.15亿 | 289.93亿 | 94.16亿 | 52.95亿 |
| 流动资产合计(元) | 492.61亿 | 447.01亿 | 490.49亿 | 251.04亿 | 220.68亿 |

图7.18　流动资产

2019 年流动资产周转率（次数）=295.85÷468.75=0.631（次）

2019 年流动资产周转期（天数）=360÷0.631≈570（天）

通过计算可以看出，该企业流动资产周转率从低变高，说明企业的流动资产应用能力有所上升。

下面来看一下流动资产周转率的指标说明。

第一，流动资产周转率反映了企业流动资产的周转速度，是从企业全部资产中流动性最强的流动资产角度对资产的利用效率进行分析，以进一步揭示影响资产质量的主要因素。

第二，该指标将主营业务收入净额与资产中最具活力的流动资产相比较，既能反映一定时期流动资产的周转速度和使用效率，又能进一步体现每单位流动资产实现价值补偿的高与低，以及补偿速度的快与慢。

第三，要实现该指标的良性变动，应以主营业务收入增幅高于流动资产增幅作保证。在企业内部，通过对该指标的分析对比，一方面可以促进加强内部管理，充分有效地利用其流动资产，如降低成本、调动暂时闲置的货币资金创造收益等；另一方面也可以促进企业采取措施扩大生产或服务领域，提高流动资产的综合使用效率。

第四，一般情况下，该指标越高，表明企业流动资产周转速度越快，利用越好。在较快的周转速度下，流动资产会相对节约，其意义相当于流动资产投入的扩大，在某种程度上增强了企业的创收能力；如果周转速度慢，则需补充流动资金参加周转，形成资金浪费，降低企业创收能力。

## 7.7 非流动资产营运能力的分析

非流动资产，又称固定资产，具有占用资金多、周转速度慢、变现能力差等特点。分析非流动资产营运能力可从两个方面入手，分别是非流动资产利用效率和非流动资产变动情况。

非流动资产利用效率的分析有两种方法，分别是固定资产周转率和固定资产产值率。非流动资产变动情况的分析有 5 种方法，分别是固定资产增长率、固定资产更新率、固定资产退废率、固定资产损失率、固定资产净值率。

### 7.7.1 固定资产周转率

固定资产周转率，也称固定资产利用率，是企业年主营业务收入净额与固定资产净值的比率。它是反映企业固定资产周转情况，从而衡量固定资产利用效率的一

项指标。固定资产周转率的计算公式为

$$固定资产周转率(次数)=主营业务收入净额÷固定资产净值$$

$$其中固定资产净值=(期初净值+期末净值)÷2$$

$$固定资产周转期(天数)=计算期天数÷固定资产周转率(次数)$$

下面以云南白药 (000538) 的财务数据为例简单分析。云南白药 (000538) 的财务数据如表 7.3 所示。

表7.3　云南白药(000538)　　　金额单位：亿元

| 项　　目 | 2020 年 12 月 31 日 | 2019 年 12 月 31 日 |
|---|---|---|
| 主营业务收入净额 | 326.96 | 295.85 |
| 固定资产期末余额 | 30.97 | 20.09 |
| 固定资产平均余额 | 25.53 | 19.03 |

📶提醒：上述财务数据可以在云南白药(000538)的"财务概况"中找到，如云南白药(000538)的固定资产如图7.19所示。

云南白药 000538

| | 2020 | 2019 | 2018 | 2017 | 2016 |
|---|---|---|---|---|---|
| 长期股权投资(元) | 3.29亿 | 3.17亿 | 3.08亿 | 70.80万 | |
| 其他权益工具投资(元) | -- | -- | -- | | |
| 其他非流动金融资产(元) | 9.63亿 | 5.60亿 | -- | | |
| 投资性房地产(元) | 54.80万 | 66.40万 | 81.94万 | 28.24万 | 674.25万 |
| 固定资产合计(元) | 30.97亿 | 20.09亿 | 17.96亿 | 17.45亿 | 17.82亿 |
| 其中：固定资产(元) | 30.97亿 | 20.09亿 | 17.96亿 | 17.45亿 | 17.82亿 |

图7.19　云南白药(000538)的固定资产

下面先利用公式计算 2020 年 12 月 31 日的固定资产周转率。

2020 年主营业务收入净额 =326.96( 亿元 )

2020 年流动资产平均余额 =(30.97+20.09)÷2=25.53( 亿元 )

2020 年流动资产周转率 ( 次数 )=326.96÷25.53=12.80( 次 )

2020 年流动资产周转期 ( 天数 )=360÷12.80≈28( 天 )

下面再利用公式计算 2019 年 12 月 31 日的固定资产周转率。

2019 年主营业务收入净额 =295.85( 亿元 )

2019 年流动资产平均余额 =(20.09+17.96)÷2=19.03( 亿元 )

注意这里用到了 2018 年 12 月 31 日的固定资产，在图 7.19 中可以看到。

2019 年流动资产周转率 ( 次数 )=295.85÷19.03=15.55( 次 )

2019 年流动资产周转期 ( 天数 )=360÷15.55≈23( 天 )

通过计算可知，该企业 2020 年固定资产周转率比 2019 年略有下降，表明企业对固定资产的利用效率有所下降，反映出企业固定资产营运能力也有所下降。

下面来看一下固定资产周转率的注意事项。

第一，固定资产周转率的分母采用平均固定资产净值，因此指标的比较将受到折旧方法和折旧年限的影响，应注意其可比性问题。

第二，同行业的主营业务收入没有变化，但由于企业每年对固定资产计提折旧，固定资产值逐年减少，因此固定资产周转率会逐年呈上升趋势。

第三，固定资产周转率不存在绝对合理的标准，不同的行业、不同的地区、不同的时期固定资产周转率都会有较大的差异。

第四，当企业固定资产净值率过低 ( 如因资产陈旧或过度计提折旧 )，或者当企业属于劳动密集型企业时，这一比率就可能没有太大的意义。

## 7.7.2 固定资产产值率

固定资产产值率是指一定时期内总产值与固定资产平均总值之间的比率，或每 100 元固定资产提供的总产值。固定资产产值率的计算公式具体为

$$固定资产产值率=总产值÷固定资产平均总值$$

公式中的分母项目是采用固定资产原值还是采用固定资产净值，目前尚有两种观点。一种观点主张采用固定资产原值计算，理由是固定资产生产能力并非随着其价值的逐步转移而相应降低。比如，一种设备在其全新时期和半新时期往往具有同样的生产能力；再则，用原值，便于企业在不同时间与不同企业进行比较，如果采用净值计算。则失去可比性。另一种观点主张采用固定资产净值计算，理由是固定资产原值并非一直全部都被企业占用着，其价值小的磨损部分已逐步通过折旧收回，只有采用净值计算，才能真正反映一定时期内企业实际占用的固定资金；实际上，单纯地采用哪一种计价方法都会难免偏颇；为了既从生产能力又从资金占用两个方面来考核企业的固定资产利用水平，必须同时采用原值和净值两种计价标准，才能从不同角度全面地反映企业固定资产利用的经济效益。

固定资产产值率是一个综合性指标，受多种因素的影响，在众多的因素中固定资产本身的因素最为重要。在全部固定资产原值平均余额中，生产用固定资产占多

少，在生产用固定资产中，生产设备占多少，都会影响到固定资产的利用效果。固定资产产值率的分解公式为

$$固定资产产值率 = 总产值 \div 固定资产平均总值$$

$$= (总产值 \div 生产设备平均总值) \times (生产设备平均总值 \div 生产用固定资产平均总值) \times (生产用设备平均总值 \div 固定资产平均总值)$$

$$= 生产设备产值率 \times 生产设备占生产用固定资产的构成率 \times 生产用固定资产构成率$$

从分解后的公式中可以看出：生产设备产值率是反映生产设备能力和时间的利用的效果，它的数值大小直接影响着生产用固定资产的利用效果，进而影响全部固定资产的产值率。生产设备占生产用固定资产比重和生产用固定资产占全部固定资产平均总值比重，反映了企业固定资产的结构状况和配置的合理程度，其比重越大，则全部固定资产产值率就越高。因此，在分析固定资产产值率时应从固定资产的配置和利用两个方面进行。特别是要提高生产设备的利用效果，不断提高其单位时间的产量，才能提高固定资产产值率。

固定资产产值率的分析是以实际数与计划数、上期实际数或历史最好水平进行比较，从中找出影响该指标的不利因素，由此对企业固定资产利用效果作出评价。

下面以云南白药(000538)的财务数据为例简单说明分析。云南白药(000538)的财务数据如表7.4所示。

表7.4　云南白药(000538)的财务数据　　　　金额单位：亿元

| 项　　目 | 计　　划 | 实　　际 |
|---|---|---|
| 工业总产值 | 8 | 7 |
| 工业设备平均总值 | 1.28 | 1.575 |
| 生产用固定资产平均总值 | 2.56 | 2.626 |
| 全部固定资产平均总值 | 3.2 | 3.5 |

先来计算该企业的计划固定资产产值率。

$(8 \div 1.28) \times (1.28 \div 2.56) \times (2.56 \div 3.2) = 6.25 \times 0.5 \times 0.8 = 2$

再来计算该企业的实际固定资产产值率。

$(7 \div 1.575) \times (1.575 \div 2.626) \times (2.626 \div 3.5) = 4.44 \times 0.6 \times 0.75 = 2.5$

这样实际固定资产产值率与计划固定资产产值率之间的差为2-2.5=-0.5

必须说明，固定资产产值率是一个比较综合的指标，容易计算，在考核固定资

金利用效果中具有一定的作用。但是，也应该看到这个指标的局限性，由于按工厂法计算的总产值在有些情况下，不能真实地反映企业的生产成果，这也就连锁地影响了固定资产产值率指标的正确性。

## 7.7.3 固定资产增长率

固定资产增长率是指一定时期内增加的固定资产原值对原有固定资产数额的比率。固定资产增长率的计算公式为

固定资产增长率 =(期末固定资产总值—期初固定资产总值)÷期初固定资产总值×100%

图 7.20 显示的是云南白药 (000538)2020 年的固定资产原值的数据信息。

182 / 245

| | | |
|---|---|---|
| 合计 | 3,096,791,709.20 | 2,008,669,933.18 |

（1）固定资产情况

单位：元

| 项目 | 房屋、建筑物 | 机器设备 | 运输工具 | 电子设备 | 其他 | 合计 |
|---|---|---|---|---|---|---|
| 一、账面原值： | | | | | | |
| 1.期初余额 | 2,002,543,122.11 | 973,050,146.13 | 51,770,202.47 | 79,720,404.98 | 3,552,201.17 | 3,110,636,076.86 |
| 2.本期增加金额 | 668,488,417.33 | 550,676,043.89 | 11,753,970.01 | 17,297,099.65 | 256,502.38 | 1,248,472,033.26 |
| （1）购置 | 4,462,233.26 | 21,087,881.82 | 11,753,970.01 | 15,864,094.20 | 256,502.38 | 53,424,681.67 |
| （2）在建工程转入 | 664,026,184.07 | 529,588,162.07 | | 1,433,005.45 | | 1,195,047,351.59 |
| （3）企业合并增加 | | | | | | |
| 3.本期减少金额 | 34,873,682.19 | 14,259,820.10 | 4,308,090.21 | 6,154,332.06 | 15,577.84 | 59,611,502.40 |
| （1）处置或报废 | 9,929,002.73 | 8,823,510.48 | 4,308,090.21 | 6,154,332.06 | 15,577.84 | 29,230,513.32 |
| （2）转出 | 24,944,679.46 | | | | | 24,944,679.46 |
| （3）其他 | | 5,436,309.62 | | | | 5,436,309.62 |
| 4.期末余额 | 2,636,157,857.25 | 1,509,466,369.92 | 59,216,082.27 | 90,863,172.57 | 3,793,125.71 | 4,299,496,607.72 |

图7.20　云南白药(000538)2020年的固定资产原值的数据信息

固定资产增长率 =(4299496607.72−3110636076.86)÷3110636076.86×100%=38.22%

云南白药 (000538)2017 年的固定资产增长率为 38.22%，即企业产能在扩张，并且扩张速度较快。

在分析固定资产增长率时，投资者需分析增长部分固定资产的构成，对于增长的固定资产大部分还处于在建工程状态，投资者需关注其预计竣工时间，待其竣工，必将对竣工当期利润产生重大影响；如果增长的固定资产在本年度较早月份已竣工，

则其效应已基本反映在本期报表中，投资者希望其未来收益在此基础上再有大幅增长已不太现实。

需要注意的是，固定资产的增长应结合具体原因进行分析，看其增长是否合理。一般来说，企业增加生产设备，生产也应相应地增长，这样才能保证固定资产使用的经济效益。如果是非生产用固定资产，也应考虑企业的经济承受能力。

## 7.7.4 固定资产更新率

固定资产更新率是指一定时期内新增加的固定资产原值与期初全部固定资产原值的比率。固定资产更新率是考核固定资产动态状况的指标，反映的是固定资产在计算期内更新的规模和速度。

固定资产更新率的计算公式为

$$固定资产更新率=本期新增的固定资产总额(原值)÷期初固定资产总额(原值)×100\%$$

下面来计算云南白药 (000538)2020 年的固定资产更新率。

本期新增的固定资产总额 =1248472033.26( 元 )

期初固定资产总额 =3110636076.86( 元 )，如图 7.21 所示。

| 182 / 245 | Q | — | + | ⟳ | ⊡ | ⬚ | Aᴬ | ∀ | ⌄ | ⬚ | ⌄ | ⬚ | 🖨 | 💾 |

| 合计 | | 3,096,791,709.20 | 2,008,669,933.18 |

**(1) 固定资产情况**

单位：元

| 项目 | 房屋、建筑物 | 机器设备 | 运输工具 | 电子设备 | 其他 | 合计 |
|---|---|---|---|---|---|---|
| 一、账面原值： | | | | | | |
| 1. 期初余额 | 2,002,543,122.11 | 973,050,146.13 | 51,770,202.47 | 79,720,404.98 | 3,552,201.17 | 3,110,636,076.86 |
| 2. 本期增加金额 | 668,488,417.33 | 550,676,043.89 | 11,753,970.01 | 17,297,099.65 | 256,502.38 | 1,248,472,033.26 |
| （1）购置 | 4,462,233.26 | 21,087,881.82 | 11,753,970.01 | 15,864,094.20 | 256,502.38 | 53,424,681.67 |
| （2）在建工程转入 | 664,026,184.07 | 529,588,162.07 | | 1,433,005.45 | | 1,195,047,351.59 |
| （3）企业合并增加 | | | | | | |

图7.21　本期新增的固定资产总额和期初固定资产总额

下面来计算固定资产更新率。

固定资产更新率 =1248472033.26÷3110636076.86×100%=40.14%

固定资产更新率，是反映企业现有固定资产中，经过更新的资产占多大比重，也反映了固定资产在一定时期内更新的规模和速度。在评价企业固定资产更新的规模和速度时，也应结合具体情况进行分析，企业为了保持一定的生产规模和生产能力，必须对设备进行更新是合理的，但如果更新设备只是为盲目扩大生产，就不合理了。

## 7.7.5 固定资产退废率

固定资产退废率，又称固定资产报废率，是指企业一定时期内报废清理的固定资产与期初固定资产原值的比率。企业固定资产的退废应与更新相适应，这样才能维持再生产。退废数额中不包括固定资产盘亏和损坏的数额。

固定资产退废率的计算公式为

$$固定资产退废率=本期退废固定资产总值(原值)÷期初固定资产总值(原值)×100\%$$

图 7.22 显示的是云南白药 (000538)2017 年的退废固定资产原值的数据信息。

| 182 | / 245 |

| 合计 | | | | 3,096,791,709.20 | | 2,008,669,933.18 | |

**（1）固定资产情况**

单位：元

| 项目 | 房屋、建筑物 | 机器设备 | 运输工具 | 电子设备 | 其他 | 合计 |
|---|---|---|---|---|---|---|
| 一、账面原值： | | | | | | |
| 1.期初余额 | 2,002,543,122.11 | 973,050,146.13 | 51,770,202.47 | 79,720,404.98 | 3,552,201.17 | 3,110,636,076.86 |
| 2.本期增加金额 | 668,488,417.33 | 550,676,043.89 | 11,753,970.01 | 17,297,099.65 | 256,502.38 | 1,248,472,033.26 |
| （1）购置 | 4,462,233.26 | 21,087,881.82 | 11,753,970.01 | 15,864,094.20 | 256,502.38 | 53,424,681.67 |
| （2）在建工程转入 | 664,026,184.07 | 529,588,162.07 | | 1,433,005.45 | | 1,195,047,351.59 |
| （3）企业合并增加 | | | | | | |
| 3.本期减少金额 | 34,873,682.19 | 14,259,820.10 | 4,308,090.21 | 6,154,332.06 | 15,577.84 | 59,611,502.40 |
| （1）处置或报废 | 9,929,002.73 | 8,823,510.48 | 4,308,090.21 | 6,154,332.06 | 15,577.84 | 29,230,513.32 |
| （2）转出 | 24,944,679.46 | | | | | 24,944,679.46 |
| （3）其他 | | 5,436,309.62 | | | | 5,436,309.62 |

图7.22　云南白药(000538)2020年的退废固定资产原值的数据信息

下面来计算云南白药 (000538)2020 年的固定资产退废率。

本期退废固定资产总值 = 29230513.32( 元 )

期初固定资产总额 =3110636076.86( 元 )

固定资产退废率 =29230513.32÷3110636076.86×100%=0.9397%

固定资产的退废分两种情况，一种是固定资产的使用寿命已到，其资产陈旧、磨损严重，无法继续使用而被退废。另一种是由于科学技术的发展进步，新型的，生产效率更高的固定资产的出现将技术落后的固定资产淘汰，导致原有旧固定资产停止使用。专用固定资产所生产出的产品被新型产品所替代，而使其淘汰也存在专用固定资产报废的可能。

无论是哪一种固定资产的退废，其结果都是退出固定资产的使用过程。这一退废的发生对于某一项固定资产是在其使用过程中的某一个时点，而对整个企业的固定资产的规模来讲，其整体固定资产的退废程序是以一个阶段去考核的。因此，固定资产退废率是考核固定资产退废程序的动态指标。

## 7.7.6 固定资产损失率

固定资产损失率是指企业在一定时期内因固定资产盘亏和毁损等原因，而造成的固定资产损失数与期初固定资产原值的比率。固定资产损失率的计算公式为

$$固定资产损失率=本期盘亏、毁损固定资产价值÷期初固定资产原值\times100\%$$

图 7.23 显示的是云南白药 (000538)2020 年的固定资产原值和累计折旧的数据信息。

| 合计 | | | 3,096,791,709.20 | | 2,008,669,933.18 | |

**(1) 固定资产情况**

单位：元

| 项目 | 房屋、建筑物 | 机器设备 | 运输工具 | 电子设备 | 其他 | 合计 |
|---|---|---|---|---|---|---|
| 一、账面原值： | | | | | | |
| 1.期初余额 | 2,002,543,122.11 | 973,050,146.13 | 51,770,202.47 | 79,720,404.98 | 3,552,201.17 | 3,110,636,076.86 |
| 2.本期增加金额 | 668,488,417.33 | 550,676,043.89 | 11,753,970.01 | 17,297,099.65 | 256,502.38 | 1,248,472,033.26 |
| （1）购置 | 4,462,233.26 | 21,087,881.82 | 11,753,970.01 | 15,864,094.20 | 256,502.38 | 53,424,681.67 |
| （2）在建工程转入 | 664,026,184.07 | 529,588,162.07 | | 1,433,005.45 | | 1,195,047,351.59 |
| （3）企业合并增加 | | | | | | |
| 3.本期减少金额 | 34,873,682.19 | 14,259,820.10 | 4,308,090.21 | 6,154,332.06 | 15,577.84 | 59,611,502.40 |
| （1）处置或报废 | 9,929,002.73 | 8,823,510.48 | 4,308,090.21 | 6,154,332.06 | 15,577.84 | 29,230,513.32 |
| （2）转出 | 24,944,679.46 | | | | | 24,944,679.46 |
| （3）其他 | | 5,436,309.62 | | | | 5,436,309.62 |
| 4.期末余额 | 2,636,157,857.25 | 1,509,466,369.92 | 59,216,082.27 | 90,863,172.57 | 3,793,125.71 | 4,299,496,607.72 |
| 二、累计折旧 | | | | | | |
| 1.期初余额 | 397,827,336.96 | 550,962,266.39 | 29,040,217.47 | 54,835,749.17 | 2,667,502.23 | 1,035,333,072.22 |

图7.23　云南白药(000538)2020年的固定资产原值和累计折旧的数据信息

下面来计算云南白药 (000538) 的固定资产损失率。

本期盘亏、毁损固定资产价值 =1035333072.22( 元 )

期初固定资产总额 =3110636076.86( 元 )

固定资产损失率 =1035333072.22÷3110636076.86×100%=33.28%

固定资产损失率，反映的是企业固定资产盘亏及毁损而造成的固定资产损失程度。在分析时，应查清原因，分清责任，并根据分析结果采取相应的改进措施，以减少、杜绝盘亏毁损现象。

## 7.7.7 固定资产净值率

固定资产净值率，又称固定资产有用系数，是指企业固定资产净值与固定资产原值的比率。固定资产净值率反映的是固定资产的新旧程度，其计算公式为

$$固定资产净值率=固定资产净值÷固定资产原值×100\%$$

$$其中固定资产净值=固定资产原值-累计折旧。$$

下面来计算云南白药 (000538) 的固定资产净值率。

$$固定资产净值率=(3110636076.86-1035333072.22)÷3110636076.86$$
$$×100\%=66.72\%$$

> 提醒：这些数据在图7.23中可以找到。

固定资产净值率值越大，表明公司的经营条件相对较好；反之，则表明公司固定资产较旧，需投资进行维护和更新，经营条件相对较差。

## 7.8 短期偿债能力的分析

短期偿债能力是指企业偿还流动负债的能力。短期偿债能力的强弱取决于流动资产的流动性，即资产转换成现金的速度。企业流动资产的流动性越强，相应的短期偿债能力也越强。

短期偿债能力的分析主要是研究流动资产与流动负债之间的关系，不太强调获利能力的重要性，这是由于流动资产在短期内可以转换为现金用于偿付流动负债。

短期偿债能力的衡量指标有 5 个，分别是营运资金、流动比率、速动比率、现金比率和企业支付能力系数。

## 7.8.1 营运资金

营运资金是指流动资产减去流动负债后的差额，也称净营运资本，表示企业的流动资产在偿还全部流动负债后还有多少剩余。营运资金计算公式为

$$营运资金 = 流动资产 - 流动负债$$

2020 年 12 月 31 日，云南白药 (000538) 的流动资产为 492.61 亿元；流动负债为 156.37 亿元。

▶ 🔊 **提醒**：流动资产和流动负债在资产负债表中可以找到相应数据。

营运资金 = 流动资产 − 流动负债 =492.61-156.37=336.24 亿元。

从财务角度看，如果流动资产高于流动负债，表示企业具有一定的短期偿付能力。该指标越高，表示企业可用于偿还流动负债的资金越充足，企业的短期偿付能力越强，企业所面临的短期流动性风险越小，债权人安全程度越高。

因此，可将营运资本作为衡量企业短期偿债能力的绝对数指标。对营运资金指标进行分析，可以从静态上评价企业当期的短期偿债能力状况，也可从动态上评价企业不同时期短期偿债能力的变动情况。

## 7.8.2 流动比率

流动比率是指流动资产与流动负债的比率，表示每 1 元的流动负债有多少流动资产作为偿还保证。其计算公式为

$$流动比率 = 流动资产 \div 流动负债 \times 100\%$$

2020 年 12 月 31 日，云南白药 (000538) 的流动比率计算结果为

流动比率 =492.61÷156.37×100%=315.028%

一般认为，或从债权人立场上说，流动比率越高越好，表示企业的偿付能力越强，企业所面临的短期流动性风险越小，债权越有保障，借出的资金越安全。但从经营者和所有者角度看，并不一定要求流动比率越高越好，在偿债能力允许的范围内，根据经营需要，进行负债经营也是现代企业经营的策略之一。

因此，从一般经验看，流动比率为 200% 时，即可认为是比较合适的。此时，企业的短期偿债能力较强，对企业的经营也比较有利。

对流动比率的分析，可以从静态和动态两个方面进行。从静态上分析，就是计算并分析某一时点的流动比率，同时可将其与同行业的平均流动比率进行比较；从动态上分析，就是将不同时点的流动比率进行对比，研究流动比率变动的特点及其合理性。

### 7.8.3 速动比率

速动比率是指企业的速动资产与流动负债的比率，用来衡量企业流动资产中速动资产变现偿付流动负债的能力。其计算公式为

$$速动比率 = 速动资产 \div 流动负债 \times 100\%$$

其中，速动资产 = 流动资产 – 存货

2020 年 12 月 31 日，云南白药 (000538) 的存货信息如图 7.24 所示。

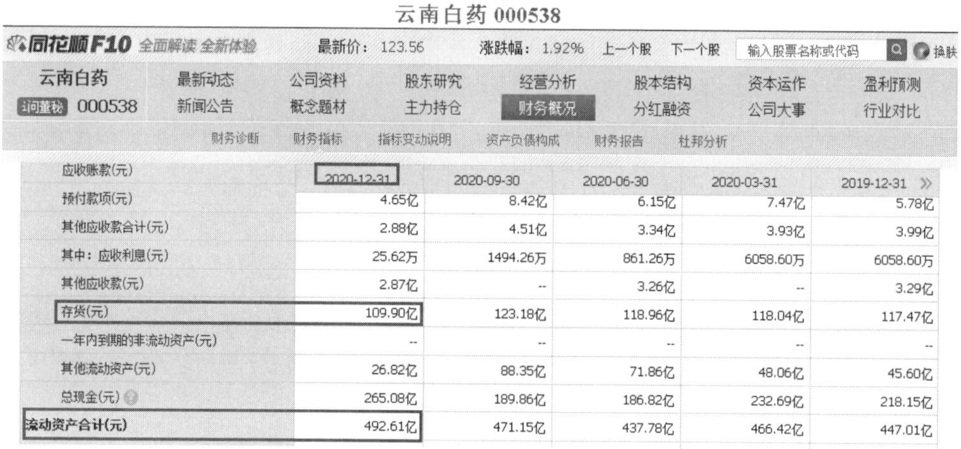

云南白药 000538

图7.24 云南白药(000538)的存货信息

2020 年 12 月 31 日，云南白药 (000538) 的速动比率计算如下。

速动比率 =( 流动资产 - 存货 )÷ 流动负债 =(492.61-109.90)÷156.37×100% =244.746%

速动比率可以用作流动比率的辅助指标。用速动比率来评价企业的短期偿债能力，消除了存货等变现能力较差的流动资产项目的影响，可以部分地弥补流动比率指标存在的缺陷。在一些存货等项目短期变现弱的企业，流动比率较高时，流动资产中可以立即变现用来支付债务的资产较少，其偿债能力也不理想；反之，在一些流动资产项目短期变现能力高的的企业，即使速动比率较低，但流动资产中的大部分项目都可以在较短的时间内转化为现金，其偿债能力也会很强。所以，不能单纯地说流动比率与速动比率哪一个更准确，应将两者结合起来，结合企业的具体情况而论。

一般认为，在企业的全部流动资产中，存货大约占 50%。所以，速动比率的一般标准为 100%，就是说，每 1 元的流动负债，都有 1 元几乎可以立即变现的资产来偿付。如果速动比率低于 100%，一般认为偿债能力较差，但分析时还要结合其他因素进行评价。

# 7.8.4 现金比率

现金比率是企业现金类资产与流动负债的比率。现金类资产包括企业所拥有的货币资金和持有的有价证券(即资产负债表中的短期投资)。它是速动资产扣除应收账款后的余额,由于应收账款存在着发生坏账损失的可能,某些到期的账款也不一定能按时收回,因此速动资产扣除应收账款后计算出来的金额,最能反映企业直接偿付流动负债的能力。现金比率的计算公式为

$$现金比率=现金类资产÷流动负债×100\%$$

$$=(货币资金+有价证券或短期投资)÷流动负债×100\%$$

$$=(速动资产-应收账款)÷流动负债×100\%$$

$$=(流动资产-存货-应收账款)÷流动负债×100\%$$

2020 年 12 月 31 日,云南白药 (000538) 的应收账款信息如图 7.25 所示。

云南白药 000538

| | 最新动态 | 公司资料 | 股东研究 | 经营分析 | 股本结构 | 资本运作 | 盈利预测 |
|---|---|---|---|---|---|---|---|
| 云南白药 000538 | 新闻公告 | 概念题材 | 主力持仓 | 财务概况 | 分红融资 | 公司大事 | 行业对比 |

| | 2020-12-31 | 2020-09-30 | 2020-06-30 | 2020-03-31 | 2019-12-31 |
|---|---|---|---|---|---|
| 交易性金融资产(元) | | | | | |
| 应收票据及应收账款(元) | 65.82亿 | 51.82亿 | 40.57亿 | 51.76亿 | 38.46亿 |
| 其中:应收票据(元) | 30.27亿 | 23.67亿 | 15.95亿 | 24.97亿 | 18.08亿 |
| 应收账款(元) | 35.54亿 | 28.15亿 | 24.62亿 | 26.80亿 | 20.38亿 |
| 预付款项(元) | 4.65亿 | 8.42亿 | 6.15亿 | 7.47亿 | 5.78亿 |
| 其他应收款合计(元) | 2.88亿 | 4.51亿 | 3.34亿 | 3.93亿 | 3.99亿 |
| 其中:应收利息(元) | 25.62万 | 1494.26万 | 861.26万 | 6058.60万 | 6058.60万 |
| 其他应收款(元) | 2.87亿 | | 3.26亿 | -- | 3.29亿 |
| 存货(元) | 109.90亿 | 123.18亿 | 118.96亿 | 118.04亿 | 117.47亿 |
| 一年内到期的非流动资产(元) | -- | -- | -- | -- | -- |
| 其他流动资产(元) | 26.82亿 | 88.35亿 | 71.86亿 | 48.06亿 | 45.60亿 |
| 总现金(元) | 265.08亿 | 189.86亿 | 186.82亿 | 232.69亿 | 218.15亿 |
| 流动资产合计(元) | 492.61亿 | 471.15亿 | 437.78亿 | 466.42亿 | 447.01亿 |

图7.25 云南白药(000538)的应收账款信息

2020 年 12 月 31 日,云南白药 (000538) 的现金比率计算如下。

现金比率 = 现金类资产 ÷ 流动负债 =( 流动资产 − 存货 − 应收账款 )÷ 流动负债 =(492.61−109.90−35.54)÷156.37×100%=22.2%

虽然现金比率最能反映企业直接偿付流动负债的能力,现金比率越高,说明企业偿债能力越强。但是,如果企业保留过多的现金类资产,现金比率过高,就意味着企业流动负债未能合理地运用,经常以获得能力低的现金类资产维持负债能力,

这会导致企业机会成本的增加。通常现金比率保持在 30% 左右为宜。

## 7.8.5 企业支付能力系数

企业支付能力系数是反映企业短期偿债能力的重要指标。根据企业支付能力反映的具体时间的差异，支付能力系数可以分为期末支付能力系数和近期支付能力系数两种。

1) 期末支付能力系数

期末支付能力系数是指期末货币资金额与急需支付款项之比。其计算公式为

$$期末支付能力系数=期末货币资金\div急需支付款项$$

其中，急需支付款项包括逾期未缴款项、逾期银行借款、逾期应付款项等。该指标大于或等于 1，说明企业有支付能力；反之，说明企业支付能力差。期末支付能力系数的值越低，说明企业支付能力越差。

2) 近期支付能力系数

近期支付能力系数是指在近期可用于支付的资金与近期需要支付的资金之间的比值。其计算公式为

$$近期支付能力系数=近期可用于支付的资金\div近期需要支付的资金$$

近期支付能力系数指标在计算时必须注意以下 4 个问题。

第一，这里所说的近期，可根据企业的实际支付情况而定，可以是 3 天、5 天，也可 10 天或半月，当然也可计算企业当天的支付能力。

第二，该指标分子和分母的口径应一致，即分子和分母所说的近期相同。企业可用于支付的资金数额，包括现金、银行存款、近期可收回的应收款、近期现销收入、其他可收回的资金等。

第三，近期需要支付的资金，是指到最后支付时点企业需要支付的资金数额，包括已经到期需要归还的各种负债、近期将要到期的负债，以及近期其他应付款或预交款等。

第四，企业近期支付能力系数对于评价企业短期或近期的偿债能力状况和财务状况有着重要的作用。当近期支付能力系数大于或等于 1 时，说明企业近期支付能力较好；反之，则说明企业近期支付能力较差。该指标越低，说明近期支付能力越差。

## 7.9 长期偿债能力的分析

长期偿债能力是指企业对债务的承受能力和对偿还债务的保障能力。长期偿债能力的强弱是反映企业财务安全和稳定程度的重要指标。

长期偿债能力的衡量指标有两个，分别是资产负债率和利息保证系数，如图 7.26 所示。

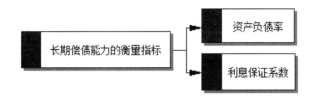

图7.26　长期偿债能力的衡量指标

## 7.9.1 资产负债率

资产负债率是负债总额和资产总额之比值，表明债权人所提供的资金占企业全部资产的比重，揭示企业出资者对债权人债务的保障程度，因此该指标是分析企业长期偿债能力的重要指标。

2020 年 12 月 31 日，云南白药 (000538) 的负债总额为 168.75 亿元，资产总额为 552.19 亿元，下面来计算资产负债率。

> 📶提醒：负债总额和资产总额在资产负债表中可以找到相应数据。

资产负债率 = 负债总额 ÷ 资产总额 ×100%=168.75÷552.19×100%=30.56%

资产负债率保持在哪个水平才能说明企业拥有长期偿债能力，不同的债权人有不同的意见。较高的资产负债率，在效益较好、资金流转稳定的企业是可以接受的，因这种企业具备偿还债务本息的能力；在盈利状况不稳定或经营管理水平不稳定的企业，则说明企业没有偿还债务的保障，不稳定的经营收益难以保证按期支付固定的利息，企业的长期偿债能力较低。作为企业经营者，也应当寻求资产负债率的适当比值，既要能保持长期偿债能力，又要最大限度地利用外部资金。

一般认为，债权人投入企业的资金不应高于企业所有者投入企业的资金。如果债权人投入企业的资金比所有者多，则意味着收益固定的债权人却承担了企业较大的风险，而收益随经营好坏而变化的企业所有者却承担着较少的风险。

## 7.9.2 利息保证系数

利息保证系数，是企业纳税付息前收益与年付息额之比，反映的是企业经营活动承担利息支出的能力。纳税付息前收益（或息税前收益）也称经营收益，是一个很重要的概念。其重要性至少表现在以下三个方面。

第一，该指标能够更加准确地反映和比较不同负债及权益结构企业的生产经营活动成果。因为该指标使对生产经营活动的盈利计算剔除了因利息支出这一与企业筹资方式有关而与企业经营活动的效益关系不直接因素的影响。

第二，由于从实现利润中同时剔除了上缴所得税的数额，因而该指标同净利润指标相比，剔除了所得税率的影响，能够更准确地反映出不同税负企业的经营活动收益。

第三，该指标把利息支出从日常生产经营活动支出中分离出来，突出反映了企业金融活动的资金成本。

## 7.10 总资产营运能力的分析

总资产营运能力用于衡量企业组织、管理和营运整个资产的能力和效率。分析总资产周转率及其驱动因素，通过优化是资产结构和提高各类资产利用率，是加强企业资产管理、提高资金利用效益的重要方法。

### 7.10.1 总资产周转率

总资产周转率是指企业在一定时期内营业收入净额同平均资产总额的比值，其计算公式为

$$总资产周转率(次) = 营业收入净额 \div 平均资产总额$$

$$其中平均资产总额 = (期初资产余额 + 期末资产余额) \div 2$$

$$总资产周转率(天) = 360 \div 总资产周转率(次)$$

云南白药 (000538)2020 年的营业收入净额为 32742766763.79 元，期初资产余额为 40073479655.69 元，期末资产余额为 41449216095.58 元，如图 7.27 所示。

| 项目 | 2020 年度 | 2019 年度 |
| --- | --- | --- |
| 所有者权益合计 | 26,125,154,898.31 | 24,918,912,066.97 |
| 负债和所有者权益总计 | 41,449,216,095.58 | 40,073,479,655.69 |

**3、合并利润表**

单位：元

| 项目 | 2020 年度 | 2019 年度 |
| --- | --- | --- |
| 一、营业总收入 | 32,742,766,763.79 | 29,664,673,868.68 |
| 其中：营业收入 | 32,742,766,763.79 | 29,664,673,868.68 |

(a)云南白药(000538)2020年的营业收入净额

| 110 / 245 | | | | | |
|---|---|---|---|---|---|
| 长期待摊费用 | | 17,117,214.72 | | 24,924,589.97 |
| 递延所得税资产 | | 256,815,051.01 | | 216,504,321.05 |
| 其他非流动资产 | | | | |
| 非流动资产合计 | | 5,063,001,876.94 | | 4,767,639,318.73 |
| 资产总计 | | 41,449,216,095.58 | | 40,073,479,655.69 |

(b)云南白药(000538)2020年的期初资产余额和期末资产余额

图7.27　云南白药(000538)2017年的财务报表数据

下面来计算总资产周转率。

总资产周转率(次)=营业收入净额÷平均资产总额=32742766763.79÷[(40073479655.69+41449216095.58)÷2]=0.8032(次)

总资产周转率(天)=360÷0.8032≈448(天)

总资产周转率是综合评价企业全部资产经营质量和利用效率的重要指标。周转率越大,说明总资产周转越快,反映出销售能力越强。企业可以通过薄利多销的办法,加速资产的周转,带来利润绝对额的增加。

下面来看一下总资产周转率的分析方法。总资产周转率的分析方法有两种,分别是总资产周转率的行业分析和资产周转率的趋势分析,如图 7.28 所示。

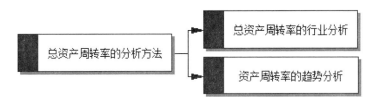

图7.28　总资产周转率的分析方法

1) 总资产周转率的行业分析

资产周转率的分析方法主要采用比较法。一般进行同业比较,即同行业之间的比较。它可以是与同行业的平均水平相比,也可以是与同行业先进水平相比。前者反映的是在行业中的一般状况,后者反映的是与行业先进水平的距离或者是在行业中的领先地位。企业实际分析时可根据需要选择比较标准。

2) 资产周转率的趋势分析

由于资产周转率指标中的资产数据是一个时点数,极易受偶然因素的干扰甚至人为的修饰。因此,要弄清企业资产周转率的真实状况,先应对其进行趋势分析,即对同一个企业各个时期的资产周转率的变化加以对比分析,以掌握其发展规律和发展趋势。

## 7.10.2 总资产营运能力的影响因素

总资产营运能力的影响因素有 4 种，分别是主营业务收入和各营运资产占用额、行业及经营背景、经营周期、资产的构成及质量，如图 7.29 所示。

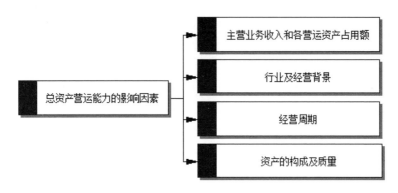

图7.29　总资产营运能力的影响因素

1) 主营业务收入和各营运资产占用额

要提高企业总资产营运能力，首先应安排好各项资产的合理比例，尤其是流动资产与固定资产的比例关系，防止流动资产或固定资产出现闲置现象。其次应提高各项资产的利用程度，尤其是流动资产中的应收账款、存货项目和固定资产的利用效率。

固定资产利用效率的提高主要取决于固定资产是否全部投入使用，投入使用的固定资产是否都满负荷运行。为此必须结合企业的生产能力、生产规模确定固定资产的投资规模：最后，应做到在总资产规模不变的前提下尽可能地扩大销售收入。实现的主营业务收入越多，则资产运用效率越好。

2) 行业及经营背景

不同的行业有不同的资产占用标准，比如制造业需要占用大量的机器设备、原材料、产成品等，服务业特别是劳动密集型企业或知识型的服务业，除人力资源外，资产占用量很少。资金占用量大，资金周转就慢；资金占用量少，资金周转就快。

另外，企业的经营背景不同，其资金周转也呈现不同趋势：越是采用落后的、传统的经营和管理方式，其资金周转相对越慢，而在现代经营管理模式下，资产管理的周转加速许多。

3) 经营周期

经营周期（即营业周期）的长短，可以反映资产的运用效率，通过应收账款周转天数和存货周转天数之和可以简化计算出营业周期。营业周期越短，资产的流动性越强，企业实现的销售次数越多，销售收入累计额越多，资金周转相对越快，反之亦然。

4) 资产的构成及质量

企业的资产按其变现速度及价值转移形式不同，可分为流动资产和非流动资产。流动资产通常属于短期资产，非流动资产通常属于长期资产。企业在一定时点上的资产总量，是企业取得收入和利润的基础。当企业的长期资产、固定资产占用过多或出现有问题资产、资产质量不高时，就会形成资金积压，资产流动性低下，以至营运资金不足。

另外，流动资产的数量和质量通常决定着企业变现能力的强弱，而非流动资产的数量和质量则通常决定着企业的生产经营能力。非流动资产只有伴随着产品的销售才能形成销售收入。在资产总量一定的情况下，非流动资产所占比重越大，企业实现的周转价值越小，资产的周转速度越慢。反之亦然。

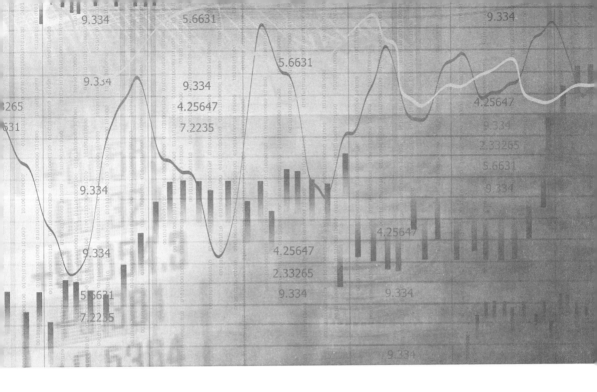

# 第8章

## 价值投资的利润表分析

通过资产负债表，投资者对上市公司的资产结构、资产质量有了一定了解。但上市公司的盈利状况究竟如何，就必须靠利润表了。利润表是上市公司经营业绩的综合体现，又是进行利润分配的重要依据。阅读利润表的重点在于了解该报表的主体构成、变动趋势和相关的要素构成。本章首先讲解利润表的基本关系及作用，然后讲解收入类各项目、费用类各项目、利润类各项目，接着讲解利润表的运用技巧，最后讲解盈利能力的分析和折旧费的分析。

## 8.1 初识利润表

利润表主要提供企业一定会计期间经营成果方面的信息，如同一张考卷，加分的是收入，扣分的是费用，加减相抵后得到的是成绩，即利润。

### 8.1.1 利润表的基本关系

利润表是根据"收入－费用＝利润"的基本关系来编制的，其具体内容取决于收入、费用、利润等会计要素及其内容，利润表项目是收入、费用和利润要素内容的具体体现。从反映企业经营资金运动的角度看，它是一种反映企业经营资金动态表现的报表，主要提供有关企业经营成果方面的信息，属于动态会计报表。

通过利润表，投资者可以对上市公司的经营业绩、管理的成功程度作出评估，从而评价自己的投资价值和报酬。

打开同花顺炒股软件，输入"云南白药"的代码 000538，然后回车，就可以查看云南白药 (000538) 的日 K 线图。接着按下键盘上的"F10"键，就可以看到云南白药 (000538) 的个股资料信息。

在个股资料信息中，单击"财务概况"，再单击"财务报告"，就可以看到云南白药 (000538) 的财务报告，如图 8.1 所示。

图8.1 云南白药(000538)的财务报告

单击 2020 年年报对应的按钮，就可以打开网页，显示云南白药集团股份有限公司 2020 年年度报告。向下拖动垂直滚动条，就可以看到云南白药 (000538) 的利润表，如图 8.2 所示。

在这里可以看到云南白药 (000538)2020 年营业总收入为 32742766763.79 元。

还可以看到云南白药 (000538)2020 年营业总成本为 28425124997.72 元。

向下拖动滚动条，就可以看到云南白药 (000538)2017 年的其他收入，即其他收益、投资收益、汇兑收益、净敞口套期收益、公允价值变动收益、信用减值损失、资产

减值损失、资产处置收益，如图 8.3 所示。

图8.2　云南白药(000538)的利润表

图8.3　云南白药(000538)2017年的其他收入

这样，云南白药 (000538)2020 年收入＝营业总收入＋其他收入＝营业总收入＋其他收益＋投资收益＋汇兑收益＋净敞口套期收益＋公允价值变动收益＋信用减值损失＋资产减值损失＋资产处置收益＝32742766763.79+178560697.88+392173282.77＋0＋0＋2240368643.38-205456429.36- 125480222.61+14195251.06=35237127986.91 元。

下面来利用利润表的基本关系"收入 – 费用＝利润"来验证利润表的准确性，即验证云南白药 (000538)2020 年营业利润。

营业利润＝收入 – 费用＝35237127986.91 – 28425124997.72 ＝ 6812002989.19 元。通过图 8.3 可以看到，与利润表中的营业利润（本期发生额）是相同的，这表明利润表数据是正确的。

## 8.1.2 利润表的作用

利润表的作用主要表现在 3 个方面，具体如下所述。

第一，可以反映企业一定会计期间收入的实现情况，如实现的营业收入有多少、实现的投资收益有多少、实现的营业外收入有多少等。

第二，可以反映一定会计期间的费用耗费情况，如耗费的营业成本有多少、营业税金及附加有多少及销售费用、管理费用、财务费用各有多少、营业外支出有多少等。

第三，可以反映企业生产经营活动的成果，即净利润的实现情况，据以判断资本保值、增值等情况。

# 8.2 收入类各项目

利润表有三个要素，分别是收入、费用和利润，其中收入就是经济活动中经济利益的总流入。

## 8.2.1 营业总收入类项目

在利润表中，营业总收入类项目包括 4 种，分别是营业收入、利息收入、已赚保费、手续费及佣金收入，如图 8.4 所示。

| | | 单位：元 |
|---|---|---|
| 项目 | 2020 年度 | 2019 年度 |
| 一、营业总收入 | 32,742,766,763.79 | 29,664,673,868.68 |
| 其中：营业收入 | 32,742,766,763.79 | 29,664,673,868.68 |
| 利息收入 | | |
| 已赚保费 | | |

111

云南白药集团股份有限公司 2020 年年度报告全文

| | | |
|---|---|---|
| 手续费及佣金收入 | | |

图8.4　营业总收入类项目

1) 营业收入

营业收入是指企业在从事销售商品，提供劳务和让渡资产使用权等日常经营业
务过程中所形成的经济利益的总流入，其计算公式为

$$营业收入=主营业务收入+其他业务收入$$

$$或营业收入=产品销售量(或服务量)\times 产品单价(或服务单价)$$

云南白药 (000538)2020 年的主营业务收入和其他业务收入，如图 8.5 所示。

3)、由于重大会计差错更正，影响期初未分配利润 0 元。

4)、由于同一控制导致的合并范围变更，影响期初未分配利润 0 元。

5)、其他调整合计影响期初未分配利润 0 元。

**44、营业收入和营业成本**

单位：元

| 项目 | 本期发生额 | | 上期发生额 | |
|---|---|---|---|---|
| | 收入 | 成本 | 收入 | 成本 |
| 主营业务 | 32,695,579,665.45 | 23,621,742,929.02 | 29,585,212,987.52 | 21,161,587,190.26 |
| 其他业务 | 47,187,098.34 | 34,135,205.54 | 79,460,881.16 | 29,777,161.14 |
| 合计 | 32,742,766,763.79 | 23,655,878,134.56 | 29,664,673,868.68 | 21,191,364,351.40 |

经审计扣除非经常损益前后净利润孰低是否为负值

图8.5　云南白药(000538)2020年的主营业务收入和其他业务收入

> 提醒：这里的收入合计，就是利润表营业收入，可以验证利润表主表中数据的正确性。

通常在营业收入管理中主要应考虑以下几项影响因素，即价格与销售量、销售退回、销售折扣、销售折让。

销售退回是指在产品已经销售，营业收入已经实现以后，由于购货方对收到货物的品种或质量不满意，或者因为其他原因而向企业退货，企业向购货方退回货款。

销售折扣是企业根据客户的订货数量和付款时间而给予的折扣或给予客户的价格优惠。按折扣方式可分为现金折扣和商业折扣。

现金折扣是企业给予在规定的日期以前付款的客户的价格优惠，这种折扣是企业为了尽快收回款项而采取的一种手段。

商业折扣是在公布的价格之外给予客户一定比例的价格折扣，通常是企业出于稳定客户关系，扩大销售量的目的。

销售折让是企业向客户交付商品后，因商品的品种、规格或质量等不符合合同的规定，经企业与客户协商，客户同意接受商品，而企业在价格上给予一定比例的减让。

营业收入的意义有3项，具体如下所述。

第一，营业收入是企业补偿生产经营耗费的资金来源。营业收入的实现关系到企业生产活动的正常进行，加强营业收入管理，可以使企业的各种耗费得到合理补偿，有利于再生产活动的顺利进行。

第二，营业收入是企业的主要经营成果，是企业取得利润的重要保障。加强营业收入管理是实现企业财务目标的重要手段之一。

第三，营业收入是企业现金流入量的重要组成部分。加强营业收入管理，可以促使企业深入研究和了解市场需求的变化，以便作出正确的经营决策，避免盲目生产，这样可以提高企业的素质，增强企业的竞争力。

2) 利息收入

利息收入是指纳税人购买各种债券等有价证券的利息，外单位欠款付给的利息以及其他利息收入。

利息收入包括购买各种债券等有价证券的利息，如购买国库券，重点企业建设债券、国家保值公债以及政府部门和企业发放的各类有价证券；企业各项存款所取得的利息；外单位欠本企业款而取得的利息；其他利息收入等。

3) 已赚保费

已赚保费是对保费收入在剔除分保及保单获取成本后，在权责发生制下的表现形式，其直接影响保险公司的利润。即保单存续期内某一时点，已过保险期间收取的保费收入。

例如，1月1日起保的保单，签单保费为100元，保险期限1年，则在6月30日，保费收入为100元，已赚保费为100×1/2=50元。

4) 手续费及佣金收入

手续费及佣金收入是指公司为客户办理各种业务收取的手续费及佣金收入，包括办理咨询业务、担保业务、代保管等代理业务以及办理投资业务等取得的手续费及佣金，如业务代办手续费收入、咨询服务收入、担保收入、资产管理收入、代保管收入，代理买卖证券、代理承销证券、代理兑付证券、代理保管证券等代理业务以及其他相关服务实现的手续费及佣金收入等。

## 8.2.2 其他收入类项目

在利润表中，其他收入类项目包括8种，分别是其他收益、投资收益、汇兑收益、净敞口套期收益、公允价值变动收益、信用减值损失、资产减值损失、资产处置收益，如图8.6所示。

| 利息收入 | | 419,112,255.11 | 249,053,463.07 |
|---|---|---|---|
| 加：其他收益 | | 178,560,697.88 | 217,671,644.31 |
| | 投资收益（损失以"-"号填列） | 392,173,282.77 | 1,470,474,492.25 |
| | 其中：对联营企业和合营企业的投资收益 | 6,308,122.23 | 13,267,232.73 |
| | 以摊余成本计量的金融资产终止确认收益 | | -2,121,791.71 |
| 汇兑收益（损失以"-"号填列） | | | |
| 净敞口套期收益（损失以"-"号填列） | | | |
| 公允价值变动收益（损失以"-"号填列） | | 2,240,368,643.38 | 226,835,564.21 |
| 信用减值损失（损失以"-"号填列） | | -205,456,429.36 | -88,199,318.42 |
| 资产减值损失（损失以"-"号填列） | | -125,480,222.61 | -200,978,910.75 |
| 资产处置收益（损失以"-"号填列） | | 14,195,251.06 | 12,357,042.96 |

图8.6 其他收入类项目

1) 其他收益

其他收益主要是指政策的补助，如与收益相关的政府补助、与资产相关的政府补助，还包括其他，如图8.7所示。

其中合计 = 与收益相关的政府补助 + 与资产相关的政府补助 + 其他 = 145915525.19+ 32195984.25+449188.44 = 178560697.88(元)。需要注意的是，利润表中的其他收益指的是合计。

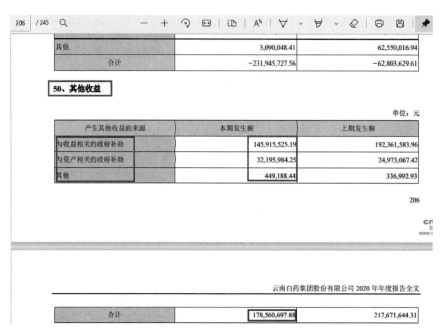

图8.7　其他收益

2) 投资收益

投资收益是对外投资所取得的利润、股利和债券利息等收入减去投资损失后的净收益。严格地讲，所谓投资收益是指以项目为边界的货币收入等。

云南白药 (000538)2020 年的投资收益，如图 8.8 所示。

图8.8　云南白药(000538)2020年的投资收益

需要注意的是,合计就是所有项目发生额的和,这样可以验证表中数据的正确性。另外,合计中的数,要与利润表中的投资收益对应的数相同,这可以验证利润表的主表中数据的正确性。

3) 汇兑收益

汇兑收益是指用记账本位币,按照不同的汇率报告相同数量的外币而产生的差额。简单地说,就是公司的外币货币性项目和非货币性项目因汇率变动,在折算成本币时造成的损益。

4) 净敞口套期收益

简单地说就是指公司签订了外汇净头寸进行套期,确认为套期工具,经过一段时间后,这个套期工具升值了。升值部分就是净敞口套期收益。

5) 公允价值变动收益

公允价值变动收益是指以公允价值计量且其变动计入当期损益的交易性金融资产的一个科目。在资产负债表中,"交易性金融资产"的公允价值高于其账面价值的差额,应借记"交易性金融资产－公允价值变动",贷记"公允价值变动损益",公允价值低于其账面价值的差额,则做相反的分录。你也可以像理解"投资收益"这个科目一样去理解"公允价值变动损益"。

云南白药(000538)2020年的公允价值变动收益,如图8.9所示。

| 207 / 245 |

52、净敞口套期收益:无

53、公允价值变动收益

单位:元

| 产生公允价值变动收益的来源 | 本期发生额 | 上期发生额 |
|---|---|---|
| 交易性金融资产 | 2,307,275,450.16 | 393,919,955.56 |
| 其他非流动金融资产 | -66,906,806.78 | -167,084,391.35 |
| 合计 | 2,240,368,643.38 | 226,835,564.21 |

图8.9　云南白药(000538)2020年的公允价值变动收益

需要注意的是,合计就是所有项目发生额的和,这样可以验证表中数据的正确性。另外,合计中的数,要与利润表中的公允价值变动收益对应的数相同,这可以验证利润表的主表中数据的正确性。

6) 信用减值损失

信用减值损失是企业因购货人拒付、破产、死亡等原因无法收回而遭受的损失。云南白药(000538)2020年的信用减值损失,如图8.10所示。

需要注意的是,合计就是所有项目发生额的和,这样可以验证表中数据的正确性。另外,合计中的数,要与利润表中的信用减值损失对应的数相同,这可以验证利润表的主表中数据的正确性。

207 / 245

54、信用减值损失

单位：元

| 项目 | 本期发生额 | 上期发生额 |
|---|---|---|
| 其他应收款坏账损失 | -106,914,160.97 | -67,803,788.03 |
| 应收账款坏账损失 | -98,542,268.39 | -20,395,530.39 |
| 合计 | -205,456,429.36 | -88,199,318.42 |

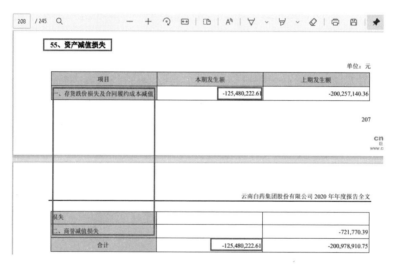

图8.10　云南白药(000538)2020年的信用减值损失

7) 资产减值损失

资产减值损失是指因资产的可回收金额低于其账面价值而造成的损失。云南白药 (000538)2020 年的信用资产损失，如图 8.11 所示。

208 / 245

55、资产减值损失

单位：元

| 项目 | 本期发生额 | 上期发生额 |
|---|---|---|
| 一、存货跌价损失及合同履约成本减值损失 | -125,480,222.61 | -200,257,140.36 |
| 二、商誉减值损失 | | -721,770.39 |
| 合计 | -125,480,222.61 | -200,978,910.75 |

207

云南白药集团股份有限公司 2020 年年度报告全文

图8.11　云南白药(000538)2020年的资产减值损失

需要注意的是，合计就是所有项目发生额的和，这样可以验证表中数据的正确性。另外，合计中的数，要与利润表中的资产减值损失对应的数相同，这可以验证利润表的主表中数据的正确性。

8) 资产处置收益

资产处置收益反映的是企业出售划分为持有待售的非流动资产（金融工具、长期股权投资和投资性房地产除外）时确认的处置利得或损失，以及处置未划分为持有待售的固定资产、在建工程、生产性生物资产及无形资产而产生的处置利得或损失。债务重组中因处置非流动资产产生的利得或损失和非货币性资产交换产生的利得或损失也包括在本项目内。

云南白药 (000538)2020 年的资产处置收益，如图 8.12 所示。

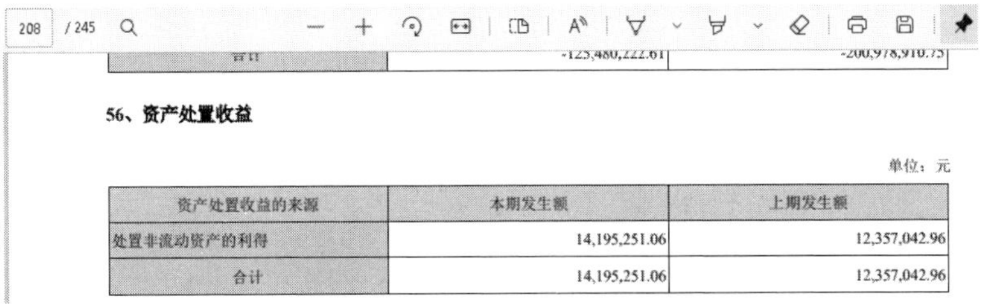
208 / 245

| | | |
|---|---|---|
| 合计 | -125,480,222.61 | -200,978,910.75 |

56、资产处置收益

单位：元

| 资产处置收益的来源 | 本期发生额 | 上期发生额 |
|---|---|---|
| 处置非流动资产的利得 | 14,195,251.06 | 12,357,042.96 |
| 合计 | 14,195,251.06 | 12,357,042.96 |

图8.12　云南白药(000538)2020年的资产处置收益

需要注意的是，合计中的数，要与利润表中的资产处置收益的数相同，这可以用来验证利润表的主表中数据的正确性。

## 8.3 费用类各项目

在利润表的三个要素 ( 收入、费用和利润 ) 中，费用是经济活动中经济利益的总消耗。在利润表中，营业总成本类项目包括 13 种，分别是营业成本、利息支出、手续费及佣金支出、退保金、赔付支出净额、提取保险责任合同准备金净额、保单红利支出、分保费用、税金及附加、销售费用、管理费用、研发费用、财务费用，如图 8.13 所示。

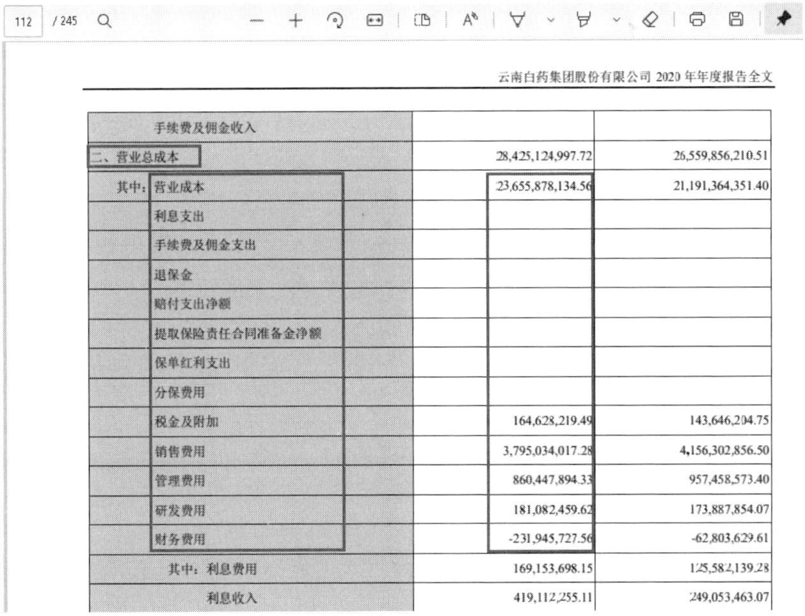
112 / 245

云南白药集团股份有限公司 2020 年年度报告全文

| | | |
|---|---|---|
| 手续费及佣金收入 | | |
| 二、营业总成本 | 28,425,124,997.72 | 26,559,856,210.51 |
| 其中：营业成本 | 23,655,878,134.56 | 21,191,364,351.40 |
| 利息支出 | | |
| 手续费及佣金支出 | | |
| 退保金 | | |
| 赔付支出净额 | | |
| 提取保险责任合同准备金净额 | | |
| 保单红利支出 | | |
| 分保费用 | | |
| 税金及附加 | 164,628,219.49 | 143,646,204.75 |
| 销售费用 | 3,795,034,017.28 | 4,156,302,856.50 |
| 管理费用 | 860,447,894.33 | 957,458,573.40 |
| 研发费用 | 181,082,459.62 | 173,887,854.07 |
| 财务费用 | -231,945,727.56 | -62,803,629.61 |
| 其中：利息费用 | 169,153,698.15 | 125,582,139.28 |
| 利息收入 | 419,112,255.11 | 249,053,463.07 |

图8.13　费用类各项目

## 8.3.1 营业成本和利息支出

营业成本是指企业所销售商品或者提供劳务的成本。营业成本应当与所销售商品或者所提供劳务而取得的收入进行配比。营业成本主要包括主营业务成本、其他业务成本。云南白药 (000538)2020 年的营业成本，如图 8.14 所示。

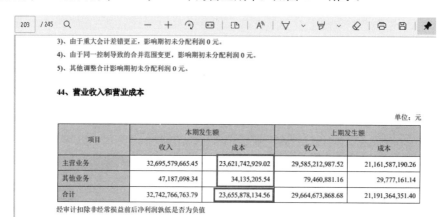

图8.14　云南白药(000538)2020年的营业成本

需要注意的是，合计就是所有项目发生额的和，这样可以验证表中数据的正确性。另外，合计中的数，要与利润表中的营业成本对应的数相同，这可以验证利润表的主表中数据的正确性。

利息支出是指临时借款的利息支出。在以收付实现制作为记账基础的前提条件下，所谓支出应以实际支付为标准，即资金流出，标志着现金、银行存款的减少。就利息支出而言，给个人账户计息，其资金并没有流出，现金、银行存款并没有减少，因此，给个人计息不应作为利息支出列支。

## 8.3.2 手续费及佣金支出、退保金和赔付支出净额

手续费及佣金支出是指主要核算企业（金融）发生的与其经营活动相关的各项手续费、佣金等支出。

退保金是指公司经营的长期人身保险业务中，投保人办理退保时，按保险条款规定支付给投保人的金额。投保人解除合同时，已交足两年以上保险费的，保险人应当在接到解除合同通知之日起三十日内，退还保险单的现金价值；未交足两年保险费的，保险人按照合同约定在扣除手续费后，退还保险费。

赔付支出净额是指保险企业支付的原保险合同和再保险合同赔付款项减去摊

回后的净额。

### 8.3.3 提取保险责任合同准备金净额、保单红利支出和分保费用

提取保险责任合同准备金净额是指保险企业提取的保险合同的相关准备金减去摊回后的净额。

保单红利支出是根据原保险合同的约定，按照分红保险产品的红利分配方法及有关计算结果而估算，支付给保单持有人的红利。

分保费用是办理初保业务的保险公司向其他保险公司分保保险业务，在向对方支付分保费的同时，向对方收取的一定费用，用以弥补初保人的费用支出。

### 8.3.4 税金及附加

税金及附加反映的是企业经营的主要业务应负担的消费税、城市维护建设税、教育费附加、房产税、土地使用税、印花税等。

消费税是国家为了调节消费结构，正确引导消费方向，在普遍征收增值税的基础上，选择部分消费品，再征收一道消费税。消费税实行价内征收，企业交纳的消费税计入销售税金，用以抵减产品销售收入。

城市维护建设税是为了加强城市的维护建设，扩大和稳定城市维护建设资金的来源，国家开征的城市维护建设税。

教育费附加是国家为了发展我国的教育事业，提高人民的文化素质而征收的一项费用。这项费用按照企业交纳流转税的一定比例计算，并与流转税一起交纳。

房产税是以房屋为征税对象，按房屋的计税余值或租金收入为计税依据，向产权所有人征收的一种财产税。

土地使用税一般指城镇土地使用税。城镇土地使用税是指国家在城市、县城、建制镇、工矿区范围内，对使用土地的单位和个人，以其实际占用的土地面积为计税依据，按照规定的税额计算征收的一种税。

印花税是对经济活动和经济交往中订立、领受具有法律效力的凭证的行为所征收的一种税。云南白药 (000538)2020 年的税金及附加，如图 8.15 所示。

需要注意的是，合计就是所有项目发生额的和，这样可以验证表中数据的正确性。另外，合计中的数，要与利润表中的税金及附加对应的数相同，这可以验证利润表的主表中数据的正确性。

45、税金及附加

单位：元

| 项目 | 本期发生额 | 上期发生额 |
|---|---|---|
| 消费税 | 228,873.89 | 261,457.75 |
| 城市维护建设税 | 70,917,589.74 | 60,462,040.11 |
| 教育费附加 | 31,094,680.97 | 26,319,984.02 |
| 房产税 | 14,547,756.40 | 16,551,645.02 |
| 土地使用税 | 10,287,228.32 | 10,067,795.91 |
| 印花税 | 16,633,048.78 | 12,099,208.69 |
| 地方教育费附加 | 20,729,488.08 | 17,546,178.46 |
| 其他 | 189,553.31 | 337,894.79 |
| 合计 | 164,628,219.49 | 143,646,204.75 |

图8.15　云南白药(000538)2020年的税金及附加

## 8.3.5 销售费用和管理费用

销售费用是指企业在销售产品、自制半成品和提供劳务等过程中发生的各项费用。包括由企业负担的市场维护费、职工薪酬、广告宣传费、运输装卸费、策划服务费、委托代销手续费、展览费、租赁费（不含融资租赁费）和销售服务费、销售部门人员工资、医院综合管理费、制作费、租赁费、差旅费、样品费、办公费、促销费、物料消耗、服务费、仓储费等。云南白药(000538)2020年的销售费用，如图8.16所示。

| 项目 | 本期发生额 | 上期发生额 |
|---|---|---|
| 市场维护费 | 1,673,913,449.67 | 1,653,005,632.43 |
| 职工薪酬 | 985,772,302.01 | 995,845,637.82 |
| 广告宣传费 | 526,557,472.83 | 539,117,796.42 |
| 运输装卸费 | 22,490,728.05 | 297,805,147.41 |
| 策划服务费 | 68,715,322.90 | 96,252,855.27 |
| 医院综合管理费 | 132,452,690.50 | 139,221,685.19 |
| 制作费 | 34,792,250.70 | 53,745,579.55 |
| 租赁费 | 77,178,940.70 | 73,499,929.65 |
| 差旅费 | 55,281,922.92 | 71,611,467.50 |
| 样品费 | 12,874,540.92 | 43,793,226.47 |
| 办公费 | 52,377,318.61 | 51,675,862.37 |
| 促销费 | 32,478,344.66 | 23,135,876.47 |
| 物料消耗 | 12,012,736.23 | 17,643,751.24 |
| 服务费 | 7,833,158.52 | 13,443,059.54 |
| 仓储费 | 14,056,190.34 | 13,051,931.50 |
| 其他 | 86,246,647.72 | 73,453,417.67 |
| 合计 | 3,795,034,017.28 | 4,156,302,856.50 |

图8.16　云南白药(000538)2020年的销售费用

需要注意的是，合计就是所有项目发生额的和，这样可以验证表中数据的正确性。另外，合计中的数，要与利润表中的销售费用对应的数相同，这可以验证利润表的主表中数据的正确性。

管理费用是指企业行政管理部门为组织和管理生产经营活动而发生的各项费用。管理费用属于期间费用，在发生的当期就可计入当期的损失或是利益。云南白药(000538)2020 年的管理费用，如图 8.17 所示。

205 / 245

47、管理费用

单位：元

| 项目 | 本期发生额 | 上期发生额 |
|---|---|---|
| 职工薪酬 | 527,889,107.38 | 469,639,842.99 |
| 股份支付费用 | 104,622,721.96 | 165,479,180.00 |
| 中介机构服务费 | 49,582,816.13 | 90,152,821.16 |
| 折旧与摊销 | 86,555,129.04 | 77,993,678.24 |
| 业务招待费 | 14,760,734.59 | 14,803,419.41 |
| 广告及宣传费 | 8,361,576.08 | 11,867,440.40 |
| 技术服务费 | 5,125,516.30 | 6,967,199.61 |
| 办公费 | 8,686,858.56 | 5,739,989.24 |
| 差旅费 | 3,212,221.62 | 5,602,449.66 |
| 安保及清洁费 | 5,787,692.11 | 5,201,143.03 |
| 绿化、排污费 | 4,979,461.41 | 4,618,814.86 |
| 租赁费 | 6,005,357.39 | 3,817,924.35 |
| 水电及物业管理费 | 4,506,874.65 | 3,372,346.49 |
| 其他 | 30,371,827.11 | 92,202,323.96 |
| 合计 | 860,447,894.33 | 957,458,573.40 |

205

云南白药集团股份有限公司 2020 年年度报告全文

图8.17 云南白药(000538)2020年的管理费用

需要注意的是，合计就是所有项目发生额的和，这样可以验证表中数据的正确性。另外，合计中的数，要与利润表中的管理费用对应的数相同，这可以验证利润表的主表中数据的正确性。

## 8.3.6 研发费用和财务费用

研发费用是指研究与开发某项目所支付的费用，包括职工薪酬、材料消耗及检查费、折旧及摊销、委托研发费用、新产品设计费等。云南白药 (000538)2020 年的研发费用，如图 8.18 所示。

| 项目 | 本期发生额 | 上期发生额 |
|---|---|---|
| 合计 | 860,447,894.33 | 957,458,573.40 |

48、研发费用

单位：元

| 项目 | 本期发生额 | 上期发生额 |
|---|---|---|
| 职工薪酬 | 83,141,033.82 | 56,387,989.36 |
| 材料消耗及检查费 | 34,251,784.33 | 43,870,824.10 |
| 折旧及摊销 | 4,990,552.34 | 9,165,522.00 |
| 委托研发费用 | 21,209,702.90 | 27,050,997.32 |
| 新产品设计费 | 21,625,323.09 | 13,745,233.47 |
| 其他费用 | 15,864,063.14 | 23,667,287.82 |
| 合计 | 181,082,459.62 | 173,887,854.07 |

图8.18　云南白药(000538)2020年的研发费用

需要注意的是，合计就是所有项目发生额的和，这样可以验证表中数据的正确性。另外，合计中的数，要与利润表中的研发费用对应的数相同，这可以验证利润表的主表中数据的正确性。

财务费用是指企业在生产经营过程中为筹集资金而发生的筹资费用。包括企业生产经营期间发生的利息支出（减利息收入）、汇兑损益（有的企业如商品流通企业、保险企业进行单独核算，不包括在财务费用）、金融机构手续费，企业发生的现金折扣或收到的现金折扣等。云南白药(000538)2020 年的财务费用，如图 8.19所示。

| 项目 | 本期发生额 | 上期发生额 |
|---|---|---|
| 合计 | 181,082,459.62 | 173,887,854.07 |

49、财务费用

单位：元

| 项目 | 本期发生额 | 上期发生额 |
|---|---|---|
| 利息支出 | 169,153,698.15 | 125,582,139.28 |
| 减：利息收入 | 419,112,255.11 | 249,053,463.07 |
| 利息净支出 | -249,958,556.96 | -123,471,323.79 |
| 汇兑损失 | 38,923,893.05 | 35,669,753.71 |
| 减：汇兑收益 | 29,959,219.22 | 44,410,758.86 |
| 汇兑净损失 | 8,964,673.83 | -8,741,005.15 |
| 银行手续费 | 5,958,107.16 | 6,858,682.39 |
| 其他 | 3,090,048.41 | 62,550,016.94 |
| 合计 | -231,945,727.56 | -62,803,629.61 |

图8.19　云南白药(000538)2020年的财务费用

> 🔊 提醒：在寻找具有持续竞争优势的公司的过程中，公司的销售费用及一般管理费用越少越好。如果它们能一直保持较低的水平，那当然最好。从目前情况看，倘若一家公司能将此项费用比例保持在30%以下，这真令人欣喜。然而，不少具有持续竞争优势的公司，此项费用比例仍在30%~80%之间。另一方面，如果我们发现一个公司在这方面花费占毛利润的比例接近，甚至超过100%，那很可能是在跟一个处于高度竞争行业的公司打交道。因为，在这类行业里，没有任何公司具有可持续的竞争优势。巴菲特认识到，一定要远离这些总是受困于高额销售费用及一般管理花费的公司。他也知道，即使是此项费用保持较低水平的公司，它的长期经营前景也可能被其高昂的研发费用、高资本开支和大量债务所破坏。无论股价如何，他都对这类公司避而远之，因为他知道，它们的内在长期经济实力如此脆弱，即使股价较低，也不能使投资者扭转终身平庸的结局。

## 8.4 利润类各项目

在利润表的三个要素（收入、费用和利润）中，收入减去费用就形成了经济活动中的利润。利润是资金运用的结果，反映了企业的生产经营成果。

### 8.4.1 利润总额类项目

在利润表中，利润总额类项目包括营业利润、营业外收入、营业外支出，如图8.20所示。

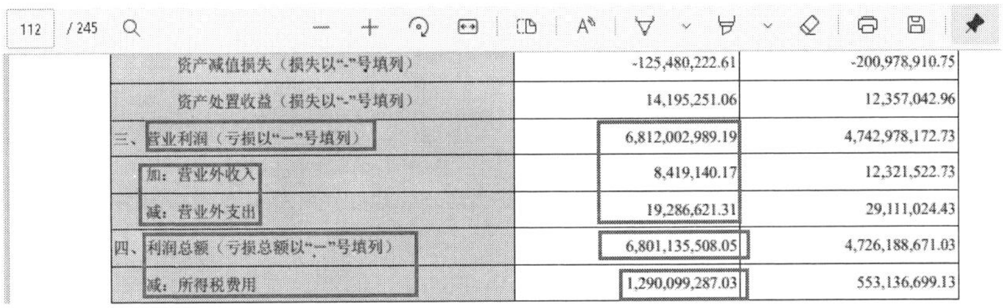

图8.20　利润总额类项目

1）营业利润

营业利润是企业最基本经营活动的成果，也是企业一定时期获得利润中最主要、最稳定的来源。其计算公式为

营业利润＝营业总收入＋其他收入－费用＝营业总收入＋其他收益＋投资收益＋汇兑收益＋净敞口套期收益＋公允价值变动收益＋信用减值损失＋资产减值损失＋资产处置收益－费用。

在 8.1.1 小节中已详细讲过，这里不再重复。

2) 营业外收入

营业外收入是指企业确认与企业生产经营活动没有直接关系的各种收入。营业外收入并不是由企业经营资金耗费所产生的，不需要企业付出代价，实际上是一种纯收入，不需要与有关费用进行配比。因此，在会计核算上，应当严格区分营业外收入与营业收入的界限。云南白药 (000538)2020 年的营业外收入，如图 8.21 所示。

**57、营业外收入**

单位：元

| 项目 | 本期发生额 | 上期发生额 | 计入当期非经常性损益的金额 |
|---|---|---|---|
| 政府补助 | | | |
| 非流动资产毁损报废利得 | | 40,720.37 | |
| 其中：固定资产 | | 40,720.37 | |
| 无形资产 | | | |
| 其他 | 8,419,140.17 | 12,280,802.36 | 8,419,140.17 |
| 合计 | 8,419,140.17 | 12,321,522.73 | 8,419,140.17 |

图8.21 云南白药(000538)2020年的营业外收入

3) 营业外支出

营业外支出是企业发生的与其日常活动无直接关系的各项支出，主要包括对外捐赠、非流动资产处置损失、无形资产等。云南白药 (000538)2020 年的营业外支出，如图 8.22 所示。

**58、营业外支出**

单位：元

| 项目 | 本期发生额 | 上期发生额 | 计入当期非经常性损益的金额 |
|---|---|---|---|
| 对外捐赠 | 7,226,385.98 | 6,275,131.00 | 7,226,385.98 |
| 非流动资产毁损报废损失 | 968,392.44 | 228,442.38 | 968,392.44 |
| 其中：固定资产 | 968,392.44 | 228,442.38 | 968,392.44 |
| 无形资产 | | | |
| 其他 | 11,091,842.89 | 22,607,451.05 | 11,091,842.89 |
| 合计 | 19,286,621.31 | 29,111,024.43 | 19,286,621.31 |

图8.22 云南白药(000538)2020年的营业外支出

4) 利润总额

利润总额是衡量企业经营业绩的一项十分重要的经济指标，其计算公式为

利润总额 = 营业利润 + 营业外收入 – 营业外支出 = 6812002989.19 + 8419140.17 –19286621.31 =6801135508.05 元。

## 8.4.2 净利润

净利润是一个企业经营的最终成果，净利润多，企业的经营效益就好；净利润少，企业的经营效益就差，它是衡量一个企业经营效益的主要指标。

净利润是指在利润总额中按规定交纳了所得税后公司的利润留成。净利润的多寡取决于两个因素，其一是利润总额，其二就是所得税费用，其计算公式为

$$净利润=利润总额-所得税费用$$

所得税费用是指企业经营利润应交纳的所得税，包括当期所得税费用和递延所得税费用。云南白药 (000538)2020 年的所得税费用，如图 8.23 所示。

图8.23  云南白药(000538)2020年的所得税费用

需要注意的是，合计就是所有项目发生额的和，这样可以验证表中数据的正确性。另外，合计中的数，要与利润表中的所得税费用对应的数相同，这可以验证利润表的主表中数据的正确性。

下面就可以计算云南白药 (000538)2020 年净利润 = 6801135508.05-1290099287.03=5511036221.02 元，如图 8.24 所示。

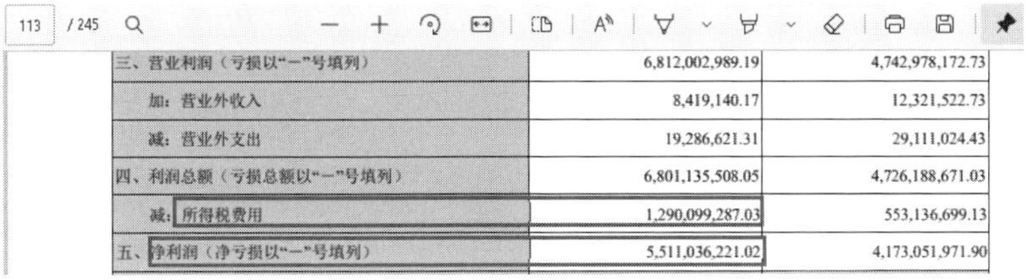

图8.24  云南白药(000538)2020年净利润

净利润按经营持续性分类，可分两种，分别是持续经营净利润和终止经营净利润，如图 8.25 所示。

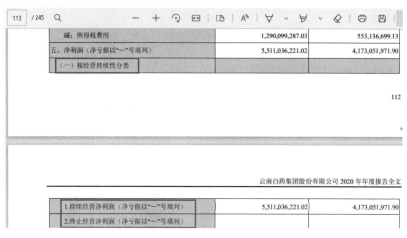

图8.25　净利润按经营持续性分类

提醒：净利润=持续经营净利润+终止经营净利润。

1) 持续经营净利润

持续经营净利润是指企业正常生产经营产生的净利润的金额。

2) 终止经营净利润

终止经营净利润是指企业终止生产经营相关的净利润的金额。

净利润按所有权归属分类，可分两种，分别是归属于母公司股东的净利润和少数股东损益，如图 8.26 所示。

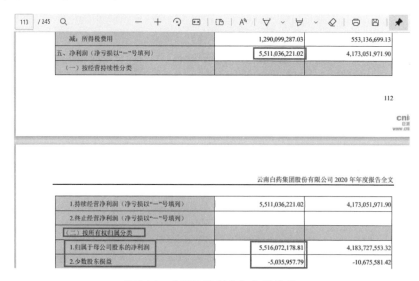

图8.26　净利润按所有权归属分类

> 📶 **提醒**：净利润=归属于母公司股东的净利润+少数股东损益。

下面举例说明净利润、归属于母公司股东的净利润、少数股东损益的关系。

例如，甲、乙、丙三家公司，甲为母公司，还是上市公司，净利润 20 亿元；乙为甲的全子公司，净利润 8 亿元；丙为甲的控股公司，甲持有丙 50% 的股份，净利润 12 亿元。这三家公司之间没有关联交易，财务报表合并时不需要抵消。

上市公司甲的年度财务报表中下列数据，我们来看看它是怎么计算的。

净利润 ＝ 甲 ＋ 乙 ＋ 丙 ＝ 20 + 8 + 12 ＝ 40 亿元，简单说就是在甲公司控股或参股下的公司利润总和。

归属于母公司所有者净利润 ＝ 甲 ＋ 乙 ＋ 丙 ＝ 20 + 8 + 12×50% ＝ 34 亿元，简单说就是属于甲公司的那部分。

少数股东损益 ＝ 40 － 34 ＝ 6 亿元，简单说就是不属于甲公司的那部分。

## 8.4.3 其他综合收益的税后净额

其他综合收益的税后净额包括两项，分别是归属母公司所有者其他综合收益的税后净额和归属于少数股东其他综合收益的税后净额。

归属母公司所有者的其他综合收益的税后净额又可分为两项，分别是以后不能重分类进损益的其他综合收益和以后将重分类进损益的其他综合收益。

1) 以后不能重分类进损益的其他综合收益

以后不能重分类进损益的其他综合收益又可分为 5 种，分别是重新计量设定受益计划变动额、权益法下不能转损益的其他综合收益、其他权益工具投资公允价值变动、企业自身信用风险公允价值变动和其他，如图 8.27 所示。

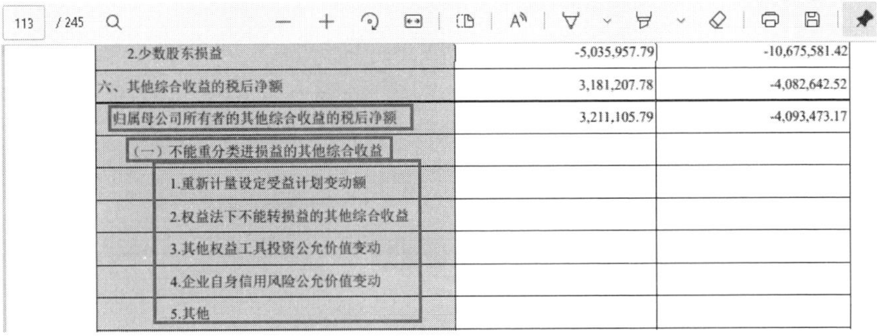

图8.27　以后不能重分类进损益的其他综合收益

> 📶提醒：以后不能重分类进损益的其他综合收益＝重新计量设定受益计划变动额+权益法下不能转损益的其他综合收益+其他权益工具投资公允价值变动+企业自身信用风险公允价值变动+其他＝0＋0＋0＋0＋0 =0。

2) 以后将重分类进损益的其他综合收益

以后将重分类进损益的其他综合收益又可分为 7 种，分别是权益法下可转损益的其他综合收益、其他债权投资公允价值变动、金融资产重分类计入其他综合收益的金额、其他债权投资信用减值准备、现金流量套期储备、外币财务报表折算差额和其他，如图 8.28 所示。

| | | |
|---|---|---|
| 2.少数股东损益 | -5,035,957.79 | -10,675,581.42 |
| 六、其他综合收益的税后净额 | 3,181,207.78 | -4,082,642.52 |
| 归属母公司所有者的其他综合收益的税后净额 | 3,211,105.79 | -4,093,473.17 |
| （一）不能重分类进损益的其他综合收益 | | |
| 1.重新计量设定受益计划变动额 | | |
| 2.权益法下不能转损益的其他综合收益 | | |
| 3.其他权益工具投资公允价值变动 | | |
| 4.企业自身信用风险公允价值变动 | | |
| 5.其他 | | |
| （二）将重分类进损益的其他综合收益 | 3,211,105.79 | -4,093,473.17 |
| 1.权益法下可转损益的其他综合收益 | 3,211,105.79 | -4,093,473.17 |
| 2.其他债权投资公允价值变动 | | |
| 3.金融资产重分类计入其他综合收益的金额 | | |
| 4.其他债权投资信用减值准备 | | |
| 5.现金流量套期储备 | | |
| 6.外币财务报表折算差额 | | |
| 7.其他 | | |
| 归属于少数股东的其他综合收益的税后净额 | -29,898.01 | 10,830.65 |

图8.28　以后将重分类进损益的其他综合收益

> 📶提醒：以后将重分类进损益的其他综合收益=权益法下可转损益的其他综合收益+其他债权投资公允价值变动+金融资产重分类计入其他综合收益的金额+其他债权投资信用减值准备+现金流量套期储备+外币财务报表折算差额+其他 =3211105.79＋0＋0＋0＋0＋0 = 3211105.79 。

下面来看一下其他综合收益的税后净额中的计算关系。

归属母公司所有者的其他综合收益的税后净额 = 以后不能重分类进损益的其他综合收益 + 以后将重分类进损益的其他综合收益 = 0＋3211105.79 = 3211105.79 。

其他综合收益的税后净额 = 归属母公司所有者的其他综合收益的税后净额 + 归属于少数股东的其他综合收益的税后净额 = 3211105.79–29898.01 = 3181207.78 。

## 8.4.4 综合收益总额

综合收益总额是企业净利润与其他综合收益的合计金额，其计算公式为

综合收益总额 = 净利润 + 其他综合收益的税后净额

下面以云南白药 (000538)2020 年综合收益总额为例讲解一下。

综合收益总额 = 净利润 + 其他综合收益的税后净额 = 5511036221.02 +3181207.78 = 5514217428.8 元，如图 8.29 所示。

| | | |
|---|---|---|
| 7.其他 | | |
| 归属于少数股东的其他综合收益的税后净额 | -29,898.01 | 10,830.65 |
| 七、综合收益总额 | 5,514,217,428.80 | 4,168,969,329.38 |
| 归属于母公司所有者的综合收益总额 | 5,519,283,284.60 | 4,179,634,080.15 |
| 归属于少数股东的综合收益总额 | -5,065,855.80 | -10,664,750.77 |

图8.29　云南白药(000538)2020年综合收益总额

综合收益总额可分为两类，分别是归属于母公司所有者的综合收益总额和归属于少数股东的综合收益总额。

需要注意的是，综合收益总额 = 归属于母公司所有者的综合收益总额 + 归属于少数股东的综合收益总额 = 5519283284.6 +(-5065855.8) = 5514217428.8 元。

## 8.4.5 每股收益

每股收益即每股盈利 (EPS)，又称每股税后利润、每股盈余，指税后利润与股本总数的比率。是普通股股东每持有一股所能享有的企业净利润或需承担的企业净亏损，如图 8.30 所示。

| | | |
|---|---|---|
| 归属于少数股东的综合收益总额 | -5,065,855.80 | -10,664,750.77 |
| 八、每股收益： | | |
| （一）基本每股收益 | 4.32 | 3.28 |
| （二）稀释每股收益 | 4.31 | 3.28 |

图8.30　每股收益

每股收益可分为两种，分别是基本每股收益和稀释每股收益。

1) 基本每股收益

基本每股收益是指企业应当按照属于普通股股东的当期净利润，除以发行在外普通股的加权平均数从而计算出的每股收益，其计算公式为

基本每股收益＝净利润÷总股本

需要注意的是，这里的净利润是归属于母公司所有者的净利润，云南白药(000538)2020 年的归属于母公司所有者的净利润为 5516072178.81 元≈ 55.16 亿元，如图 8.31 所示。

| | | |
|---|---|---|
| 减：所得税费用 | 1,290,099,287.03 | 553,136,699.13 |
| 五、净利润（净亏损以"－"号填列） | 5,511,036,221.02 | 4,173,051,971.90 |
| （一）按经营持续性分类 | | |

云南白药集团股份有限公司 2020 年年度报告全文

| | | |
|---|---|---|
| 1.持续经营净利润（净亏损以"－"号填列） | 5,511,036,221.02 | 4,173,051,971.90 |
| 2.终止经营净利润（净亏损以"－"号填列） | | |
| （二）按所有权归属分类 | | |
| 1.归属于母公司股东的净利润 | 5,516,072,178.81 | 4,183,727,553.32 |
| 2.少数股东损益 | -5,035,957.79 | -10,675,581.42 |

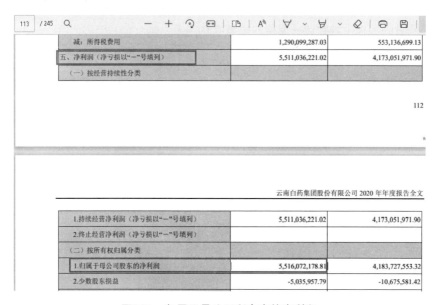

图8.31　归属于母公司所有者的净利润

下面再来看一下云南白药 (000538) 的总股本。打开同花顺炒股软件，输入“云南白药”的代码 000538，然后回车，就可以查看云南白药 (000538) 的日 K 线图。接着按下键盘上的“F10”键，就可以看到云南白药 (000538) 的个股资料信息。

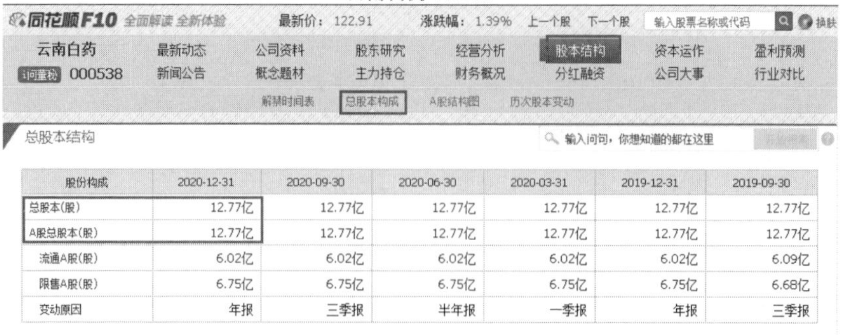

在个股资料信息中，单击“股本结构”，再单击“总股本构成”，就可以看到总股本为 12.77 亿股，如图 8.32 所示。

云南白药 000538

总股本结构

| 股份构成 | 2020-12-31 | 2020-09-30 | 2020-06-30 | 2020-03-31 | 2019-12-31 | 2019-09-30 |
|---|---|---|---|---|---|---|
| 总股本(股) | 12.77亿 | 12.77亿 | 12.77亿 | 12.77亿 | 12.77亿 | 12.77亿 |
| A股总股本(股) | 12.77亿 | 12.77亿 | 12.77亿 | 12.77亿 | 12.77亿 | 12.77亿 |
| 流通A股(股) | 6.02亿 | 6.02亿 | 6.02亿 | 6.02亿 | 6.02亿 | 6.09亿 |
| 限售A股(股) | 6.75亿 | 6.75亿 | 6.75亿 | 6.75亿 | 6.75亿 | 6.68亿 |
| 变动原因 | 年报 | 三季报 | 半年报 | 一季报 | 年报 | 三季报 |

图8.32　总股本

云南白药 (000538)2020 年基本每股收益的本期发生额 = 净利润 ÷ 总股本 =55.16÷12.77=4.319498825 ≈ 4.32 元。

2) 稀释每股收益

稀释每股收益是以基本每股收益为基础，假设企业所有发行在外的稀释性潜在普通股均已转换为普通股，从而分别调整归属于普通股股东的当期净利润以及发行在外普通股的加权平均数计算而得的每股收益。

存在稀释性潜在普通股的，应当计算稀释每股收益。潜在普通股主要包括可转换公司债券、认股权证和股份期权等。如果没有潜在普通股，稀释每股收益 = 基本每股收益。

## 8.5 利润表的运用技巧

在利润表中，如果收入大于费用，余额就是净利润，这表明企业是赚钱的；如果费用大于收入，余额就是净亏损，这表明企业亏钱了。

### 8.5.1 通过利润表可以看到的信息

投资者通过利润表可以获得有关企业经营成果的信息。具体来说，利润表是把一定期间的营业收入与其同一会计期间相关的销售费用进行运算，以计算企业一定时期的净利润或净亏损。

通过利润表，投资者可以了解企业的盈利情况，具体的几个方面如下所述。

第一，主营业利润是多少？

第二，营业利润是多少？

第三，期间费用对营业利润有多大影响？

第四，利润总额是多少？

第五，交纳所有税有多少？

第六，净利润有多少？

第七，有哪些主要因素影响净利润？

### 8.5.2 看利润表的方法与技巧

利润表是一张动态报表，反映的是企业一个时期的状况，它会告诉投资者企业利润的来龙去脉。

1) 利用净利润看企业是盈利还是亏损

很多投资者都喜欢利用利润表中的净利润项来看企业是盈利，还是亏损。如果企业的净利润为正值，说明这段时间的收入大于费用，是盈利的；如果企业的净利润为负值，说明这段时间的收入小于费用，是亏损的，所有者权益受到损失。

下面是云南白药 (000538) 的利润表，在这里可以看到云南白药 (000538)2019 年和 2020 年的净利润分别是 4173051971.90 元和 5511036221.02 元，都为正数，说明企业是盈利的，如图 8.33 所示。

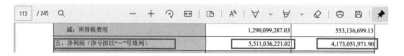

图8.33　利用净利润看企业是盈利还是亏损

2) 看企业的钱是从哪里赚到的

通过净利润项可以看到，云南白药 (000538) 是盈利的，下面来看一下这些钱是从哪里赚来的。

第一，看营业收入、营业费用、营业利润。营业利润永远是商业经济活动中的行为目标，没有足够的利润企业就无法继续生存，没有足够的利润，企业就无法继续扩大发展。

企业的营业收入出现了上升，导致营业成本也随着上升，但是成本没有收入上升得多，故企业营业利润仍为增长状态，说明企业的经营状况良好，如图 8.34 所示。

**3、合并利润表**

单位：元

| 项目 | 2020 年度 | 2019 年度 |
|---|---|---|
| 一、营业总收入 | 32,742,766,763.79 | 29,664,673,868.68 |
| 其中：营业收入 | 32,742,766,763.79 | 29,664,673,868.68 |
| 利息收入 | | |
| 已赚保费 | | |

111

云南白药集团股份有限公司 2020 年年度报告全文

| | | |
|---|---|---|
| 手续费及佣金收入 | | |
| 二、营业总成本 | 28,425,124,997.72 | 26,559,856,210.51 |
| 其中：营业成本 | 23,655,878,134.56 | 21,191,364,351.40 |
| 利息支出 | | |

(a) 营业收入和营业费用

| 112 / 245 | | |
|---|---|---|
| 公允价值变动收益（损失以"—"号填列） | 2,240,368,643.38 | 226,835,564.21 |
| 信用减值损失（损失以"—"号填列） | -205,456,429.36 | -88,199,318.42 |
| 资产减值损失（损失以"—"号填列） | -125,480,222.61 | -200,978,910.75 |
| 资产处置收益（损失以"—"号填列） | 14,195,251.06 | 12,357,042.96 |
| 三、营业利润（亏损以"—"号填列） | 6,812,002,989.19 | 4,742,978,172.73 |

(a)营业利润

图8.34 营业收入、营业费用和营业利润

第二，看利润总额项。如果企业的利润总额为正数，说明企业是盈利的，即企业经营得不错，如图 8.35 所示。

| 113 / 245 | | |
|---|---|---|
| 三、营业利润（亏损以"—"号填列） | 6,812,002,989.19 | 4,742,978,172.73 |
| 加：营业外收入 | 8,419,140.17 | 12,321,522.75 |
| 减：营业外支出 | 19,286,621.31 | 29,111,024.43 |
| 四、利润总额（亏损总额以"—"号填列） | 6,801,135,508.05 | 4,726,188,671.03 |
| 减：所得税费用 | 1,290,099,287.03 | 553,136,699.13 |

图8.35 利润总额

3) 评价企业满意程度

在企业内部管理中使用的利润表至少要披露 3 项数据信息，分别是本期数、上期数和本期预算数。

首先，将本期的利润数与上期的利润数对比，看是否满意。

其次，应将本期的利润数与本期的利润预算数进行对比，看是否令人满意。

4) 查看利润表各项数据的变化趋势

首先查看销售额增加了吗？

其次看各项费用是增加了，还是下降了？

最后查看各项利润是稳步增加，还是大起大落？

企业销售额增加说明业务在发展，而销售额下降说明业务在萎缩。各项费用都在增加，这样利润就会减少；如果各项费用都在减少，那么企业利润就会增加。所以，观察、对比利润表各项目，对于分析利润目标实现的程度具有重要作用。

# 8.6 赢利能力的分析

盈利能力的分析是企业财务分析的重点，财务结构分析、偿债能力分析等其根

本目的是通过分析及时发现问题，改善企业财务结构，提高企业偿债能力、经营能力，最终提高企业的盈利能力，促进企业持续稳定地发展。

对企业盈利能力的分析主要指对利润率的分析。因为尽管利润额的分析可以说明企业财务成果的增减变动状况及其原因，为改善企业经营管理指明了方向，但是，由于利润额受企业规模或投入总量的影响较大，一方面使不同规模的企业之间不便于对比；另一方面它也不能准确地反映企业的盈利能力和盈利水平。因此，仅进行利润额分析一般不能满足各方面对财务信息的要求，还必须对利润率进行分析。

盈利能力分析的指标主要有 5 项，分别是销售毛利率、销售净利率、总资产报酬率、净资产收益率和资本保值增值率，如图 8.36 所示。

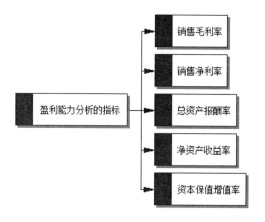

图8.36　盈利能力分析的指标

## 8.6.1 销售毛利率

销售毛利率是指销售毛利占销售收入的百分比，简称为毛利率，其中销售毛利是销售收入与销售成本的差额。销售毛利率的计算公式为

$$销售毛利率=销售毛利÷销售收入×100\%=(销售收入-销售成本)÷销售收入×100\%$$

其中，销售收入=销售量×单位售价；销售成本=销售量×单位成本

从上述公式中可以看出，增加销售收入或者降低生产成本都可以提高毛利率。又因为产品价格影响销售数量，进而影响销售收入，所以说，该指标主要反映了成本控制和产品定价有关的问题。

下面来看一下云南白药 (000538)2020 年的销售毛利率。2020 年的销售收入（营业收入) 为 32742766763.79 元, 销售成本 (营业成本) 为 23655878134.56 元, 如图 8.37 所示。

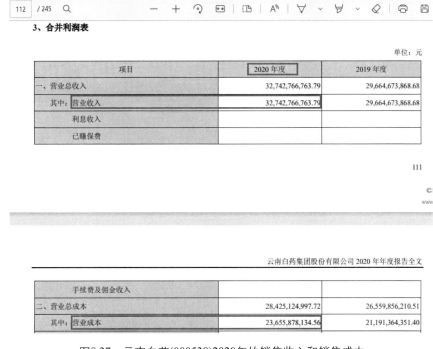

图8.37　云南白药(000538)2020年的销售收入和销售成本

云南白药 (000538)2020 年的销售毛利率 = ( 销售收入 – 销售成本 )÷ 销售收入 × 100% = (32742766763.79 - 23655878134.56 )÷32742766763.79 ×100%　= 27.75%。

在云南白药 (000538) 的个股资料中, 单击 "财务概况", 再单击 "财务指标", 然后单击 "按年度" 选项卡, 就可以看到最近几年的销售毛利率, 如图 8.38 所示。

图8.38　云南白药(000538)最近几年的销售毛利率

1) 销售毛利率的分析

销售毛利率, 表示每 1 元销售收入扣除销售成本后, 有多少钱可以用于各项期间费用和形成盈利。

销售毛利率是销售净利率的基础，没有足够多的毛利率便不能盈利。销售毛利率越高，说明企业销售成本在销售收入净额中所占的比重越小，在期间费用和其他业务利润一定的前提下，营业利润就越高。销售毛利率还与企业的竞争力和企业所处的行业有关。

2) 使用销售毛利率指标的意义

销售毛利率指标主要根据企业的利润表项目计算得出，投资者、审计人员或公司经理等报表使用者可从中分析得出自己所需要的企业信息。使用销售毛利率指标的意义主要表现在 6 个方面，具体如下所述。

第一，销售毛利率有助于选择投资方向。价值型投资理念在中国证券市场逐渐确立其地位，而公司盈利能力则是反映公司价值的一个重要指标。企业的盈利能力越强，则其给予股东的回报越高，企业价值越大。在分析盈利能力时要注重公司主营业务的盈利能力。销售毛利率是上市公司的重要经营指标，能反映公司产品的竞争力和获利潜力。它反映了企业产品销售的初始获利能力，是企业净利润的起点，没有足够高的毛利率便不能获得较大的盈利。与同行业比较，如果公司的毛利率显著高于同业水平，说明公司产品附加值高，产品定价高，或与同行比较公司存在成本上的优势，有竞争力。与历史比较，如果公司的毛利率显著提高，则可能是公司所在行业处于复苏时期，产品价格大幅上升。在这种情况下投资者需考虑这种价格的上升是否能持续，公司将来的盈利能力是否有保证。相反，如果公司毛利率显著降低，则可能是公司所在行业竞争激烈，毛利率下降往往伴随着价格战的爆发或成本的失控，这种现象预示着产品盈利能力的下降。

第二，毛利率指标有助于预测企业的发展、衡量企业的成长性。在分析企业主营业务的盈利空间和变化趋势时，销售毛利率是一个重要指标。该指标的优点在于可以对企业某一主要产品或主要业务的盈利状况进行分析，这对于判断企业核心竞争力的变化趋势及其企业成长性极有帮助。

第三，销售毛利率有助于发现企业是否隐瞒销售收入或者虚报销售成本。有些单位逃税避税经常用的手法是隐瞒销售收入或者通过虚报进货额虚增销售成本。一般而言，除非有计划地同时隐瞒销售收入和销售成本，否则少报利润的结果将反映为销售毛利的异常。同理，根据计算公司毛利率指标，观察其波动是否在正常范围内，可以推测公司是否有通过虚报销售收入和隐瞒销售成本虚增利润之嫌。当然，这只是引起销售毛利率异常的原因之一，在分析时应考虑影响毛利率变动的其他因素，比如市场环境的变化、企业经营品种的变化、市场地理环境的变化等因素。

第四，销售毛利率有助于评价经理人员经营业绩。现代企业所有权与经营权分离，企业经理人员的薪酬要和它自身的业绩挂钩。因为产品销售毛利率的提高可在一定程度上反映产品获利能力的增加，所以它可以作为衡量经理人员经营业绩的指标之一。企业所有者可据以制订相应的薪酬激励计划，以便充分发挥经理人员的工作积极性。

第五，毛利率指标有助于合理预测企业的核心竞争力。在分析企业主营业务的盈利空间和变化趋势时，销售毛利率是一个重要指标。该指标的优点在于可以对企业某一主要产品或主要业务的盈利状况进行分析，这对于判断企业核心竞争力的变化趋势极有帮助。

第六，有助于发现公司潜在的问题。通过销售毛利率的变动，可以发现企业近期的经营业绩的好坏，及时找出经营管理中存在的问题，提高企业的经营管理水平，加强企业内部经营管理。

3) 销售毛利率的比较分析

销售毛利率的比较分析有三种方法，分别是因素分析、结构比较分析、同业比较分析。

因素分析即对同一企业不同时期之间或不同企业同一时期之间的销售毛利率差异原因所进行的分析。企业的销售毛利率与主营业务收入成正比关系，与销售成本成反比关系，可以从这两个影响因素入手，分析毛利率发生变化的原因。

结构比较分析是从销售毛利率的构成要素及其结构比重的变动情况进行的分析，旨在更进一步分析毛利率增减变动的具体原因。

同业比较分析是将某企业的毛利率指标与同行业的其他企业进行对比分析，可以发现企业获利能力的相对强弱程度，从而更好地评价企业获利能力的状况。

4) 股神巴菲特对毛利润的见解

巴菲特的观点是只有具备某种可持续性竞争优势的公司才能在长期运营中一直保持赢利。他发现，比起缺乏长期竞争力的公司，那些拥有良好长期经济原动力和竞争优势的公司往往具有持续较高的毛利率。

巴菲特认为，具有持续竞争优势而保持较高毛利率的企业包括可口可乐公司，一直保持 60% 或者更高的毛利率，债券评级公司穆迪的毛利率是 73%，伯灵顿北方圣太菲铁路运输公司的毛利率为 61%，箭牌公司的毛利率为 51%。

相对于我们所熟知的这些优质企业，那些长期经济运行不太良好的公司，其毛利率就相形见绌了。例如：濒临破产的美国航空公司，它的毛利率仅为 14%；陷入困境的汽车制造商——通用汽车制造公司，其毛利率只有 21%；曾经陷入困境，但现在已经扭亏为盈的美国钢铁公司的毛利率为 17%；一年四季都在运营的固特异轮胎公司，在经济状况不太良好时，毛利率也只有 20%。

一般情况下，毛利率在 40% 及以上的公司，大都具有某种可持续性竞争优势；

而毛利率低于 40% 的公司，则一般都处于高度竞争的行业，因为竞争会削弱行业总利润率。如果一个行业的毛利率低于 20%( 含 20%)，显然说明这个行业存在着过度竞争。在此类行业中，没有一家公司能在同行竞争中创造出可持续性的竞争优势。处在过度竞争行业的公司，由于缺乏某种特殊竞争优势，无法为投资者带来财富。

毛利率指标检验并非万无一失，它只是一个早期检验指标，一些陷入困境的公司也可能具备持久竞争优势。因此，巴菲特特别强调"持久性"这个词，出于稳妥考虑，我们应该查找公司在过去 10 年的年毛利率，以确保其具有"持续性"。巴菲特知道在寻找稳定竞争优势的公司时，必须注意持续性这一前提。

毛利率较高的公司也有可能会误入歧途，并且丧失其长期竞争优势，一是过高的研究费用，二是过高的销售和管理费用，三是过高的债务利息支出。这三种费用中的任何一种如果过高，都有可能削弱企业的长期经济原动力。这些被称为营业费用，它们是所有公司的眼中钉。

## 8.6.2 销售净利率

销售净利率表示企业每元产品或商品销售收入净额所能实现的利润净额为多少，销售净利率与净利润成正比，与销售收入成反比，公司在提高销售收入的同时，只有更多地增加净利润，才能提高销售净利率。

销售净利率反映的是公司销售收入的盈利水平。销售净利率是净利润与销售收入净额的比率，是指企业实现净利润与销售收入的对比关系，用以衡量企业在一定时期的销售收入获取的能力，以及该指标费用能够取得多少营业利润。销售净利率计算公式为

$$销售净利润率 = 净利润 \div 销售收入净额 \times 100\%$$

$$其中净利润 = 毛利润 - 成本$$

下面来看一下云南白药 (000538)2020 年的销售净利率。2020 年的销售收入 ( 营业收入 ) 为 32742766763.79 元，净利润为 5511036221.02 元，如图 8.39 所示。

| | | |
|---|---|---|
| 减：所得税费用 | 1,290,099,287.03 | 553,136,699.13 |
| 五、净利润（净亏损以"－"号填列） | 5,511,036,221.02 | 4,173,051,971.90 |

图8.39　云南白药(000538)2020年的净利润

云南白药 (000538)2020 年的销售净利率 = 净利润 ÷ 销售收入净额 ×100% = 5511036221.02 ÷ 32742766763.79 ×100% = 16.83%。

在云南白药 (000538) 的个股资料中，单击"财务概况"，再单击"财务指标"，然后单击"按年度"选项卡，就可以看到最近几年的销售净利率，如图 8.40 所示。

云南白药 000538

| 盈利能力指标 | 2020 | 2019 | 2018 | 2017 | 2016 | 2015 |
|---|---|---|---|---|---|---|
| 销售净利率 | 16.83% | 14.07% | 12.32% | 12.88% | 13.08% | 13.29% |
| 销售毛利率 | 27.75% | 28.56% | 30.55% | 31.19% | 29.86% | 30.53% |

图8.40　云南白药(000538)最近几年的销售毛利率

一般地说，销售净利率的指标越大，说明企业销售的盈利能力越强。一个企业如果能保持良好的持续增长的销售净利率，应该说企业的财务状况是好的，但并不能绝对地说销售净利率越大越好，还必须看企业的销售增长情况和净利润的变动情况。

销售净利率指标反映的是每 1 元销售收入带来的净利润的多少，表示销售收入的收益水平。从销售净利率的指标关系看，企业在增加销售收入额的同时，必须相应地获得更多的净利润，才能使销售净利率保持不变或有所提高。通过分析销售净利率的升降变动，可以促使企业在扩大销售的同时，注意改进经营管理，提高盈利水平。

在进行销售净利率分析时，投资者可以将连续几年的指标数值进行分析，从而测定销售净利率的发展变化趋势；也同样应将企业的指标数值与其他企业指标数值或同行业平均水平进行对比，以具体评价企业净利率水平的高低。

销售净利率比较高或提高，说明公司的获利能力较高；销售净利率比较低或降低，说明公司的成本费用支出较高或上升，应进一步分析原因，是因营业成本上升还是公司降价销售，是因营业费用过多还是投资收益减少，以便更好地对公司经营状况进行判断。

经营中往往可以发现，企业在扩大销售的同时，由于销售费用、财务费用、管理费用的大幅增加，企业销售净利率并不一定会同比例地增长，甚至还可能负增长。盲目扩大生产和销售规模未必会为企业带来正的收益。因此，分析者应关注在企业每增加 1 元销售收入的同时，销售净利率的增减程度，由此来考察销售收入增长的效益。

## 8.6.3　总资产报酬率

总资产报酬率又称总资产利润率、总资产回报率、资产总额利润率，是指企业息税前利润与平均总资产之间的比率。用以评价企业运用全部资产的总体获利能力，是评价企业资产运营效益的重要指标。总资产报酬率的计算公式为

$$总资产报酬率=(利润总额+利息支出)\div 平均资产总额\times 100\%$$

利润总额指企业实现的全部利润，包括企业当年营业利润、投资收益、补贴收入、净额等项内容，如为亏损，则用"-"号表示。

利息支出是指企业在生产经营过程中实际支出的借款利息、债权利息等。

利润总额与利息支出之和为息税前利润，是指企业当年实现的全部利润与利息支出的合计数。

$$平均资产总额=(资产总额年初数+资产总额年末数)\div 2$$

例如，某企业 2019 年净利润为 800 万元，所得税 375 万元，利息支出 480 万元，年末资产总额 8400 万元；2020 年净利润 680 万元，所得税 320 万元，利息支出 550 万元，年末资产总额 10000 万元。假设 2019 年年初资产总额 7500 万元，则该企业总资产报酬率的计算公式为

2019 年总资产报酬率 =(800+375+480)÷[(7500+8400)÷2] ×100% = 20.82%

2020 年总资产报酬率 =(680+320+550)÷ [(8400+10000)÷2] ×100% = 16.85%

由计算结果可知，该企业 2020 年总资产报酬率要大大低于上年，需要对公司资产的使用情况，增产节约情况，结合成本效益指标一起分析，以改进管理，提高资产利用效率和企业经营管理水平，增强盈利能力。

1) 总资产报酬率的分析

总资产报酬率表示企业全部资产获取收益的水平，全面反映了企业的获利能力和投入产出状况。该指标越高，表明企业投入产出的水平越好，企业的资产运营越有效。

一般情况下，企业可将此指标与市场利率进行比较，如果该指标大于市场利率，则表明企业可以充分利用财务杠杆，进行负债经营，获取尽可能多的收益。

评价总资产报酬率时，需要与前期的比率、与同行业其他企业进行比较评价，也可以对总资产报酬率进行因素分析。

2) 总资产报酬率的意义

总资产报酬率越高，表明资产利用效率越高，说明企业在增加收入、节约资金使用等方面取得了良好的效果；该指标越低，说明企业资产利用效率越低，应分析差异原因，提高销售利润率，加速资金周转，提高企业经营管理水平。

第一，总资产报酬率表示企业全部资产获取收益的水平，全面反映了企业的获利能力和投入产出状况。通过对该指标的深入分析，可以增强各方面对企业资产经营的关注，促进企业提高单位资产的收益水平。

第二，一般情况下，企业可据此指标与市场资本利率进行比较，如果该指标大于市场利率，则表明企业可以充分利用财务杠杆，进行负债经营，获取尽可能多的收益。

第三，该指标越高，表明企业投入产出的水平越好，企业的资产运营越有效。

## 8.6.4 净资产收益率

净资产收益率，又称所有者权益报酬率，是净利润与平均所有者权益的百分比，是公司税后利润除以净资产得到的百分比率，该指标反映了股东权益的收益水平，用以衡量公司运用自有资本的效率。指标值越高，说明投资带来的收益越高。该指标体现了自有资本获得净收益的能力。净资产收益率的计算公式为

$$净资产收益率 = 净利润 \div 平均所有者权益 \times 100\%$$

$$其中，平均净资产 = (年初所有者权益 + 年末所有者权益) \div 2$$

下面来看一下云南白药 (000538)2020 年的净资产收益率。2020 年的净利润为 5511036221.02 元，年初所有者权益为 24918912066.97 元，年末所有者权益为 26125154898.31 元，如图 8.41 所示。

| | | |
|---|---|---|
| 未分配利润 | 6,640,914,214.16 | 4,408,701,898.37 |
| 所有者权益合计 | 26,125,154,898.31 | 24,918,912,066.97 |
| 负债和所有者权益总计 | 41,449,216,095.58 | 40,073,479,655.69 |

图8.41 云南白药(000538)2020年年初所有者权益和年末所有者权益

云南白药 (000538)2020 年的净资产收益率 = 净利润 ÷[( 年初所有者权益 + 年末所有者权益 ) ÷2]×100% = 5511036221.02 ÷ [(26125154898.31 + 24918912066.97)÷2] ×100% = 21.59%。

1) 净资产收益率的分析

第一，净资产收益率反映的是公司所有者权益的投资报酬率，具有很强的综合性。

第二，一般来说，企业净资产收益率越高，企业自有资本获取收益的能力越强，运营效益越好，对企业投资人、债权人的保证程度就越好。

2) 净资产收益率的影响因素

影响净资产收益率的因素主要有总资产报酬率、负债利息率、企业资本结构和所得税率等。

第一，总资产报酬率。净资产是企业全部资产的一部分，因此，净资产收益率

必然受企业总资产报酬率的影响。在负债利息率和资本构成等条件不变的前提下，总资产报酬率越高，净资产收益率就越高。

第二，负债利息率。负债利息率之所以影响净资产收益率．是因为在资本结构一定的前提下，当负债利息率变动使总资产报酬率高于负债利息率时，将对净资产收益率产生有利影响；反之，在总资产报酬率低于负债利息率时，将对净资产收益率产生不利影响。

第三，资本结构或负债与所有者权益之比。当总资产报酬率高于负债利息率时，提高负债与所有者权益之比，将使净资产收益率提高；反之，降低负债与所有者权益之比，将使净资产收益率降低。

第四，所得税率。因为净资产收益率的分子是净利润即税后利润，因此，所得税率的变动必然引起净资产收益率的变动。通常．所得税率提高，净资产收益率下降；反之，则净资产收益率上升。

## 8.6.5 资本保值增值率

资产保值增值率是指所有者权益期末总额与期初总额的比值，它反映了企业资本的运营效益与安全状况，其计算公式为

资本保值增值率=(年末所有者权益÷年初所有者权益)×100％

资本保值增值率 =100%，为资本保值；资本保值增值率大于 100%，为资本增值。

云南白药 (000538)2020 年年初的所有者权益为 24918912066.97 元，年末所有者权益为 26125154898.31 元，下面来计算资本保值增值率。

资本保值增值率＝（年末所有者权益 ÷ 年初所有者权益）×100％ =26125154898.31÷24918912066.97×100％ =104.84%。

1) 资本保值增值率的分析

在进行资本保值增值率分析时，主要应考虑三个问题，分别是剔除投资者再投入引起的所有者权益增加部分、考虑通货膨胀因素、考虑资金时间价值。

第一，剔除投资者再投入引起的所有者权益增加部分。如果当期投资者又投入资金增加所有者权益，同样会导致资本保值增值率上升，但是实际上并没有获得增值利润。

第二，考虑通货膨胀因素。由于通货膨胀因素的存在，即使上述指标大于 1，仍有可能存在潜亏，因此分析时应持谨慎态度，不能盲目乐观。

第三，考虑资金时间价值。由于期末所有者权益与期初所有者权益进行比较时，两者所处的时间点不同，因此缺乏时间上的相关性。

2) 资本保值增值率的影响因素

所有者权益由实收资本、资本公积、盈余公积和未分配利润构成，四个项目中任何一个项目变动都将引起所有者权益总额的变动。至少有两种情形并不反映真正意义上的资本保值增值。

第一，本期投资者追加投资，使企业的实收资本增加，还可能产生资本溢价、资本折算差额，从而引起资本公积变动。

第二，本期接受外来捐赠、资产评估增值导致资本公积增加。

## 8.7 折旧费的分析

所有的机械设备和房屋建筑物，最终都将因损耗而报废，这种损耗在利润表上反映为折旧费。一般来讲，一项资产在给定年度的折旧数额是对当期收益的一种成本分配。这样说更确切：每年的资产折旧费，就是该资产被用在当期生产经营活动中，并产生收益的那部分资产额。

例如：假设某印刷公司买入了一台价值 100 万美元的印刷机。这台印刷机的使用年限为 10 年。因为该印刷机的使用年限为 10 年，国家税务局不允许公司将这 100 万美元的总开支一次性全部计入购买该设备的当期成本，而是将购买成本在其使用的 10 年间分别列入各年的折旧费。10 年的使用年限和初始的 100 万美元的总开支，意味着某公司将在未来 10 年内，在这台印刷机上每年计提 10 万美元的折旧费。折旧费是公司运营的一项真实成本，因为这台印刷机终有一日会被淘汰报废。

这台印刷机买入时，反映在资产负债表上将导致 100 万美元的现金流出和 100 万美元的工厂和设备（固定资产）的增加。在未来 10 年间，每年必须计提 10 万美元折旧费，并作为一项当期开支反映在利润表中。公司每年将从资产负债表上的工厂和设备资产账户减去 10 万美元，同时增加 10 万美元到累计折旧账户。购买这台印刷机实际发生的 100 万美元现金流出，将反映在现金流量表的资本性开支项目中。我们想再强调一次：购买这台印刷机的 100 万美元开支将作为折旧费在未来 10 年里逐年摊销（每年折旧费为 10 万美元），而不是在购买当年全部列入购买成本。

股市那些主力们想出了一个狡猾的伎俩：这台印刷机一旦购买并完成支付，今后每年 10 万美元的折旧费并不会发生任何现金流出，但在未来 10 年间，它可以减少公司每年向国家税务局上报的利润总额。这意味着从短期来看，某公司虽然有一项成本费用，但事实上，它却不发生任何现金流出。因此，股市那些主力们就可以将 10 万美元的折旧费还回到利润中，这就意味着，该公司的现金流现在可以偿还更多的负债，从而为杠杆式收购提供融资。股市那些主力们重新设计出了一个利润指标，简称息税折旧摊销前利润，指在扣除所得税、折旧费和摊销费之前的利润。

巴菲特指出，那些聪明的主力们在使用息税折旧摊销前利润指标的同时，却忽视了一个问题——这台印刷机最终将报废，公司不得不再花 100 万美元去购买一台新的印刷机。但公司如今却背负着因杠杆式收购而产生的巨额债务，很可能没有能力去购买一台价值 100 万美元的新印刷机了。

巴菲特坚信，折旧费是一项真实的开支，因此不管以何种方式计算利润，必须将折旧费包括进来。倘若背道而驰，我们就会自欺欺人地认为，公司在短期内的利润要比实际利润好得多。一个自欺欺人的人一般是不会发财致富的。

巴菲特发现，那些具有持续性竞争优势的公司相对那些陷入过度竞争困境的公司而言，其折旧费占毛利润的比例较低。例如，可口可乐公司的折旧费用一直保持在毛利润的 6% 左右，而箭牌公司同样具有持续性竞争优势，其折旧费也大约在毛利润的 7% 左右，巴菲特长期钟爱的投资对象——宝洁公司，其折旧费也只有毛利润的 8%。与之形成鲜明对比的是通用汽车，该公司属于高度竞争的资本密集型行业，其折旧费占到毛利润总额的 22%~57%。

对那些吞噬公司毛利润的各种费用，巴菲特认为它们越少，就意味着越高的保底线。

# 第 9 章

# 价值投资的现金流量表分析

　　现金流量表可以告诉我们公司经营活动、投资活动和筹资活动所产生的现金收支活动，以及现金流量净增加额，有助于我们分析公司的变现能力和支付能力，进而把握公司的生存能力、发展能力和适应市场变化的能力。本章首先讲解现金流量表的组成和作用，其次讲解经营活动产生的现金流量、投资活动产生的现金流量、筹资活动产生的现金流量、现金流量表中的其他数据，再次讲解现金流量表的运用技巧，最后讲解偿债能力的分析方法、获取现金能力的分析方法和现金流量的质量分析方法。

## 9.1 初识现金流量表

现金流量表对权责发生制原则下编制的资产负债表和利润表，是一种十分有益的补充。它以现金为编制基础，编制不采取权责发生制程序，排除了人为判断因素，能在程序上防止企业利用会计方法隐瞒财务状况和操纵经营效果，从而确保了会计信息的真实性，它能反映企业现金流入和流出的全过程。

### 9.1.1 现金流量表的组成

现金流量表由 6 部分组成，具体如下所述。

第一，经营活动产生的现金流量。

第二，投资活动产生的现金流量。

第三，筹资活动产生的现金流量。

第四，汇率变动对现金的影响。

第五，现金及现金等价物净增加额。

第六，期末现金及现金等价物余额。

### 9.1.2 现金流量表的作用

现金流是企业生存的基础，是企业的阳光。假如企业没有现金流作为支撑，一天也活不下去。所以，现金流量表反映的是企业的生命力，现金流量状况越好，表示企业的生命力越旺盛。现金流量表的作用主要表现在 5 个方面，具体如下所述。

第一，能说明企业一定期间内现金流入和流出的原因。

第二，直接揭示企业当前的偿债能力、支付能力和筹资能力。经营活动产生的现金流量能衡量这些指标，因为它本质上代表了企业自我创造现金的能力。债务最终应由其归还。

第三，有利于投资者预测企业未来的现金流量。

第四，有助于分析企业收益质量及影响现金净流量的因素（投资理财活动对经营成果和财务状况的影响）。

第五，可弥补权责发生制的不足、增强会计信息的可比性。

## 9.2 经营活动产生的现金流量

经营活动产生的现金流量是企业现金的主要来源，是指企业投资活动和筹资活动以外的所有交易和事项产生的现金流量。

## 9.2.1 经营活动现金流入类项目

在现金流量表中，经营活动现金流入类项目包括 13 种，分别是销售商品，提供劳务收到的现金，客户存款和同业存放款项净增加额，向中央银行借款净增加额，向其他金融机构拆入资金净增加额，收到原保险合同保费取得的现金，收到再保险业务现金净额，保户储金及投资款净增加额，收取利息、手续费及佣金的现金，拆入资金净增加额，回购业务资金净增加额，代理买卖证券收到的现金净额，收到的税费返还，收到其他与经营活动有关的现金，如图 9.1 所示。

图9.1 经营活动现金流入类项目

> 📶 提醒：经营活动现金流入小计=销售商品、提供劳务收到的现金+客户存款和同业存放款项净增加额+向中央银行借款净增加额+向其他金融机构拆入资金净增加额+收到原保险合同保费取得的现金+收到再保险业务现金净额+保户储金及投资款净增加额+收取利息、手续费及佣金的现金+拆入资金净增加额+回购业务资金净增加额+代理买卖证券收到的现金净额+收到的税费返还+收到其他与经营活动有关的现金=35233768433.07+0+0+0+0+0+0+0+0+0+0+23919221.77+578718816.79=35836406471.63。

1) 销售商品、提供劳务收到的现金

销售商品、提供劳务收到的现金主要包括以下内容。

本期销售商品和提供劳务本期收到的现金。

前期销售商品和提供劳务（含应收账款和应收票据）本期收到的现金。

本期预收的商品款和劳务款等。

本期收回前期核销的坏账损失。

本期发生销货退回而支付的现金。

2) 客户存款和同业存放款项净增加额

客户存款和同业存放款项净增加额反映的是商业银行本期吸收的境内外金融机构以及非同业存放款项以外的各种存款的净增加额。

本项目要根据资产负债表的"短期存款""短期储蓄存款""同业存放款项""一年内到期的长期负债""长期存款""长期储蓄存款"填列。

3) 向中央银行借款净增加额

向中央银行借款净增加额反映的是商业银行本期向中央银行借入款项的净增加额。

4) 向其他金融机构拆入资金净增加额

向其他金融机构拆入资金净增加额反映的是商业银行本期从其他金融机构拆入款项所取得的现金。本项目要根据资产负债表的"同业拆入"填列。

5) 收到原保险合同保费取得的现金

收到原保险合同保费取得的现金反映的是担保公司本期收到的原担保合同保费取得的现金。包括本期收到的原担保保费收入、本期收到的前期应收原担保保费、本期预售的原担保保费和本期代其他企业收取的原担保保费，扣除本期担保合同提前解除以现金支付的退保费。本项目应根据"现金""银行存款""应收账款""预收账款""保费收入"等科目的记录分析填列。

6) 收到再保险业务现金净额

收到再保险业务现金净额反映的是担保公司本期从事再保业务实际收支的现金净额。

本项目要可以根据"银行存款""应收分保账款""应付分保账款"等科目的记录分析填列。

7) 保户储金及投资款净增加额

保户储金及投资款净增加额反映的是担保公司向投保人收取的以储金利息作为保费收入的储金，以及以投资收益作为保费收入的投资保障型担保业务的投资本金，减去担保公司向投保人返还的储金和投资本金后的净额。本项目可以根据"现金""银行存款""保户储金""应收保户储金"等科目的记录分析填列。

8) 收取利息、手续费及佣金的现金

收取利息、手续费及佣金的现金反映的是金融企业本期从客户收取的利息、手续费及佣金收入现金数。

本项目要根据利润表的"利息净收入""中间业务净收入（大于零时）"和资产负债表的"应付利息"填列。

9) 拆入资金净增加额

拆入资金净增加额反映的是证券公司本期从境内外金融机构拆入款项所取得的

现金，减去拆借给境内外金融机构款项而支付的现金后的净额。本项目可以根据"拆入资金""拆出资金"等科目的记录分析填列。本项目如为负数，应在经营活动现金流出类项目中列示。

10) 回购业务资金净增加额

回购业务资金净增加额反映的是证券公司本期按回购协议卖出票据、证券、贷款等金融资产所融入的现金，减去按返售协议约定先买入再按固定价格返售给卖出方的票据、证券、贷款等金融资产所融出的现金后的现金增加额。本项目可以根据"买入返售金融资产""卖出回购金融资产款"等科目的记录分析填列。本项目如为负数，应在经营活动现金流出类项目中单独列示。

11) 代理买卖证券收到的现金净额

代理买卖证券收到的现金净额是指证券经营机构证券经营机构接受投资者（客户）委托代投资者（客户）买卖有价证券所收到的现金总额减去业务过程中支付的现金费用的差值。

12) 收到的税费返还

收到的税费返还反映的是企业收到返还的各种税费。

本项目可以根据"库存现金""银行存款""应交税费""营业税金及附加"等账户的记录分析填列。

13) 收到其他与经营活动有关的现金

收到其他与经营活动有关的现金反映的是企业除了上述各项目以外收到的其他与经营活动有关的现金流入，如图 9.2 所示。

图9.2　收到其他与经营活动有关的现金

需要注意，合计 = 利息收入 + 政府补助 + 收回保理款 + 往来款及备用金 + 押金及保证金 + 其他 = 164618405.29 + 188036919.05 + 0 + 87878824.29 + 101222901.06 +

36961767. = 578718816.79。

另外，合计中的数，要与现金流量中的"收到其他与经营活动有关的现金"对应的数相同，这可以验证现金流量的主表中数据的正确性。

## 9.2.2 经营活动现金流出类项目

在现金流量表中，经营活动现金流出类项目包括 10 种，分别是购买商品、接受劳务支付的现金，客户货款及垫款净增加额，存放中央银行和同业款项净增加额，支付原保险合同赔付款项的现金，拆出资金净增加额，支付利息、手续费及佣金的现金，支付保单红利的现金，支付给职工以及为职工支付的现金，支付的各项税费，支付其他与经营活动有关的现金，如图9.3 所示。

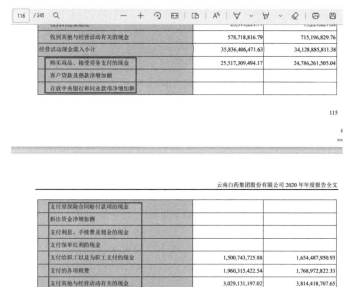

图9.3　经营活动现金流出类项目

📶提醒：经营活动现金流出小计 = 购买商品、接受劳务支付的现金 + 客户货款及垫款净增加额 + 存放中央银行和同业款项净增加额 + 支付原保险合同赔付款项的现金 + 拆出资金净增加额 + 支付利息、手续费及佣金的现金 + 支付保单红利的现金 + 支付给职工以及为职工支付的现金 + 支付的各项税费 + 支付其他与经营活动有关的现金 = 25517309494.17 + 0 + 0 +0 + 0 + 0 +0 + 1500743725.88 + 1960315422.54 + 3029131197.02 = 32007499839.61(元)。

经营活动产生的现金流量净额 = 经营活动现金流入小计 − 经营活动现金流出小计 = 35836406471.63 − 32007499839.61 = 3828906632.02(元)。

1) 购买商品、接受劳务支付的现金

购买商品、接受劳务支付的现金可根据"应付账款""应付票据""预付账款"

"库存现金""银行存款""主营业务成本""其他业务成本""存货"等账户的记录分析填列。

2) 客户货款及垫款净增加额

客户货款及垫款净增加额反映的是商业银行本期发放的各种客户贷款,以及办理商业票据贴现、转贴现融出及融入资金等业务款项的净增加额。本项目要根据资产负债表的"贴现""短期贷款""贸易融资""中长期贷款""逾期贷款"填列。

3) 存放中央银行和同业款项净增加额

存放中央银行和同业款项净增加额反映的是商业银行本期存放于中央银行以及其他金融机构的款项的净增加额。本项目要根据资产负债表的"存放中央银行款项""存放联行款项""存放同业款项"等账户的记录分析填列。

4) 支付原保险合同赔付款项的现金

支付原保险合同赔付款项的现金反映的是保险公司本期实际支付原保险合同赔付的现金。本项目应根据"赔付支出"等科目的记录分析填列。

5) 拆出资金净增加额

拆出资金净增加额是指一个企业(金融)拆借给境内、境外其他金融机构的款项而收取的现金后的净额。

6) 支付利息、手续费及佣金的现金

支付利息、手续费及佣金的现金反映的是担保公司本期实际支付手续费及佣金等现金。本项目应根据"应付账款""手续费及佣金支出"等科目的记录分析填列。

7) 支付保单红利的现金

支付保单红利的现金反映的是保险公司按原保险合同约定支付投保人的红利。本项目应根据"保单红利支出""银行存款"科目的记录分析填列。

8) 支付给职工以及为职工支付的现金

支付给职工以及为职工支付的现金反映的是企业实际支付给职工、以及为职工支付的工资、奖金、各种津贴和补贴等(含为职工支付的养老、失业等各种保险和其他福利费用)。但不含固定资产购建人员的工资。

9) 支付的各项税费

支付的各项税费反映的是企业按规定支付的各项税费和有关费用。本项目应根据"应交税费""库存现金""银行存款"等账户的记录分析填列。

10) 支付其他与经营活动有关的现金

支付其他与经营活动有关的现金反映的是企业除上述各项目外,支付的其他与经营活动有关的现金,如图 9.4 所示。

210 / 245

（2）支付的其他与经营活动有关的现金

单位：元

| 项目 | 本期发生额 | 上期发生额 |
|---|---|---|
| 市场维护费 | 1,572,632,834.77 | 1,610,091,921.12 |
| 广告及宣传费 | 569,723,875.56 | 591,343,275.28 |
| 运输装卸及仓储费 | 42,052,055.14 | 320,822,228.48 |
| 综合管理费 | 123,650,254.11 | 109,072,578.32 |
| 各类押金及保证金 | 89,671,242.74 | 205,092,435.91 |
| 企业技术研发费 | 79,128,210.14 | 73,761,658.63 |
| 租赁费 | 76,517,539.36 | 83,953,293.47 |
| 策划服务费 | 72,704,156.93 | 99,663,221.56 |
| 差旅费 | 59,446,189.27 | 77,481,577.45 |
| 办公费 | 56,534,146.35 | 57,794,027.00 |
| 咨询顾问等中介服务费 | 53,213,305.42 | 55,071,820.26 |
| 制作费 | 38,960,697.15 | 61,233,817.46 |
| 业务招待费 | 21,592,126.45 | 27,127,490.10 |
| 促销费 | 20,604,691.54 | 15,395,768.05 |
| 技术服务费 | 19,847,559.98 | 15,571,094.88 |
| 往来款 | 18,031,464.23 | 14,570,674.25 |
| 会务费 | 17,128,678.65 | 15,391,532.71 |
| 交割期预留费用 | | 50,000,000.00 |
| 保理放款 | | 202,890,202.90 |
| 其他 | 97,692,169.23 | 128,090,089.82 |
| 合计 | 3,029,131,197.02 | 3,814,418,707.65 |

图9.4　支付其他与经营活动有关的现金

需要注意的是，合计就是所有项目发生额的和，这样可以验证表中数据的正确性。另外，合计中的数，要与现金流量表中的“支付其他与经营活动有关的现金”对应的数相同，这可以验证现金流量表的主表中数据的正确性。

## 9.3 投资活动产生的现金流量

投资活动产生的现金流量是指企业长期资产（通常指一年以上）的购建及其处置产生的现金流量，包括购建固定资产、长期投资现金流量和处置长期资产现金流量，并按其性质分项列示。

### 9.3.1 投资活动现金流入类项目

在现金流量表中，投资活动现金流入类项目包括 5 种，分别是收回投资收到的现金，取得投资收益收到的现金，处置固定资产、无形资产和其他长期资产收回的现金净额，处置子公司及其他营业单位收到的现金净额，收到其他与投资活动有关的现金，如图 9.5 所示。

| 116 / 245 Q  — + ⊙ ⊡ |□| Aª ∀ ˅ ⇥ ˅ ⌀ ⊡ ⊟ | | |
|---|---|---|
| 支付其他与经营活动有关的现金 | 3,029,131,197.02 | 3,814,418,707.65 |
| 经营活动现金流出小计 | 32,007,499,839.61 | 32,024,140,985.95 |
| 经营活动产生的现金流量净额 | 3,828,906,632.02 | 2,104,744,825.43 |
| 二、投资活动产生的现金流量: | | |
| 收回投资收到的现金 | 28,695,824,978.57 | 27,249,596,479.07 |
| 取得投资收益收到的现金 | 216,359,728.34 | 267,635,121.35 |
| 处置固定资产、无形资产和其他长期资产收回的现金净额 | 15,488,097.00 | 12,990,955.31 |
| 处置子公司及其他营业单位收到的现金净额 | | 445,783,093.92 |
| 收到其他与投资活动有关的现金 | 291,920,921.96 | 1,888,879,779.16 |
| 投资活动现金流入小计 | 29,219,593,725.87 | 29,864,885,428.81 |

图9.5　投资活动现金流入类项目

📶提醒：投资活动现金流入小计 = 收回投资收到的现金 + 取得投资收益收到的现金+处置固定资产+无形资产和其他长期资产收回的现金净额+处置子公司及其他营业单位收到的现金净额 + 收到其他与投资活动有关的现金 = 28695824978.57 + 216359728.34 + 15488097.00 + 0 + 291920921.96 = 29219593725.87(元)。

1) 收回投资收到的现金

收回投资收到的现金反映的是企业出售、转让和到期收回的除现金等价物以外的交易性金融资产、长期股权投资而收到的现金，以及收回持有至到期投资本金而收到的现金。不包括持有至到期投资收回的利息以及收回的非现金资产。本项目应根据"交易性金融资产""长期股权投资""库存现金""银行存款"等账户的记录分析填列。

2) 取得投资收益收到的现金

取得投资收益收到的现金反映的是企业因股权性投资而分得的现金股利、和分回利润所收到的现金，以及债权性投资取得的现金利息收入。

本项目应根据"投资收益""库存现金""银行存款"等账户的记录分析填列。

3) 处置固定资产、无形资产和其他长期资产收回的现金净额

处置固定资产、无形资产和其他长期资产收回的现金净额反映的是处置上述各项长期资产所取得的现金，减去为处置这些资产所支付的有关费用后的净额。

本项目可根据"固定资产清理""库存现金""银行存款"等账户的记录分析填列。需要注意的是，如该项目（包括灾害造成固定资产及长期资产损失的保险赔偿）所收回的现金净额为负数，应在"支付的其他与投资活动有关的现金"项目填列。

4) 处置子公司及其他营业单位收到的现金净额

处置子公司及其他营业单位收到的现金净额反映的是企业处置子公司及其他营业单位所取得的现金，减去相关处置费用以及子公司及其他营业单位持有的现金和现金等价物后的净额。

本项目可以根据"长期股权投资""银行存款""库存现金"等科目的记录分析填列。

5) 收到其他与投资活动有关的现金

收到其他与投资活动有关的现金反映的是除上述各项目以外，收到的其他与投资活动有关的现金流入，如图 9.6 所示。

**(3) 收到的其他与投资活动有关的现金**

单位：元

| 项目 | 本期发生额 | 上期发生额 |
|------|-----------|-----------|
| 定期存款到期收回 | | 1,112,500,000.00 |
| 深圳聚容保理有限公司归还本金及利息 | 58,007,109.21 | 700,000,000.00 |
| 定期存款等利息收入 | 233,913,812.75 | 76,379,779.16 |
| 合计 | 291,920,921.96 | 1,888,879,779.16 |

图9.6　收到其他与投资活动有关的现金

需要注意的是，合计就是所有项目发生额的和，这样可以验证表中数据的正确性。另外，合计中的数，要与现金流量表中的"收到其他与投资活动有关的现金"对应的数相同，这可以验证现金流量表的主表中数据的正确性。

## 9.3.2 投资活动现金流出类项目

在现金流量表中，投资活动现金流出类项目也包括 5 种，分别是购建固定资产、无形资产和其他长期资产支付的现金，投资支付的现金，质押贷款净增加额，取得子公司及其他营业单位支付的现金净额，支付其他与投资活动有关的现金，如图 9.7 所示。

| | | |
|------|-----------|-----------|
| 投资活动现金流入小计 | 29,219,593,725.87 | 29,864,885,428.81 |
| 购建固定资产、无形资产和其他长期资产支付的现金 | 486,420,552.22 | 783,283,658.06 |
| 投资支付的现金 | 27,286,679,489.65 | 14,459,340,197.21 |
| 质押贷款净增加额 | | |
| 取得子公司及其他营业单位支付的现金净额 | | |
| 支付其他与投资活动有关的现金 | 360,000,000.00 | 656,000,000.00 |
| 投资活动现金流出小计 | 28,133,100,041.87 | 15,898,623,855.27 |
| 投资活动产生的现金流量净额 | 1,086,493,684.00 | 13,966,261,573.54 |

图9.7　投资活动现金流出类项目

> 📶提醒：投资活动现金流出小计＝购建固定资产＋无形资产和其他长期资产支付的现金＋投资支付的现金＋质押贷款净增加额＋取得子公司及其他营业单位支付的现金净额＋支付其他与投资活动有关的现金＝486420552.22＋27286679489.65＋0＋0＋360000000.00＝28133100041.87(元)。
>
> 投资活动产生的现金流量净额＝投资活动现金流入小计－投资活动现金流出小计＝29219593725.87 - 28133100041.87＝1086493684.00(元)。

1) 购建固定资产、无形资产和其他长期资产支付的现金

购建固定资产、无形资产和其他长期资产支付的现金反映的是企业购买、建造固定资产，取得无形资产和其他长期资产所支付的现金。其中企业为购建固定资产支付的现金，包括购买固定资产支付的价款现金及增值税款、固定资产购建支付的现金。但不包括：a. 支付的资本化的利息；b. 支付融资租赁的租金；c. 分期付款方式下购买固定资产各期支付的现金。本项目应根据"固定资产""无形资产""在建工程""库存现金""银行存款"等账户的记录分析填列。

2) 投资支付的现金

投资支付的现金反映的是企业在现金等价物以外进行交易性金融资产、长期股权投资、持有至到期投资所实际支付的现金，包括佣金手续费所支付的现金。但不包括企业购买股票和债券时，实际支付价款中包含的已宣告尚未领取的现金股利或已到付息期但尚未领取的债券利息。本项目应根据"交易性金融资产""长期股权投资""持有至到期投资""库存现金""银行存款"等账户记录分析填列。

3) 质押贷款净增加额

质押贷款净增加额反映的是担保公司本期发放保户质押贷款的现金净额。本项目可以根据"贷款""银行存款"等科目的记录分析填列。担保公司可以单独设置"处置损余物资收到的现金净额"和"代位追偿款收到的现金"等项目，或者在"收到的其他与经营活动有关的现金"项目中予以反映。

4) 取得子公司及其他营业单位支付的现金净额

取得子公司及其他营业单位支付的现金净额反映的企业购买子公司及其他营业单位购买出价中以现金支付的部分，减去子公司及其他营业单位持有的现金和现金等价物后的净额。本项目可以根据"长期股权投资""库存现金""银行存款"等科目的记录分析填列。

5) 支付其他与投资活动有关的现金

支付其他与投资活动有关的现金反映的是企业除了上述各项以外，支付的与投资活动有关的现金流出，如图 9.8 所示。

图9.8 支付其他与投资活动有关的现金

# 9.4 筹资活动产生的现金流量

筹资活动产生的现金流量是指导致企业资本及债务的规模和构成发生变化的活动所产生的现金流量。

## 9.4.1 筹资活动现金流入类项目

在现金流量表中，筹资活动现金流入类项目包括 3 种，分别是吸收投资收到的现金，取得借款收到的现金，收到其他与筹资活动有关的现金，如图 9.9 所示。

| 116 / 245 | | | |
|---|---|---|---|
| 三、筹资活动产生的现金流量: | | | |
| 吸收投资收到的现金 | | 253,050,000.00 | 32,250,000.00 |
| 其中: 子公司吸收少数股东投资收到的现金 | | 253,050,000.00 | 32,250,000.00 |
| 取得借款收到的现金 | | 2,025,443,134.17 | |
| 收到其他与筹资活动有关的现金 | | 561,295,833.34 | 202,368,070.00 |
| 筹资活动现金流入小计 | | 2,839,788,967.51 | 234,618,070.00 |

图9.9 筹资活动现金流入类项目

> **提醒**：筹资活动现金流入小计＝吸收投资收到的现金＋取得借款收到的现金＋收到其他与筹资活动有关的现金＝253050000.00＋2025443134.17＋561295833.34 ＝2839788967.51(元)。

1) 吸收投资收到的现金

吸收投资收到的现金反映的是企业收到投资者投入的现金，包括以发行股票、债券等方式筹集资金实际收到的款项净额 (即发行收入减去支付的佣金等发行费用后的净额)。本项目可根据"实收资本 (或股本)""应付债券""库存现金""银行存款"等账户的记录分析填列。

2) 取得借款收到的现金

取得借款收到的现金反映的是企业举借各种短期借款、长期借款而收到的现金。本项目可根据"短期借款""长期借款""银行存款"等账户的记录分析填列。

3) 收到其他与筹资活动有关的现金

收到其他与筹资活动有关的现金反映的是企业除上述各项以外，收到的其他与筹资活动有关的现金流入，如图 9.10 所示。

需要注意的是，合计就是所有项目发生额的和，这样可以验证表中数据的正确性。另外，合计中的数，要与现金流量表中的"收到其他与筹资活动有关的现金"对应的数相同，这可以验证现金流量表的主表中数据的正确性。

图9.10　收到其他与筹资活动有关的现金

## 9.4.2 筹资活动现金流出类项目

在现金流量表中，筹资活动现金流出类项目包括 3 种，分别是偿还债务支付的现金，分配股利、利润或偿付利息支付的现金，支付其他与筹资活动有关的现金，如图 9.11 所示。

| 取得借款收到的现金 | 2,025,443,134.17 | |
|---|---|---|
| 收到其他与筹资活动有关的现金 | 561,295,833.34 | 202,368,070.00 |
| 筹资活动现金流入小计 | 2,839,788,967.51 | 234,618,070.00 |
| 偿还债务支付的现金 | 22,000,000.00 | 3,198,629,600.00 |
| 分配股利、利润或偿付利息支付的现金 | 3,908,327,586.25 | 2,670,515,903.14 |
| 其中：子公司支付给少数股东的股利、利润 | | |
| 支付其他与筹资活动有关的现金 | 1,887,904,769.04 | 3,706,148,580.52 |
| 筹资活动现金流出小计 | 5,818,232,355.29 | 9,575,294,083.66 |

116

| 筹资活动产生的现金流量净额 | -2,978,443,387.78 | -9,340,676,013.66 |
|---|---|---|

图9.11　筹资活动现金流出类项目

> 📶**提醒**：筹资活动现金流出小计＝偿还债务支付的现金＋分配股利、利润或偿付利息支付的现金＋支付其他与筹资活动有关的现金＝22000000.00＋3908327586.25＋1887904769.04＝5818232355.29(元)。
> 　　筹资活动产生的现金流量净额＝筹资活动现金流入小计－筹资活动现金流出小计＝2839788967.51－5818232355.29＝－2978443387.78(元)。

1) 偿还债务支付的现金

偿还债务支付的现金反映的是企业以现金偿还债务的本金，包括偿还金融机构的借款本金、偿还到期的债券本金等，不包括偿还的借款利息、债券利息。本项目可根据“短期借款”“长期借款”“应付债券”“库存现金”“银行存款”等账户的记录分析填列。

2) 分配股利、利润或偿付利息支付的现金

分配股利、利润或偿付利息支付的现金反映的是企业实际支付的现金股利、支付给投资人的利润或用现金支付的借款利息、债券利息等。

本项目可根据“应付股利(或应付利润)”“财务费用”“长期借款”“应付债券”“库存现金”“银行存款”等账户的记录分析填列。

3) 支付其他与筹资活动有关的现金

支付其他与筹资活动有关的现金反映的是除了上述各项目以外，支付的与筹资活动有关的现金流出，如图 9.12 所示。

（6）支付的其他与筹资活动有关的现金

单位：元

| 项目 | 本期发生额 | 上期发生额 |
|---|---|---|
| 回购库存股 | 1,807,904,769.04 | 244,902,733.78 |
| 保理本金及利息 | 80,000,000.00 | 6,159,587.50 |
| 云南白药控股有限公司减少注册资本 | | 3,455,086,259.24 |
| 合计 | 1,887,904,769.04 | 3,706,148,580.52 |

211

云南白药集团股份有限公司 2020 年年度报告全文

图9.12　支付其他与筹资活动有关的现金

需要注意的是，合计就是所有项目发生额的和，这样可以验证表中数据的正确性。另外，合计中的数，要与现金流量表中的“支付其他与筹资活动有关的现金”对应的数相同，这可以验证现金流量表的主表中数据的正确性。

## 9.5 现金流量表中的其他数据

现金流量表中的其他数据如图 9.13 所示。

云南白药集团股份有限公司 2020 年年度报告全文

| | | |
|---|---|---|
| 筹资活动产生的现金流量净额 | -2,978,443,387.78 | -9,340,676,013.66 |
| 四、汇率变动对现金及现金等价物的影响 | -3,437,482.77 | 6,748,261.40 |
| 五、现金及现金等价物净增加额 | 1,933,519,445.47 | 6,737,078,646.71 |
| 加：期初现金及现金等价物余额 | 12,344,207,213.17 | 5,607,128,566.46 |
| 六、期末现金及现金等价物余额 | 14,277,726,658.64 | 12,344,207,213.17 |

图9.13　现金流量表中的其他数据

1) 汇率变动对现金及现金等价物的影响

汇率变动对现金及现金等价物的影响反映的是企业在外币现金流量发生日所采用的汇率与期末汇率的差额对现金的影响数额。

2) 现金及现金等价物的净增加额

现金及现金等价物的净增加额是将现金流量表中"经营活动产生的现金流量净额""投资活动产生的现金流量净额""筹资活动产生的现金流量净额"和"汇率变动对现金及现金等价物的影响"四个项目相加得出的。

下面以云南白药(000538)2020 年的现金及现金等价物的净增加额为例讲解一下。

经营活动产生的现金流量净额：3828906632.02 元。

投资活动产生的现金流量净额：1086493684.00 元。

筹资活动产生的现金流量净额：–2978443387.78 元。

汇率变动对现金及现金等价物的影响：–3437482.77 元。

现金及现金等价物的净增加额 = 经营活动产生的现金流量净额 + 投资活动产生的现金流量净额 + 筹资活动产生的现金流量净额 + 汇率变动对现金及现金等价物 的 影 响 = 3828906632.02 + 1086493684.00 +(–2978443387.78)+(–3437482.77) =1933519445.47 元。

3) 期末现金及现金等价物余额

期末现金及现金等价物余额可将计算出来的现金及现金等价物净增加额加上期初现金及现金等价物金额求得。

下面以云南白药 (000538)2020 年的期末现金及现金等价物余额为例进行讲解。

期末现金及现金等价物余额 = 现金及现金等价物的净增加额 + 期初现金及现金等价物余额 = 1933519445.47 + 12344207213.17 = 14277726658.64 元，如图 9.14 所示。

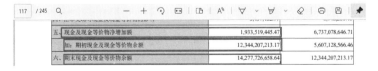

图9.14　期末现金及现金等价物余额

## 9.6 现金流量表的运用技巧

资产负债表揭示了企业货币资金期末与期初的增减变化，但未揭示其变化的原因；利润表列出了企业一定时期实现的净利润，但未揭示其与现金流量的关系。现金流量表如同桥梁，可以沟通上述两表的会计信息。

### 9.6.1 通过现金流量表可以分析出的信息

通过现金流量表可以分析企业的投资回报率。分析企业的投资回报率主要看两个指标，分别是现金回收额和现金回报率。

1) 现金回收额

现金回收额，又称剩余现金流量，其计算公式为

现金回收额＝经营活动现金净流量－偿付利息支付的现金

在对现金回收额进行分析时，应注意经营活动现金流量中是否有其他不正常的现金流入和流出。

2) 现金回报率

现金回收额除以投入资金，就会得到投资回报率；现金回收额除以全部资金，就会得到现金回报率。

通过现金流量表还可以分析企业筹措现金、生成现金的能力。企业筹措现金有两种方法，具体如下所述。

第一，通过筹资活动吸收投资者投资或借入资金。

第二，从经营过程中获取利润。

总之，通过现金流量表，投资者可以了解一段时期企业的经营状况。

### 9.6.2 看现金流量表的方法与技巧

看现金流量表，可以从四个方面来看，分别是经营活动产生的现金流量、投资活动产生的现金流量、筹资活动产生的现金流量、正确看待现金及现金等价物净增加额。

1) 经营活动产生的现金流量

看经营活动产生的现金流量应把握 4 点，分别是经营活动产生的现金流量是否为正数、经营现金指数是否大于或等于 1、销售收现率要适当、支付给职工以及为职工支付的现金很重要，如图 9.15 所示。

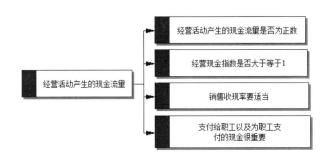

图9.15　经营活动产生的现金流量

第一，经营活动产生的现金流量是否为正数。企业经营的活力在现金流量表中表现为大量的经营现金流，企业的基本业务具有创造现金的功能时，经营活动产生的现金流量净额通常为正数。

需要注意的是，如果经营活动产生的现金流量净额长期为负数时，表明企业已陷入困境，这时就有必要改善企业的经营结构，这一点很重要。图 9.16 显示的是云南白药 (000538)2020 年的现金流量表中的经营活动产生的现金流量信息。

| 116 / 245 Q | − + ⟳ ⊡ ⟦⟧ Aᴬ ⩔ ⌄ ⤸ ⟋ ⟋ ⌫ ⟐ ⎙ ⯐ | |
|---|---|---|
| 支付给职工以及为职工支付的现金 | 1,500,743,725.88 | 1,654,487,950.93 |
| 支付的各项税费 | 1,960,315,422.54 | 1,768,972,822.33 |
| 支付其他与经营活动有关的现金 | 3,029,131,197.02 | 3,814,418,707.65 |
| 经营活动现金流出小计 | 32,007,499,839.61 | 32,024,140,985.95 |
| 经营活动产生的现金流量净额 | 3,828,906,632.02 | 2,104,744,825.43 |

图9.16　云南白药(000538)2020年的现金流量表中的经营活动产生的现金流量信息

在这里可以看到，云南白药 (000538)2020 年年初和年末的经营活动产生的现金流量净额都为正数，这表明企业的经营状况良好。需要注意的是，年末的经营活动产生的现金流量净额大于年初经营活动产生的现金流量净额，表明企业经营良好，并且是越来越好。

第二，经营现金指数是否大于 1。追求经营现金流动最大化是企业的基本经营目标，为此企业就要采取增加销售、缩短收款周期、延长支付等措施，追求经营利润与经营营业额的统一。在日常实际工作中，可通过计算经营现金指数来评价企业营业利润与之相对应的现金之间的差距，进而评价企业盈利质量，其计算公式为

**经营现金指数＝经营活动产生的现金净流量 ÷ 营业利润**

当企业赚取利润与收回现金保持统一时，经营现金指数等于 1；当收款速度很快时，经营现金指数就会大于 1；但当出现大量的赊销业务或应收账款回收速度较慢时，经营现金指数就会小于 1。

一般情况下，经营现金指数接近 1，企业的盈利质量比较高；经营现金指数比 1

小很多时，企业的盈利质量就比较差。

> 📶 提醒：当企业营业利润是负数时，计算经营现金指数就已经没有意义了。

第三，销售收现率要适当。销售收现率反映的是企业销售与收款的比率，其计算公式为

**销售收现率＝现金流量表中的销售商品、提供劳务收到的现金 ÷ (利润表中的主营业务收入账＋本期增值税销项税额)**

如果销售收现率过低，就说明企业的产品结构或销售业务存在问题，企业的大量资金被别人占用，企业要注意分析原因；如果销售收现率比较高，说明企业的产品结构或销售业务做得很好，销售回款速度快，企业运行良好。

第四，支付给职工以及为职工支付的现金很重要。决定企业生存命脉的是经营活动，企业成长的关键在于对人才的投资，所以借助这一项指标，可以了解企业对员工的态度、企业的人力资源政策以及企业能否健康地发展。图 9.17 显示的是云南白药 (000538) 的现金流量表中的支付给职工以及为职工支付的现金信息。

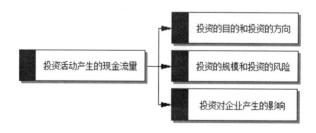

| 116 / 245 | | |
|---|---|---|
| 支付给职工以及为职工支付的现金 | 1,500,743,725.88 | 1,654,487,950.93 |
| 支付的各项税费 | 1,960,315,422.54 | 1,768,972,822.33 |
| 支付其他与经营活动有关的现金 | 3,029,131,197.02 | 3,814,418,707.65 |
| 经营活动现金流出小计 | 32,007,499,839.61 | 32,024,140,985.95 |

图9.17　云南白药(000538)的现金流量表中的支付给职工以及为职工支付的现金信息

2) 投资活动产生的现金流量

投资活动对企业的经营方向、经营结构都会产生重大影响，而且投资活动一般涉及的金额比较大，因此投资者要重点关注三个问题，分别是投资的目的和投资的方向、投资的规模和投资的风险、投资对企业产生的影响，如图 9.18 所示。

图9.18　投资活动产生的现金流量

第一，投资的目的和投资的方向。如果企业为扩大经营规模或改变经营方向而投资时，就会把资金投资在固定资产、在建工程和无形资产上；如果企业为控股而

进行投资时，就会把资金投资在股票上或联营投资上；如果企业只是为获利而投资时，常常会把资金投资在公司债券等债权方面。

第二，投资的规模和投资的风险。企业的投资规模对企业以后的发展会产生重大影响；当企业将大量的资金投资在股权或无形资产上时，企业就会有较大的风险。

第三，投资对企业产生的影响。投资活动会改变企业的经营方向，也会加大企业的风险，所以必须重视对此的评估。

图 9.19 显示的是云南白药 (000538) 的现金流量表中的投资活动产生的现金流量。

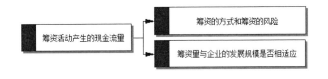

| 116 / 245 Q | — + ⊙ ⊡ ⫿⬚⫿ Aᴺ ▽ ⌄ ⬚ ⌄ ⬚ | 🖫 🖫 |
|---|---|---|
| 取得子公司及其他营业单位支付的现金净额 | | |
| 支付其他与投资活动有关的现金 | 360,000,000.00 | 656,000,000.00 |
| 投资活动现金流出小计 | 28,133,100,041.87 | 15,898,623,855.27 |
| 投资活动产生的现金流量净额 | 1,086,493,684.00 | 13,966,261,573.54 |

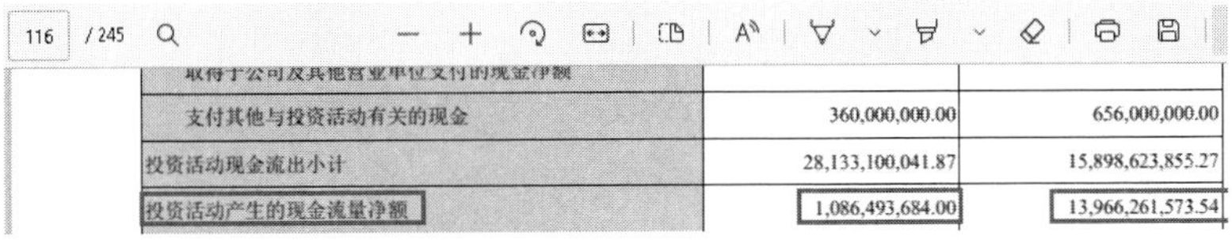

图9.19　云南白药(000538)的现金流量表中的投资活动产生的现金流量

在这里可以看到，云南白药 (000538)2020 年初和年末的投资活动产生的现金流量净额都为正数，这表明企业的投资活动状况良好。需要注意的是，年末的投资活动产生的现金流量净额小于年初投资活动产生的现金流量净额，表明企业虽投资活动良好，但在走下坡路。

3) 筹资活动产生的现金流量

对于筹资活动产生的现金流量要注意两点，分别是筹资的方式和筹资的风险、筹资量与企业的发展规模是否相适应，如图 9.20 所示。

图9.20　筹资活动产生的现金流量

第一，筹资的方式和筹资的风险。通过发行股票筹集资金，企业的财务结构趋向稳定，财务风险降低。通过发行债券或借款筹集资金，企业财务结构的稳定性减弱，财务风险增加。

第二，筹资量与企业的发展规模是否相适应。筹资量过低，会影响企业的发展，但筹资量过高，会形成资金浪费。需要注意的是，借款会增加企业利息负担。

图 9.21 显示的是云南白药 (000538) 的现金流量表中的筹资活动产生的现金流量。

| 117 / 245 Q | — + ↻ ⊡ ⫿⫿ Aᴬ ∇ ⌄ ⌷ ⌄ ⌔ ⎮ 🖨 🖫 ｜ 📌 |
|---|---|

云南白药集团股份有限公司 2020 年年度报告全文

| 筹资活动产生的现金流量净额 | −2,978,443,387.78 | −9,340,676,013.66 |
|---|---|---|

图9.21    云南白药(000538)的现金流量表中的筹资活动产生的现金流量

从图 9.21 可以看到云南白药 (000538) 筹资活动产生的现金流量净额都为负数，表明企业没有吸收到新的资金。

4) 正确看待现金及现金等价物净增加额

企业的经营活动应具有"造血"功能，是创造现金的基本途径；投资活动可以为企业寻求更广阔的生存空间，为投资者寻求更多更好的赚钱机会；筹资活动要为经营活动和投资活动提供资金上的保障。

现金剩余过多，是缺乏效率的表现，因为投资者不是为了获取利息才向企业投资的，否则他们情愿将现金直接存入银行，所以企业要将现金投入到能够产生利润的领域。

## 9.7  对偿债能力的分析方法

企业债务最终还是要用现金来偿还的，报表使用者分析偿债能力的重要依据是反映企业现金收支情况的现金流量表。

反映偿债能力的指标主要有 3 个，分别是现金流量负债比率、现金债务总额比率和现金到期债务比率，如图 9.22 所示。

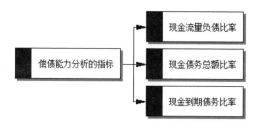

图9.22    偿债能力分析的指标

### 9.7.1  现金流量负债比率

现金流动负债比率是企业在一定时期内经营活动现金净流量同流动负债的比率，

可以从现金流动的角度来反映企业当期偿付短期负债的能力。现金流量负债比率的计算公式为

$$现金流动负债比率=经营活动现金净流量÷流动负债×100\%$$

云南白药 (000538)2020 年的经营现金净流量为 3828906632.02 元，流动负债为 15636577644.60 元，如图 9.23 所示。

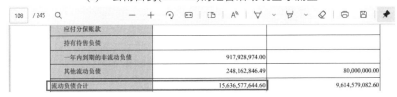

(a) 云南白药(000538)的经营活动现金净流量

(b) 云南白药(000538)的流动负债

图9.23 云南白药(000538)的经营活动现金净流量和流动负债

下面来计算现金流动负债比率。

$$现金流动负债比率=经营活动现金净流量÷流动负债×100\% = 3828906$$
$$632.02÷15636577644.60×100\% = 24\%。$$

现金流动负债比率越大，表明企业经营活动产生的现金净流量越多，越能保障企业按期偿还到期债务。但是，该指标也不是越大越好，指标过大则表明企业流动资金利用不充分，获利能力不强。

该指标从现金流入和流出的动态角度对企业的实际偿债能力进行考察，反映本期经营活动所产生的现金净流量足以抵付流动负债的倍数。

由于净利润与经营活动产生的现金净流量有可能背离，有利润的年份不一定有足够的现金（含现金等价物）来偿还债务，所以利用以收付实现制为基础计量的现金流动负债比率指标，能充分体现企业经营活动所产生的现金净流量，可以在多大程度上保证当期流动负债的偿还，直观地反映出企业偿还流动负债的实际能力。

一般该指标大于 1，表示企业流动负债的偿还有可靠保证。该指标越大，表明企业经营活动产生的现金净流量越多，越能保障企业按期偿还到期债务，但也并不是越大越好，该指标过大则表明企业流动资金利用不充分，盈利能力不强。

## 9.7.2 现金债务总额比率

现金债务总额比率，是经营活动现金净流量总额与债务总额的比率。该指标旨在衡量企业承受债务的能力，是评估企业中长期偿债能力的重要指标，同时它也是预测企业破产的可靠指标。现金债务总额比率的计算公式为

**现金债务总额比率＝经营活动现金净流量÷债务总额×100%**

云南白药 (000538)2020 年的经营现金净流量为 3828906632.02 元，债务总额为 16875427831.52 元，如图 9.24 所示。

| | | |
|---|---|---|
| 递延所得税负债 | 299,954,050.76 | 133,671,111.43 |
| 其他非流动负债 | 1,931,554.36 | 1,931,554.36 |
| 非流动负债合计 | 1,238,850,186.92 | 1,943,562,199.30 |
| 负债合计 | 16,875,427,831.52 | 11,558,141,281.90 |

图9.24　云南白药(000538)2020年的债务总额

下面来计算现金债务总额比率。

现金债务总额比率 ＝ 经营活动现金净流量 ÷ 债务总额 ×100% ＝ 3828906632.02 ÷ 16875427831.52 ×100% ＝ 23%。

现金债务总额比率越高，企业承受债务的能力越强，破产的可能性越小。这一比率越低，企业财务灵活性越差，破产的可能性越大。

## 9.7.3 现金到期债务比率

现金到期债务比率，是指企业当年经营活动产生的现金净流量与本期到期债务的比率。它反映的是企业可用现金流量偿付到期债务的能力。现金到期债务比率的计算公式为

**现金到期债务比率＝经营活动现金净流量÷本期到期债务×100%**

注意，本期到期债务指的是非流动负债总额。

云南白药 (000538)2020 年的经营现金净流量为 3828906632.02 元，本期到期债务 ( 非流动负债总额 ) 为 1238850186.92 元，如图 9.25 所示。

| | | |
|---|---|---|
| 递延所得税负债 | 299,954,050.76 | 133,671,111.43 |
| 其他非流动负债 | 1,931,554.36 | 1,931,554.36 |
| 非流动负债合计 | 1,238,850,186.92 | 1,943,562,199.30 |

图9.25　云南白药(000538)2020年的本期到期债务

下面来计算现金到期债务比率。

现金到期债务比率 = 经营活动现金净流量 ÷ 本期到期债务 ×100%=3828906632.02÷1238850186.92×100% = 309.07%。

通常作为企业到期的长期负债和本期应付票据是不能延期的，到期必须如数偿还，企业设置的标准值一般为 1.5。该比率越高，表明企业资金流动性越好，企业到期偿还债务的能力就越强。

### 9.7.4 偿债能力分析的意义

在企业偿债能力的分析当中，企业自身的经营状况、风险机制和现金筹资能力的大小，可为企业的理财行为提供借鉴。以上指标对于企业的投资商、债权人、供应链和企业高管等经营活动的参与者具有非同寻常的意义。

1) 从投资者的角度而言

企业偿债能力的强弱直接决定着企业盈利和企业的竞争能力以及能否寻找到合适的投资机会。企业的偿债能力低下将直接导致企业盈利能力和投资机会大量减少。所以，企业偿债能力的分析直接决定着投资者的投资行为。

2) 从债权人的角度而言

企业偿债能力的强弱直接决定着对企业的资金、本金、利息以及其他经济项目能否按期到账。企业的偿债能力较弱将直接引发本金与利息收回推迟，或者增加企业财务报表当中的坏账。所以，企业偿债能力的分析直接决定着债权人能否进行正确的借贷决策。

3) 从管理者的角度而言

企业高管在企业的经营活动中进行的资金运作和投资行为的顺利进行直接影响着企业偿债能力的分析，直接影响着企业承受财务风险机制能力的强弱。所以，企业偿债能力的分析决定着企业高层管理者能否进行正确的经营决策。

4) 从供应商的角度而言

企业偿债能力的分析与供应商对企业合同的兑现有直接关系。企业的偿债能力弱将直接引发资金链的断裂或者货款不能按时到账。所以，企业偿债能力的分析决定着供应商能否对企业的财务状况和风险机制进行合理的估量。

## 9.8 获取现金能力的分析

获取现金能力分析主要是了解当期经营活动获取现金的能力。获取现金能力分析的指标主要有 3 种，分别是每元销售现金净流入、每股经营现金净流量和全部资产现金回收率，如图 9.26 所示。

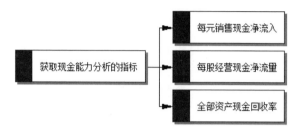

图9.26　获取现金能力分析的指标

## 9.8.1 每元销售现金净流入

每元销售现金净流入，是指经营活动中的现金净流量与主营业务收入的比值，它反映的是企业通过销售获取现金的能力。每元销售现金净流入计算公式为

$$每元销售现金净流入=经营活动现金净流量÷主营业务收入$$

云南白药 (000538)2020 年的经营现金净流量为 3828906632.02 元，主营业务收入为 32695579665.45 元，如图 9.27 所示。

| 项目 | 本期发生额 | | 上期发生额 | |
|---|---|---|---|---|
| | 收入 | 成本 | 收入 | 成本 |
| 主营业务 | 32,695,579,665.45 | 23,621,742,929.02 | 29,585,212,987.52 | 21,161,587,190.26 |
| 其他业务 | 47,187,098.34 | 34,135,205.54 | 79,460,881.16 | 29,777,161.14 |
| 合计 | 32,742,766,763.79 | 23,655,878,134.56 | 29,664,673,868.68 | 21,191,364,351.40 |

44、营业收入和营业成本

单位：元

图9.27　云南白药(000538)2020年的主营业务收入

下面来计算每元销售现金净流入。

每元销售现金净流入 = 经营活动现金净流量 ÷ 主营业务收入 = 3828906632.02÷32695579665.45 =0.1171。

每元销售现金净流入指标值越高越好，一般不会大于1。

## 9.8.2 每股经营现金净流量

每股经营现金净流量，是反映每股发行在外的普通股票所平均占有的现金流量，或者说是反映企业为每一普通股获取的现金流入量的指标。每股经营现金净流量计

算公式为

$$每股经营现金净流量=经营活动现金净流量\div平均普通股股数$$

云南白药 (000538)2020 年的经营现金净流量为 3828906632.02 元 (38.29 亿元 )，平均普通股股数为 12.77 亿元，如图 9.28 所示。

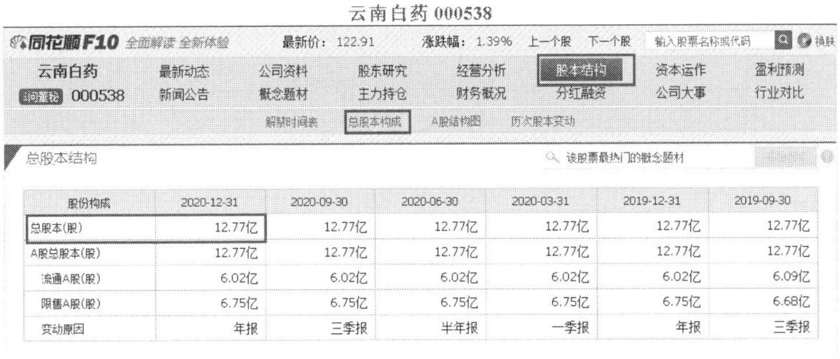


| 股份构成 | 2020-12-31 | 2020-09-30 | 2020-06-30 | 2020-03-31 | 2019-12-31 | 2019-09-30 |
|---|---|---|---|---|---|---|
| 总股本(股) | 12.77亿 | 12.77亿 | 12.77亿 | 12.77亿 | 12.77亿 | 12.77亿 |
| A股总股本(股) | 12.77亿 | 12.77亿 | 12.77亿 | 12.77亿 | 12.77亿 | 12.77亿 |
| 流通A股(股) | 6.02亿 | 6.02亿 | 6.02亿 | 6.02亿 | 6.02亿 | 6.09亿 |
| 限售A股(股) | 6.75亿 | 6.75亿 | 6.75亿 | 6.75亿 | 6.75亿 | 6.68亿 |
| 变动原因 | 年报 | 三季报 | 半年报 | 一季报 | 年报 | 三季报 |

图9.28　云南白药(000538)2020年的平均普通股股数

下面来计算每股经营现金净流量。

每股经营现金净流量 = 经营活动现金净流量 ÷ 平均普通股股数 = 38.29 ÷12.77 = 2.9984。

该指标所表达的实质是作为每股盈利的支付保障的现金流量，因而每股经营现金流量指标越高，越为股东们所乐意接受。

## 9.8.3 全部资产现金回收率

全部资产现金回收率，是指营业净现金流入与全部资产的比值，反映的是企业运用全部资产获取现金的能力。全部资产现金回收率计算公式为

$$全部资产现金回收率=经营活动现金净流量\div全部资产\times100\%$$

云南白药 (000538)2020 年的经营现金净流量为 3828906632.02 元，全部资产为 55219448243.00 元，如图 9.29 所示。

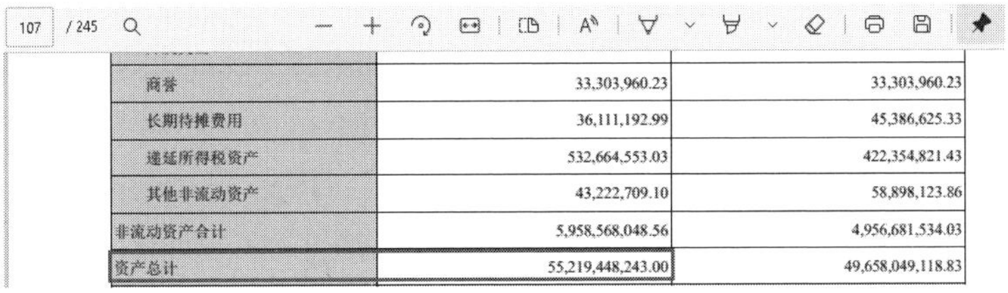


| | | |
|---|---|---|
| 商誉 | 33,303,960.23 | 33,303,960.23 |
| 长期待摊费用 | 36,111,192.99 | 45,386,625.33 |
| 递延所得税资产 | 532,664,553.03 | 422,354,821.43 |
| 其他非流动资产 | 43,222,709.10 | 58,898,123.86 |
| 非流动资产合计 | 5,958,568,048.56 | 4,956,681,534.03 |
| 资产总计 | 55,219,448,243.00 | 49,658,049,118.83 |

图9.29　云南白药(000538)2020年的全部资产

下面来计算全部资产现金回收率。

全部资产现金回收率 = 经营活动现金净流量 ÷ 全部资产 ×100%= 3828906632.02 ÷ 55219448243.00×100% = 6.93%。

# 9.9　现金流量的质量分析

所谓现金流量的质量，是指企业的现金流量能够按照企业的预期目标进行运转的质量。具有较好质量的现金流量应当具有如下特征。

(1) 企业现金流量的状态体现了企业的发展战略的要求。

(2) 在稳定发展阶段，企业经营活动的现金流量应当与企业经营活动所对应的利润有一定的对应关系，并能为企业的扩张提供现金流量支持。

一般情况下，现金流量结构合理，现金流入、流出无异常波动，就表明企业的财务状况基本良好。

拿到现金流量表，首先，应关注表中最后几栏"现金及现金等价物净增加额"，若此数为正数，表明企业本期有现金流入；反之则为现金流出，如图 9.30 所示。

| | | 云南白药集团股份有限公司 2020 年年度报告全文 |
| --- | --- | --- |
| 筹资活动产生的现金流量净额 | -2,978,443,387.78 | -9,340,676,013.66 |
| 四、汇率变动对现金及现金等价物的影响 | -3,437,482.77 | 6,748,261.40 |
| 五、现金及现金等价物净增加额 | 1,933,519,445.47 | 6,737,078,646.71 |
| 　加：期初现金及现金等价物余额 | 12,344,207,213.17 | 5,607,128,566.46 |
| 六、期末现金及现金等价物余额 | 14,277,726,658.64 | 12,344,207,213.17 |

图9.30　现金及现金等价物净增加额

其次，应分别按现金流量表三大分类分析上述净流入（出）额的组成，分析在哪一分类中产生流入，哪一分类中产生流出。三大分类为经营活动的现金流量、投资活动的现金流量和筹资活动的现金流量。

最后，应分析三大分类现金流量的构成。

## 9.9.1　经营活动的现金流量分析

现金流量表"经营活动的现金流量"是企业正常经营活动产生的现金流量，主营业务是这一分类的主要构成。主营业务突出、收入稳定是企业运营良好的重要标志，所以这一指标可以说是企业的脊梁。

1) 经营现金净流量

经营现金净流量为正数，通常说明企业经营进入良性循环轨道，销售带来现金流入，而现金流入越大，企业经营越稳健、越成功，如图 9.31 所示。

| | | |
|---|---|---|
| 支付的各项税费 | 828,028,892.23 | 670,815,720.13 |
| 支付其他与经营活动有关的现金 | 4,907,596,845.53 | 3,771,723,672.69 |
| 经营活动现金流出小计 | 8,874,636,392.08 | 7,813,884,127.19 |
| 经营活动产生的现金流量净额 | 2,640,410,231.33 | 1,248,219,906.58 |

图9.31  经营现金净流量

从长期来看，只有当企业经营活动产生的现金流量大于零并在补偿当期的非现金消耗成本后仍有剩余，才意味着企业经营活动产生的现金流量已经处于良好的运转状态。因为此时企业通过正常的商品购、产、销所带来的现金流入量不但能够支付因经营活动而引起的货币流出、补偿当期全部的非现金消耗性成本，而且还有余力为企业的投资活动提供现金流量支持。如果这种状态持续，则企业经营活动产生的现金流量将对企业经营活动的稳定与发展、企业投资规模的扩大发挥重要的促进作用。

经营现金净流量为负，说明企业经营资金周转不灵，可能存在存货积压、赊账过多等不利因素。所以运用经营活动现金流量可以作为观察企业经营含金量的试金石，是观察企业是否舞弊作假的火眼金睛。

2) 销售商品、提供劳务收到的现金

因为在经营活动现金流量中，"销售商品、提供劳务收到的现金"可以将它同利润表中营业收入总额相对比，以大致判断企业现款销售率，如图 9.32 所示。

| 六、期末现金及现金等价物余额 | 14,277,726,658.64 | 12,344,207,213.17 |
|---|---|---|

**6、母公司现金流量表**

单位：元

| 项目 | 2020 年度 | 2019 年度 |
|---|---|---|
| 一、经营活动产生的现金流量： | | |
| 销售商品、提供劳务收到的现金 | 6,598,555,230.33 | 5,276,547,630.57 |
| 收到的税费返还 | | |
| 收到其他与经营活动有关的现金 | 4,916,491,393.08 | 3,785,556,403.20 |

图9.32  销售商品、提供劳务收到的现金

高收现率是企业经营管理者成功管理的结果，也表明企业产品定位正确、适销对路，并已形成卖方市场，尽管现金流入有可能包括前期因商业信用产生的应收票据或应收账款的收回，但这一因素可以不做太多的考虑，因为从较长一段时间来看，除非经营环境发生重大变化，否则应收账款年平均收现率差异不会太大，这一差异

对每年现金流量的影响也会抵销。

3) 购买商品、接受劳务支付的现金

"购买商品、接受劳务支付的现金"一项，还可用于成本分析，如图 9.33 所示。

| 117 / 245 | Q | | − | + | ⟳ | ⊞ | ⊡ | Aᴬ | ∀ ∨ | ⊟ ∨ | ⌫ | 🖨 | 🖫 | 📌 |
|---|---|---|---|---|---|---|---|---|---|---|---|---|---|---|
| 收到其他与经营活动有关的现金 | | | | | | 4,916,491,393.08 | | | | | | 3,785,556,403.20 | | |
| 经营活动现金流入小计 | | | | | | 11,515,046,623.41 | | | | | | 9,062,104,033.77 | | |
| 购买商品、接受劳务支付的现金 | | | | | | 2,434,986,840.23 | | | | | | 2,630,629,005.64 | | |
| 支付给职工以及为职工支付的现金 | | | | | | 704,023,814.09 | | | | | | 740,715,728.73 | | |
| 支付的各项税费 | | | | | | 828,028,892.23 | | | | | | 670,815,720.13 | | |

图9.33　购买商品、接受劳务支付的现金

将企业主营业务成本与购买商品、接受劳务支付的现金相比较，可以知道企业实际成本是否过高，从而可以更加清楚地认识到企业目前所面临的形势是否严峻。

4) 经营活动现金流入和流出的主要项目

经营活动现金流入的主要项目包括：①销售商品、提供劳务收到的现金；②收到的税费返还；③收到的其他与经营活动有关现金。

经营活动现金流出的主要项目包括：①购买商品、接受劳务支付的现金；②支付给职工以及为职工支付的现金；③支付的各项税费；④支付的其他与经营活动有关的现金。

经营活动现金流量净额是经营活动现金流入与经营活动现金流出的差额。

5) 经营活动现金流量净额与企业当期取得的净利润的关系

经营活动现金流量净额与企业当期取得的净利润存在着密切的关系，可以揭示净收益的收益质量和企业的营运资金管理状况。经营活动现金流量，相对于净利润而言，企业的经营活动现金流量更能反映企业真实的经营成果。

第一，经营活动现金净流量不包括非经营活动的损益，比如有的企业为了掩盖经营亏损，通过处置固定资产、无形资产、长期股权投资、金融资产、投资性房地产等调节利润，所以净利润扣除"非经营活动损益"后，得出的是"经营活动净损益"更加突出企业经营盈利的真实性。

第二，经营活动现金净流量不包括不支付的成本费用：计提的减值准备；计提固定资产折旧；无形资产摊销；长期待摊费用摊销。因为这些成本费用大多是本期没有发生支付现金，所以更能真实反映经营活动应得现金。

第三，经营活动现金净流量能够准确地反映企业存货和结算账户调节利润的阴暗面，有些企业为了保持所谓高毛利，运用减少销货成本使成本沉淀在期末库存里，所以存货增加的直接结果就是现金流量减少；同样有些企业通过应收项目提前确认收入，但是应收票据、应收账款、其他应收款增加会降低现金流量；有些企业会运用预付账款延期确认成本费用，但是预付账款增加也会导致现金流量的下降。

所以，一个企业可以通过包装粉饰业绩，形成虚假的业绩增长的假象。因此我们完全可以运用经营活动现金净流量作为检验企业财务经营真实性的试金石，历史上华锐风电、汉王科技、科恒股份、南大光电业绩突然变脸，露出被包装丑陋的一面，足以说明观察财务经营业绩真实性，就是考察利润含金量的重要性，包括即将上市的恒华科技可能直接亏损就是在经营活动现金净流量出现了软肋，因为一个企业拟可以调节利润，虚增业绩，但是很难做到虚增真金白银的经营活动现金净流量。所以一个企业每股经营活动现金净流量低于每股收益 30%，这类企业属于极其险恶的粉饰造假企业，哪怕合理运用会计手段，亏损破产也不会很遥远。

但是，企业也可以运用下列手段对经营活动现金流量进行操纵，比如：利用关联方在期末大量偿还应收账款，过了年底立即再将资金以多种形式返回；有的通过关联方预付账款顶上现金流量，过了年再将预付款退回，所以对那些拥有大量预付款项的企业，我们也要连续性观察，有些白酒企业当初就有这类调控嫌疑；这些操纵我们可以对比第四季度报告和第一季度报告，发现这些恶魔企业的丑陋。有的运用应收票据贴现，应收票据贴现实质上是企业筹措资金的一种形式，并不能改善企业的获利能力和收益质量，这我们可以对比年末应收票据和年初应收票据，如果突然下降一般都有这类嫌疑。

## 9.9.2 投资活动的现金流量分析

企业的投资活动主要有 3 个目的，具体如下所述。

第一，为企业的正常生产经营活动打下坚实基础，如购建固定资产、无形资产和其他长期资产等。

第二，为企业对外扩张和其他发展性项目进行权益性投资和债权性投资。

第三，利用企业暂时不用的闲置货币资金进行短期投资，以获取较高的投资收益。

在上述的三个目的中，前两个都与企业的长期规划和短期计划相一致，第三个在很多情况下是企业的一种短期理财行为。

在企业投资活动符合其长期规划和短期计划的条件下，若投资活动产生的现金流量净额为负数，一般是企业挖掘利润增长点、扩大投资行为的结果，如图 9.34 所示。

| | | |
|---|---|---|
| 购建固定资产、无形资产和其他长期资产支付的现金 | 229,282,184.29 | 513,542,166.85 |
| 投资支付的现金 | 25,936,391,341.61 | 12,746,771,306.06 |
| 取得子公司及其他营业单位支付的现金净额 | | |
| 支付其他与投资活动有关的现金 | 3,255,000,000.00 | 1,740,000,000.00 |
| 投资活动现金流出小计 | 29,420,673,525.90 | 15,000,313,472.91 |
| 投资活动产生的现金流量净额 | 4,416,209,117.00 | 12,562,135,385.99 |

图9.34　投资活动产生的现金流量净额

如果企业投资活动产生的现金流量净额为正数，一般是由于企业在本会计期间投资回收活动的规模大于投资支出的规模，或者是由于企业在经营活动和筹资活动方面急需资金，而不得不处理手中的长期资产来变现。

### 9.9.3 筹资活动的现金流量分析

如果企业能利用财务杠杆发挥筹资作用，增加资本利得，则筹资活动产生的现金流入是利好；反之，则是利空。企业的筹资活动产生的现金流入主要可用于两个方面，分别是支持现有生产和用于投资。

一般情况下，当企业处在发展的起步阶段时，需要投入大量的资金，企业对现金流量的需求主要通过筹资活动来解决。

分析企业筹资活动产生的现金流量净额大于零是否正常，关键要看企业的筹资活动是否已经纳入企业的发展规划，是企业管理层以扩大投资和经营活动为目标的主动筹资行为，还是企业因投资活动和经营活动的现金流出失控，而不得已的筹资行为。

企业筹资活动产生的现金流量净额小于零时，可能是由于企业经营活动与投资活动在现金流量方面运转较好，有能力满足各项支付对现金的需求，也可能是企业在投资和企业扩张方面没有更多作为的一种表现，如图 9.35 所示。

图9.35 筹资活动产生的现金流量净额

# 第 10 章

## 价值投资的所有者权益变动表分析

　　所有者权益变动表全面反映了企业的股东权益在年度内的变化情况，便于投资者深入分析企业股东权益的增减变化，并进而对企业的资本保值增值作出正确判断，从而为投资者提供对决策有用的信息。本章首先讲解所有者权益变动表及其作用，然后讲解所有者权益变动表的分析，最后讲解股利决策对所有者权益变动影响的分析。

# 10.1 初识所有者权益变动表

所有者权益变动表是指企业所有者权益在当期发生的变化、分配结构等内容，也就是拥有这家企业的股东分配情况和变化情况。通过所有者权益变动表，可以了解企业的资产分配比例及谁是企业的股东。

## 10.1.1 什么是所有者权益变动表

所有者权益变动表是反映所有者权益变动情况的明细表格，也就是反映企业所有者的注资变化情况、分配情况等关于所有者的变化情况。它包括股本(或实收资本)、资本公积、库存股、专项储备、盈余公积、未分配利润、少数股东权益、所有者权益合计等。

打开同花顺软件，输入“云南白药”的代码000538，然后回车，就可以查看云南白药(000538)的日K线图。接着按下键盘上的“F10”键，就可以看到云南白药(000538)的个股资料信息。

在个股资料信息中，单击“财务概况”，再单击“财务报表”，就可以查看云南白药(000538)的财务报告，如图10.1所示。

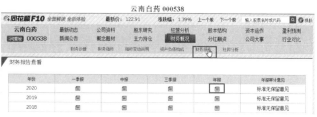

图10.1　查看云南白药(000538)的财务报告

单击2020年年报对应的▤按钮，就可以打开网页，显示云南白药集团股份有限公司2020年年度报告。向下拖动垂直滚动条，就可以看到云南白药(000538)的所有者权益变动表，如图10.2所示。

云南白药集团股份有限公司2020年年度报告全文

7、合并所有者权益变动表

本期金额

单位：元

| 项目 | 2020年度 | | | | | | | | | | | | | | |
|---|---|---|---|---|---|---|---|---|---|---|---|---|---|---|---|
| | 归属于母公司所有者权益 | | | | | | | | | | | | | 少数股东权益 | 所有者权益合计 |
| | 股本 | 其他权益工具 | | | 资本公积 | 减：库存股 | 其他综合收益 | 专项储备 | 盈余公积 | 一般风险准备 | 未分配利润 | 其他 | 小计 | | |
| | | 优先股 | 永续债 | 其他 | | | | | | | | | | | |
| 一、上年期末余额 | 1,277,403,317.00 | | | | 17,420,060,412.06 | | -3,139,873.40 | | 1,412,582,111.45 | | 17,831,191,285.89 | | 37,938,097,253.00 | 161,810,583.93 | 38,099,907,836.93 |
| 加：会计政策变更 | | | | | | | | | | | | | | | |
| 前期差错更正 | | | | | | | | | | | | | | | |
| 同一控制下企业合并 | | | | | | | | | | | | | | | |
| 其他 | | | | | | | | | | | | | | | |
| 二、本年期初余额 | 1,277,403,317.00 | | | | 17,420,060,412.06 | | -3,139,873.40 | | 1,412,582,111.45 | | 17,831,191,285.89 | | 37,938,097,253.00 | 161,810,583.93 | 38,099,907,836.93 |
| 三、本期增减变动金额（减少以“－”号填列） | | | | | 235,284,195.49 | 1,807,904,769.04 | 3,211,105.79 | | 673,824,696.31 | | 1,010,037,531.50 | | 114,452,760.05 | 129,659,814.50 | 244,112,574.55 |

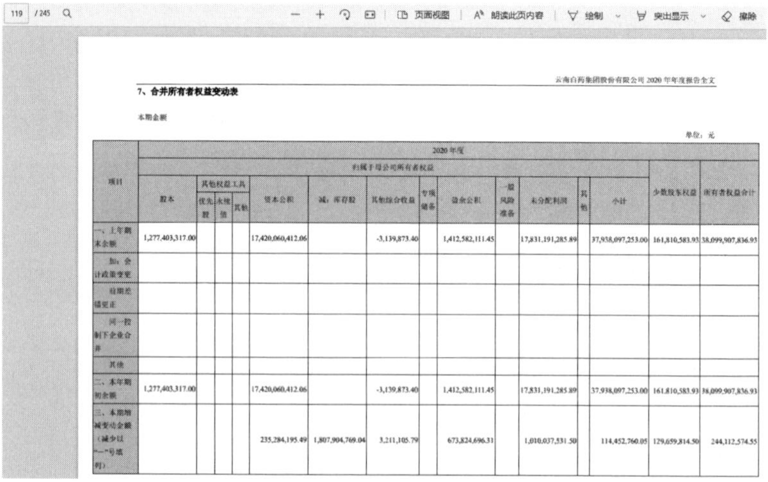

图10.2　云南白药(000538)的所有者权益变动表

## 10.1.2 所有者权益变动表的作用

所有者权益变动表分析，是通过所有者权益的来源及变动情况，了解会计期间内影响所有者权益增减变动的具体原因，判断构成所有者权益各个项目变动的合法情和合理情，为投资者提供较为真实的所有者权益总额及其变动信息。所有者权益变动表的作用表现在 5 个方面，具体如下所述。

第一，反映企业抵御财务风险的能力，为投资者提供企业盈利能力方面的信息。

第二，反映企业自有资金的质量，揭示所有者权益变动的原因，为投资者正确评价企业经营管理工作提供信息。

第三，反映企业股利分配政策及现金支付能力，为投资者的投资决策提供全面信息。

第四，为公允价值的广泛运用创造条件。

第五，有利于全面反映企业的经营业绩。

## 10.2 所有者权益变动表的分析

所有者权益变动表共分 4 大部分，分别是上年期末余额、本年期初余额、本期增减变动金额、本期期末余额，如图 10.3 所示。

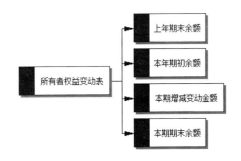

图10.3　所有者权益变动表

不管哪个项目都要分别记入本期金额和上期金额。本期金额可根据本期发生额填写；上期金额可根据上期发生额的情况填写。

## 10.2.1 上年期末余额的分析

上年期末余额是根据上年度所有者权益变动表中的期末余额进行填写。这个比较简单，每张表的期初余额，都是上年度的股本、其他权益工具（优先股、永续绩、其他）、资本公积、库存股（减）、其他综合收益、专项储备、盈余公积、一般风险准备、未分配利润、其他、小计、少数股东权益、所有者权益合计，如图 10.4 所示。

所有者权益变动表中的项目，如股本、资本公积、盈余公积等，在资产负债表中已讲过，这里不再重复。

119 / 245 页面视图 朗读此页内容 绘制 突出显示 擦除

云南白药集团股份有限公司 2020 年年度报告全文

7、合并所有者权益变动表

本期金额

单位：元

| 项目 | 2020 年度 | | | | | | | | | | | | | | |
|---|---|---|---|---|---|---|---|---|---|---|---|---|---|---|---|
| | 归属于母公司所有者权益 | | | | | | | | | | | | | 少数股东权益 | 所有者权益合计 |
| | 股本 | 其他权益工具 | | | 资本公积 | 减：库存股 | 其他综合收益 | 专项储备 | 盈余公积 | 一般风险准备 | 未分配利润 | 其他 | 小计 | | |
| | | 优先股 | 永续债 | 其他 | | | | | | | | | | | |
| 一、上年期末余额 | 1,277,403,317.00 | | | | 17,420,060,412.06 | | -3,139,873.40 | | 1,412,582,111.45 | | 17,831,191,285.89 | | 37,938,097,253.00 | 161,810,583.93 | 38,099,907,836.93 |

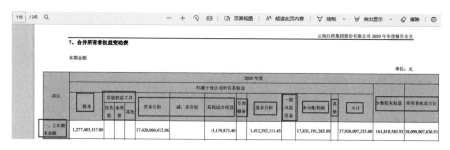

图10.4 上年期末余额

下面来看一下上年期末余额的表内公式计算。

小计＝股本＋其他权益工具＋资本公积－库存股(减)＋其他综合收益＋专项储备＋盈余公积＋一般风险准备＋未分配利润＋其他＝1277403317.00＋0＋17420060412.06＋0+(−3139873.40)+0+1412582111.45+0＋17831191285.89+0=37938097253.00(元)。

所有者权益合计＝小计＋少数股东权益＝ 37938097253.00＋161810583.93＝38099907836.93(元)。

## 10.2.2 本年期初余额的分析

本年期初余额是上年期末余额加上会计政策变更内容和前期差错更正的余额。如果本年与上年没有会计政策变更和前期没有差错需要更正，本年期初余额与上年期末余额是一样的。云南白药(000538)本年期初余额与上年期末余额是一样的，说明该公司没有会计政策变更，也没有差错，如图 10.5 所示。

119 / 245 页面视图 朗读此页内容 绘制 突出显示 擦除

单位：元

| 项目 | 2020 年度 | | | | | | | | | | | | | | |
|---|---|---|---|---|---|---|---|---|---|---|---|---|---|---|---|
| | 归属于母公司所有者权益 | | | | | | | | | | | | | 少数股东权益 | 所有者权益合计 |
| | 股本 | 其他权益工具 | | | 资本公积 | 减：库存股 | 其他综合收益 | 专项储备 | 盈余公积 | 一般风险准备 | 未分配利润 | 其他 | 小计 | | |
| | | 优先股 | 永续债 | 其他 | | | | | | | | | | | |
| 一、上年期末余额 | 1,277,403,317.00 | | | | 17,420,060,412.06 | | -3,139,873.40 | | 1,412,582,111.45 | | 17,831,191,285.89 | | 37,938,097,253.00 | 161,810,583.93 | 38,099,907,836.93 |
| 加：会计政策变更 | | | | | | | | | | | | | | | |
| 前期差错更正 | | | | | | | | | | | | | | | |
| 同一控制下企业合并 | | | | | | | | | | | | | | | |
| 其他 | | | | | | | | | | | | | | | |
| 二、本年期初余额 | 1,277,403,317.00 | | | | 17,420,060,412.06 | | -3,139,873.40 | | 1,412,582,111.45 | | 17,831,191,285.89 | | 37,938,097,253.00 | 161,810,583.93 | 38,099,907,836.93 |

图10.5 本年期初余额

需要注意的是，会计政策是不能随意更改的，但是当有重大事件和变更时也是可以更改的。如果需要变更而对公司所有者有影响时，就需要在这里体现。虽然财务报表要求准确，但是既然是人工操作，就难免会出现差错。所以当发现以前的操作出现问题时，就需要及时改正，改正记录也是在"前期差错更正"项目中体现的。

需要注意的是，在本年期初余额中，小计 = 股本 + 其他权益工具 + 资本公积 − 库存股(减) + 其他综合收益 + 专项储备 + 盈余公积 + 一般风险准备 + 未分配利润 + 其他。

所有者权益合计 = 小计 + 少数股东权益。

## 10.2.3 本期增减变动金额的分析

本期增减变动金额是所有者权益变动表的核心内容，共包括 6 项内容，分别是综合收益总额、所有者投入和减少资本、利润分配、所有者权益内部结转、专项储备、其他，如图 10.6 所示。

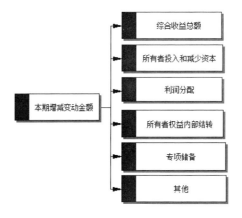

图10.6 本期增减变动金额

1) 综合收益总额

综合收益总额项目是反映企业净利润与其他综合收益的合计金额。综合收益包括其他综合收益和综合收益总额。其中，其他综合收益反映的是企业根据企业会计准则规定未在损益中确认的各项利得和损失扣除所得税影响后的净额，如图 10.7 所示。

需要注意的是，在综合收益总额中，小计的增减变动金额 = 股本的增减变动金额 + 其他权益工具的增减变动金额 + 资本公积的增减变动金额 − 库存股(减)的增减变动金额 + 其他综合收益的增减变动金额 + 专项储备的增减变动金额 + 盈余公积的增减变动金额 + 一般风险准备的增减变动金额 + 未分配利润的增减变动金额 + 其他的增减变动金额 = 0 + 0 + 0 + 0 + 3211105.79 + 0 + 0 + 0 + 5516072178.81 + 0 = 5519283284.60( 元 )。

所有者权益合计的增减变动金额 = 小计的增减变动金额 + 少数股东权益的增减变动金额 = 5519283284.60 + (−5065855.80) = 5514217428.80( 元 )。

| | | | 235,284,195.49 | 1,807,904,769.04 | 3,211,105.79 | 673,824,696.31 | | 1,010,037,531.50 | 114,452,760.05 | 129,659,814.50 | 244,112,574.55 |

119

云南白药集团股份有限公司 2020 年年度报告全文

| （一）综合收益总额 | | | | 3,211,105.79 | | | 5,516,072,178.81 | 5,519,283,284.60 | -5,065,855.80 | 5,514,217,428.80 |

图10.7　综合收益总额

2) 所有者投入和减少资本

所有者投入和减少资本包括 4 项，分别是所有者投入的普通股、其他权益工具持有者投入资本、股份支付计入所有者权益的金额、其他，如图 10.8 所示。

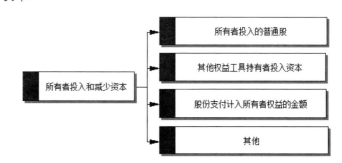

图10.8　所有者投入和减少资本

所有者投入和减少资本项目反映的是当年投资者资本增加和减少的金额，也许有新的股东投入，也许有老股东退股，也许有老股东增资或减资的变动情况，如图 10.9 所示。

| | | 222,947,051.66 | 1,807,904,769.04 | | | | | -1,584,957,717.38 | 134,725,670.30 | -1,450,232,047.08 |
|---|---|---|---|---|---|---|---|---|---|---|
| 1. 所有者投入的普通股 | | 118,324,329.70 | | | | | | 118,324,329.70 | 134,725,670.30 | 253,050,000.00 |
| 2. 其他权益工具持有者投入资本 | | | | | | | | | | |
| 3. 股份支付计入所有者权益的金额 | | 104,622,721.96 | 1,807,904,769.04 | | | | | 1,703,282,047.08 | | -1,703,282,047.08 |
| 4. 其他 | | | | | | | | | | |

图10.9　所有者投入和减少资本数据信息

下面来看一下所有者投入和减少资本的表内公式计算。

所有者投入和减少资本 = 所有者投入的普通股 + 其他权益工具持有者投入资金 + 股份支付计入所有者权益的余额 + 其他。

例如，资本公积的所有者投入和减少资本 = 资本公积的所有者投入的普通股 +

资本公积的其他权益工具持有者投入资金 + 资本公积的股份支付计入所有者权益的余额 + 资本公积的其他 = 118324329.70 + 0 + 104622721.96 + 0 = 222947051.66( 元 )。

还需要注意，所有者权益合计的所有者投入和减少资本 = 所有者权益合计的所有者投入的普通股 + 所有者权益合计的其他权益工具持有者投入资金 + 所有者权益合计的股份支付计入所有者权益的余额 + 所有者权益合计的其他 = 253050000.00 + 0 + (−1703282047.08) + 0 = −1,450,232,047.08( 元 )。

另外，所有者权益合计的所有者投入和减少资本 = 所有者投入和减少资本的小计 + 所有者投入和减少资本的少数股东权益 = −1584957717.38 + 134725670.30 = −1,450,232,047.08( 元 )。

3) 利润分配

利润分配包括 4 项，分别是提取盈余公积、提取一般风险准备、对所有者 ( 或股东 ) 的分配、其他，如图 10.10 所示。

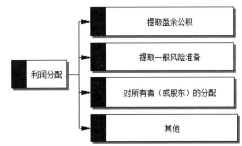

图10.10　利润分配

利润分配，是将企业实现的净利润，按照国家财务制度规定的分配形式和分配顺序，在企业和投资者之间进行的分配。利润分配的过程与结果，是关系到所有者的合法权益能否得到保护，企业能否长期、稳定发展的重要问题。为此，企业必须加强利润分配的管理和核算。企业利润分配的主体是投资者和企业，利润分配的对象是企业实现的净利润；利润分配的时间即确认利润分配的时间是利润分配义务发生的时间和企业作出决定向内向外分配利润的时间，如图 10.11 所示。

| 权益的金额 | | | | | | | | |
|---|---|---|---|---|---|---|---|---|
| 4. 其他 | | | | | | | | |
| (三) 利润分配 | | | | | 673,824,696.31 | -4,506,034,647.31 | -3,832,209,951.00 | -3,832,209,951.00 |
| 1. 提取盈余公积 | | | | | 673,824,696.31 | -673,824,696.31 | | |
| 2. 提取一般风险准备 | | | | | | | | |
| 3. 对所有者 (或股东) 的分配 | | | | | | -3,832,209,951.00 | -3,832,209,951.00 | -3,832,209,951.00 |
| 4. 其他 | | | | | | | | |

图10.11　利润分配

下面来看一下所有者投入和减少资本的表内公式计算。

利润分配 = 提取盈余公积 + 提取一般风险准备 + 对所有者 ( 或股东 ) 的分配 + 其他。

例如，未分配利润的利润分配 = 提取盈余公积的利润分配 + 提取一般风险

准备的利润分配＋对所有者（或股东）的分配的利润分配＋其他的利润分配＝
-673824696.31＋0＋(-3832209951.00)＋0＝-4506034647.31（元）。

另外，所有者权益合计的利润分配＝利润分配的小计＋利润分配的少数股东权
益＝-3832209951.00＋0＝-3832209951.00（元）。

4）所有者权益内部结转

所有者权益内部结转包括6项，
分别是资本公积转增资本（或股本）、
盈余公积转增资本（或股本）、盈余
公积弥补亏损、设定受益计划变动
额结转留存收益、其他综合收益结
转留存收益、其他，如图10.12所示。

所有者权益内部结转项目反映
的是当年利润需要转增资本金额的
内部结转分配情况，如图10.13所示。

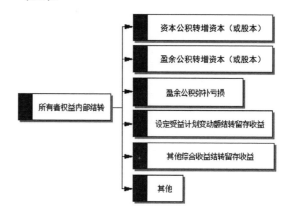

图10.12　所有者权益内部结转

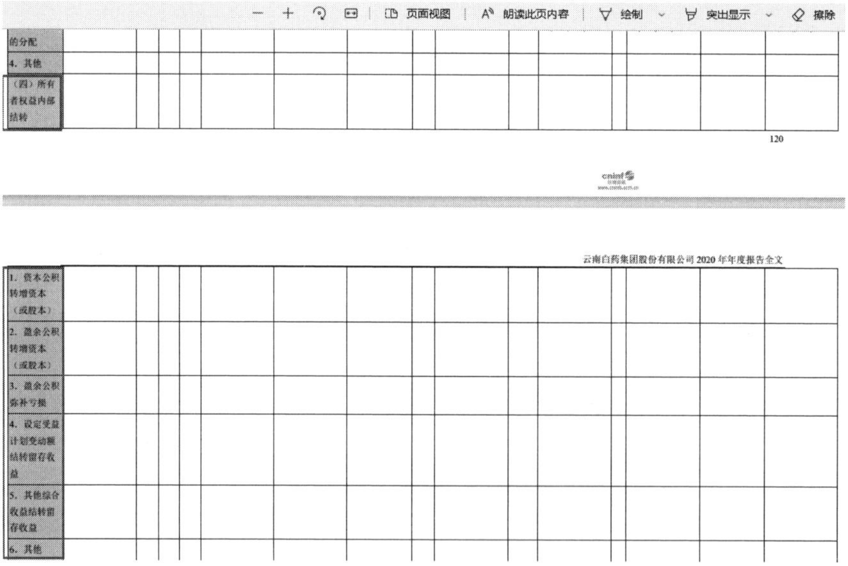

图10.13　所有者权益内部结转

5）专项储备

专项储备用于核算高危行业企业按照规定提取的安全生产费用以及维持简单再生
产费用等具有类似性质的费用。如企业使用提取的安全生产费用时，属于费用性支出的，
直接冲减专项储备，即借记"专项储备"科目，贷记"银行存款"科目，如图10.14所示。

图10.14　专项储备

6) 本期增减变动金额的表内公式计算

股本的本期增减变动金额 = 综合收益总额的股本的本期增减变动金额 + 所有者投入和减少资本的股本的本期增减变动金额 + 利润分配的股本的本期增减变动金额 + 所有者权益内部结转的股本的本期增减变动金额 + 专项储备的股本的本期增减变动金额 + 其他的股本的本期增减变动金额 = 0 元。

同理，其他权益工具、专项储备、一般风险准备、其他本期增减变动金额都为 0 元。

资本公积的本期增减变动金额 = 综合收益总额的资本公积的本期增减变动金额 + 所有者投入和减少资本的资本公积的本期增减变动金额 + 利润分配的资本公积的本期增减变动金额 + 所有者权益内部结转的资本公积的本期增减变动金额 + 专项储备的资本公积的本期增减变动金额 + 其他的资本公积的本期增减变动金额 = 0 + 222947051.66 + 0 + 0 + 0 + 12337143.83 = 235284195.49( 元 )，如图 10.15 所示。

图10.15　资本公积的本期增减变动金额

库存股（减）的本期增减变动金额 = 综合收益总额的库存股（减）的本期增减变动金额 + 所有者投入和减少资本的库存股（减）的本期增减变动金额 + 利润分配的库存股（减）的本期增减变动金额 + 所有者权益内部结转的库存股（减）的本期增减变动金额 + 专项储备的库存股（减）的本期增减变动金额 + 其他的库存股（减）的本期增减变动金额 = 0 + 1807904769.04 + 0 + 0 + 0 + 0 = 1807904769.04(元)，如图 10.16 所示。

| | | | | | | | | | | |
|---|---|---|---|---|---|---|---|---|---|---|
| 二、本年期初余额 | 1,277,403,317.00 | | 17,420,060,412.06 | | -3,139,873.40 | 1,412,582,111.45 | 17,831,191,285.89 | 37,938,097,253.00 | 161,810,583.93 | 38,099,907,836.93 |
| 三、本期减变动金额（减少以"—"号填列） | | | 235,284,195.49 | 1,807,904,769.04 | 3,211,105.79 | 673,824,696.31 | 1,010,037,531.50 | 114,452,760.05 | 129,659,814.50 | 244,112,574.55 |

119

云南白药集团股份有限公司 2020 年年度报告全文

| | | | | | | | | |
|---|---|---|---|---|---|---|---|---|
| （一）综合收益总额 | | | 3,211,105.79 | | 5,516,072,178.81 | 5,519,283,284.60 | -5,065,855.80 | 5,514,217,428.80 |
| （二）所有者投入和减少资本 | 222,947,051.66 | 1,807,904,769.04 | | | | -1,584,957,717.38 | 134,725,670.30 | -1,450,232,047.08 |

图10.16　库存股(减)的本期增减变动金额

其他综合收益的本期增减变动金额 = 综合收益总额的其他综合收益的本期增减变动金额 + 所有者投入和减少资本的其他综合收益的本期增减变动金额 + 利润分配的其他综合收益的本期增减变动金额 + 所有者权益内部结转的其他综合收益的本期增减变动金额 + 专项储备的其他综合收益的本期增减变动金额 + 其他综合收益的本期增减变动金额 = 3211105.79 + 0 + 0 + 0 + 0 + 0 = 3211105.79(元)，如图 10.17 所示。

| | | | | | | | | | | |
|---|---|---|---|---|---|---|---|---|---|---|
| 二、本年期初余额 | 1,277,403,317.00 | | 17,420,060,412.06 | | -3,139,873.40 | 1,412,582,111.45 | 17,831,191,285.89 | 37,938,097,253.00 | 161,810,583.93 | 38,099,907,836.93 |
| 三、本期减变动金额（减少以"—"号填列） | | | 235,284,195.49 | 1,807,904,769.04 | 3,211,105.79 | 673,824,696.31 | 1,010,037,531.50 | 114,452,760.05 | 129,659,814.50 | 244,112,574.55 |

119

云南白药集团股份有限公司 2020 年年度报告全文

| | | | | | | | | |
|---|---|---|---|---|---|---|---|---|
| （一）综合收益总额 | | | 3,211,105.79 | | 5,516,072,178.81 | 5,519,283,284.60 | -5,065,855.80 | 5,514,217,428.80 |
| （二）所有者投入和减少资本 | 222,947,051.66 | 1,807,904,769.04 | | | | -1,584,957,717.38 | 134,725,670.30 | -1,450,232,047.08 |

图10.17　其他综合收益的本期增减变动金额

盈余公积的本期增减变动金额 = 综合收益总额的盈余公积的本期增减变动金

额＋所有者投入和减少资本的盈余公积的本期增减变动金额＋利润分配的盈余公积
的本期增减变动金额＋所有者权益内部结转的盈余公积的本期增减变动金额＋专项
储备的盈余公积的本期增减变动金额＋其他盈余公积的本期增减变动金额＝0＋0＋
673824696.31＋0＋0＋0＝673824696.31(元)，如图 10.18 所示。

图10.18　盈余公积的本期增减变动金额

未分配利润的本期增减变动金额＝综合收益总额的未分配利润的本期增减变动
金额＋所有者投入和减少资本的未分配利润的本期增减变动金额＋利润分配的未分配
利润的本期增减变动金额＋所有者权益内部结转的未分配利润的本期增减变动金额＋
专项储备的未分配利润的本期增减变动金额＋其他未分配利润的本期增减变动金额＝
5516072178.81＋0＋(-4506034647.31)＋0＋0＋0＝1010037531.50(元)，如图 10.19 所示。

小计的本期增减变动金额＝综合收益总额的小计的本期增减变动金额＋所有
者投入和减少资本的小计的本期增减变动金额＋利润分配的小计的本期增减变动
金额＋所有者权益内部结转的小计的本期增减变动金额＋专项储备的小计的本期增
减变动金额＋其他小计的本期增减变动金额＝5519283284.6＋(-1584957717.38)＋
(-3832209951)＋0＋0＋12337143.83＝114452760.05(元)，如图 10.20 所示。

少数股东权益的本期增减变动金额＝综合收益总额的少数股东权益的本期增
减变动金额＋所有者投入和减少资本的少数股东权益的本期增减变动金额＋利润分
配的少数股东权益的本期增减变动金额＋所有者权益内部结转的少数股东权益的本
期增减变动金额＋专项储备的少数股东权益的本期增减变动金额＋其他少数股东权

益的本期增减变动金额 = −5065855.80 + 134725670.30 + 0 + 0 +0 + 0 = 129659814.50（元），如图 10.21 所示。

| 项目 | | | | | | | | |
|---|---|---|---|---|---|---|---|---|
| 二、本年期初金额 | 1,277,403,317.00 | 17,420,060,412.06 | | -3,139,873.40 | 1,412,582,111.45 | 17,831,191,285.89 | 37,938,097,253.00 | 161,810,583.93 | 38,099,907,836.93 |
| 三、本期增减变动金额（减少以"−"号填列） | | 235,284,195.49 | 1,807,904,769.04 | 3,211,105.79 | 673,824,696.31 | 1,010,037,531.50 | 114,452,760.05 | 129,659,814.50 | 244,112,574.55 |

119

云南白药集团股份有限公司 2020 年年度报告全文

| 项目 | | | 3,211,105.79 | | 5,516,072,178.81 | 5,519,283,284.60 | -5,065,855.80 | 5,514,217,428.80 |
|---|---|---|---|---|---|---|---|---|
| （一）综合收益总额 | | | | | | | | |
| （二）所有者投入和减少资本 | 222,947,051.66 | 1,807,904,769.04 | | | -1,584,957,717.38 | 134,725,670.30 | -1,450,232,047.08 |
| 1. 所有者投入的普通股 | 118,324,329.70 | | | | 118,324,329.70 | 134,725,670.30 | 253,050,000.00 |
| 2. 其他权益工具持有者投入资本 | | | | | | | |
| 3. 股份支付计入所有者权益的金额 | 104,622,721.96 | 1,807,904,769.04 | | | -1,703,282,047.08 | | -1,703,282,047.08 |
| 4. 其他 | | | | | | | |
| （三）利润分配 | | | | 673,824,696.31 | -4,506,034,647.31 | -3,832,209,951.00 | -3,832,209,951.00 |

图10.19　未分配利润的本期增减变动金额

| 项目 | | | | | | | | |
|---|---|---|---|---|---|---|---|---|
| 三、本期增减变动金额（减少以"−"号填列） | | 235,284,195.49 | 1,807,904,769.04 | 3,211,105.79 | 673,824,696.31 | 1,010,037,531.50 | 114,452,760.05 | 129,659,814.50 | 244,112,574.55 |

119

云南白药集团股份有限公司 2020 年年度报告全文

| 项目 | | | 3,211,105.79 | | 5,516,072,178.81 | 5,519,283,284.60 | -5,065,855.80 | 5,514,217,428.80 |
|---|---|---|---|---|---|---|---|---|
| （一）综合收益总额 | | | | | | | | |
| （二）所有者投入和减少资本 | 222,947,051.66 | 1,807,904,769.04 | | | -1,584,957,717.38 | 134,725,670.30 | -1,450,232,047.08 |
| 1. 所有者投入的普通股 | 118,324,329.70 | | | | 118,324,329.70 | 134,725,670.30 | 253,050,000.00 |
| 2. 其他权益工具持有者投入资本 | | | | | | | |
| 3. 股份支付计入所有者权益的金额 | 104,622,721.96 | 1,807,904,769.04 | | | -1,703,282,047.08 | | -1,703,282,047.08 |
| 4. 其他 | | | | | | | |
| （三）利润分配 | | | | 673,824,696.31 | -4,506,034,647.31 | -3,832,209,951.00 | -3,832,209,951.00 |
| 1. 提取盈余公积 | | | | 673,824,696.31 | -673,824,696.31 | | |

图10.20　小计的本期增减变动金额

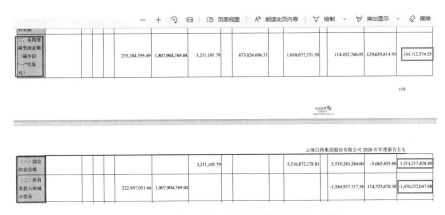

图10.21　少数股东权益的本期增减变动金额

所有者权益合计的本期增减变动金额有两种计算方法，具体如下所述。

第一，所有者权益合计的本期增减变动金额＝综合收益总额的所有者权益合计的本期增减变动金额＋所有者投入和减少资本的所有者权益合计的本期增减变动金额＋利润分配的所有者权益合计的本期增减变动金额＋所有者权益内部结转的所有者权益合计的本期增减变动金额＋专项储备的所有者权益合计的本期增减变动金额＋其他所有者权益合计的本期增减变动金额＝5514217428.80＋(−1450232047.08)＋(−3832209951.00)＋0＋0＋12337143.83＝244112574.55(元)，如图 10.22 所示。

图10.22　所有者权益合计的本期增减变动金额

第二，所有者权益合计的本期增减变动金额＝小计的本期增减变动金额＋少数股东权益的本期增减变动金额 = 114452760.05 + 129659814.50 = 244112574.55( 元 )，如图 10.23 所示。

图10.23　所有者权益合计的本期增减变动金额第二计算方法

## 10.2.4 本期期末余额的分析

本期期末余额是指本期发生的这些所有者权益在变化之后的金额，也是填写下期上年金额的数据来源。本期期末余额的计算公式为

**本期期末余额 = 本期期初余额+本期增减变动金额**

云南白药 (000538) 的本期期初余额与本期增减变动金额，如图 10.24 所示。

图10.24　云南白药(000538)的本期期初余额与本期增减变动金额

下面来计算云南白药 (000538) 的本期期末余额。

股本的本期期末余额 = 股本的本期期初余额 + 股本的本期增减变动金额 = 1277403317.00 + 0 = 1277403317.00 元。

其他权益工具的本期期末余额 = 其他权益工具的本期期初余额 + 其他权益工具的本期增减变动金额 =0+0=0 元。

资本公积的本期期末余额 = 资本公积的本期期初余额 + 资本公积的本期增减变动金额 = 17420060412.06 + 235284195.49 = 17655344607.55 元。

库存股的本期期末余额 = 库存股的本期期初余额 + 库存股的本期增减变动金额 = 0 + 1807904769.04 = 1807904769.04 元。

其他综合收益的本期期末余额 = 其他综合收益的本期期初余额 + 其他综合收益的本期增减变动金额 = −3139873.40 + 3211105.79 = 71232.39 元。

专项储备的本期期末余额 = 专项储备的本期期初余额 + 专项储备的本期增减变动金额 = 0 + 0 = 0 元。

盈余公积的本期期末余额 = 盈余公积的本期期初余额 + 盈余公积的本期增减变动金额 = 1412582111.45 + 673824696.31 = 2086406807.76 元。

一般风险准备的本期期末余额 = 一般风险准备的本期期初余额 + 一般风险准备的本期增减变动金额 = 0 + 0 = 0 元。

未分配利润的本期期末余额 = 未分配利润的本期期初余额 + 未分配利润的本期增减变动金额 = 17831191285.89 + 1010037531.50 = 18841228817.39 元。

其他本期期末余额 = 其他本期期初余额 + 其他本期增减变动金额 = 0 + 0 = 0 元。

小计的本期期末余额 = 小计的本期期初余额 + 小计的本期增减变动金额 = 37938097253.00 + 114452760.05 = 38052550013.05 元。

少数股东权益的本期期末余额 = 少数股东权益的本期期初余额 + 少数股东权益的本期增减变动金额 = 161810583.93 + 129659814.50 = 291470398.43 元。

所有者权益合计的本期期末余额 = 所有者权益合计的本期期初余额 + 所有者权益合计的本期增减变动金额 = 38099907836.93 + 244112574.55 = 38344020411.48 元。

云南白药 (000538) 的本期期末余额，如图 10.25 所示。

| （六）其他 | | | | | | | | |
|---|---|---|---|---|---|---|---|---|
| 四、本期期末余额 | 1,041,399,718.00 | | | 1,247,215,783.98 | 11,780.41 | 940,368,504.71 | | 14,808,524,490.36 | 105,397,205.61 | 18,142,917,483.07 |

图10.25　云南白药(000538)的本期期末余额

需要注意的是，小计的本期期末余额和所有者权益合计的本期期末余额，还有另外一种算法，具体如下所述。

小计的本期期末余额 = 股本的本期期末余额 + 其他权益工具的本期期末余额 + 资本公积的本期期末余额 − 库存股（减）的本期期末余额 + 其他综合收益的本期期末余额 + 专项储备的本期期末余额 + 盈余公积的本期期末余额 + 一般风险准备的本期期末余额 + 未分配利润的本期期末余额 + 其他的本期期末余额 = 1277403317.00 + 0 + 17655344607.55 + (−1807904769.04) + 71232.39 + 0 + 2086406807.76 + 0 + 18841228817.39 + 0 = 38052550013.05 元。

所有者权益合计的本期期末余额 = 小计的本期期末余额 + 少数股东权益的本期期末余额 = 38052550013.05 + 291470398.43 = 38344020411.48 元。

## 10.3 股利决策对所有者权益变动影响的分析

股利决策对所有者权益变动的影响主要表现在 3 个方面，分别是派现与送股和股票分割对所有者权益变动的影响、库存股对所有者权益变动的影响，如图 10.26 所示。

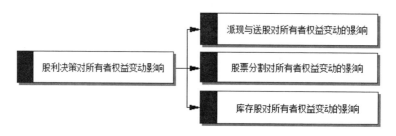

图10.26　股利决策对所有者权益变动影响

### 10.3.1 派现与送股对所有者权益变动的影响

下面来看一下派现与送股对所有者权益变动的影响。

1) 派现对所有者权益变动的影响

派现，又称现金股利或现金分红，是指上市公司以现金分红的方式将盈余公积和当期应付利润的部分或全部发放给股东，股东为此应支付的所得税。

通过现金分红的方式，可以不扩大股本，对未来的经营不造成压力。如果是送股则对以后年度的每股收益产生的影响是比较大的。一般情况下，在牛市中比较喜欢送红股，在弱市中反过来比较注重红利的分配。

上市公司派现一般有送股和送现金两种方式。比如 10 股派现 0.5 元转赠 10 股，每 10 股派现金 5 角，再用公积金转成 10 股股票送给所有股东。

派现会导致上市公司现金流出，减少上市公司的资产和所有者权益规模，降低公司内部筹集资金的总量，既影响所有者权益内部结构，也影响整体资金结构。

2) 送股对所有者权益变动的影响

送股，又称股票股利，是指股份公司对原有股东采取无偿派发股票的行为。送股时，将上市公司的留存收益转入股本账户，留存收益包括盈余公积和未分配利润，现在的上市公司一般只将未分配利润部分送股。

送股实质上是留存利润的凝固化和资本化，表面上看，送股后，股东持有的股份数量因此而有所增长，其实股东在公司里占有的权益份额和价值均无变化。

下面来看一下送股与配股的区别。

在正常条件下，配股相当于购进原始股，即获得权利以约 A 元的价格购进约 B 元的股票(A〈B)，再以每股实际账面价值配股。配股前卖出是损失，配股前买进是收益，所以一般配股前股价会上涨。

送股仅仅是稀释股本，降低股价，可以看作是单纯地降低股价便于买卖，没有其他实质意义。当然，结合公司当前的股本总额和未来盈利的前景，送股可以向股东传递公司管理，当局预期盈利将继续增长的信息，并活跃股份交易。

下面再来看一下送股与转增股的区别。

转增是从公积金里取出钱分给大家，送股是从未分配利润里取出钱分给大家。大家拿到手里是一样的。

送股和转增都是无偿地获得上市公司的股票，只是上市公司在财务核算的账务处理上不一样。

总之，送股是一种比较特殊的股利形式，它不直接增加股东的财富，不会导致企业资产的流出或负债的增加，不影响公司的资产、负债及所有者权益总额的变化。所影响的只是所有者权益内部有关各项目及其结构的变化，即将未分配利润转为股本 ( 面值 ) 或资本公积 ( 超面值溢价 )。

## 10.3.2　股票分割对所有者权益变动的影响

股票分割是指将一张较大面值的股票拆成几张较小面值的股票。股票分割的作用有 6 点，具体如下所述。

第一，股票分割会在短时间内使公司股票每股市价降低，买卖该股票所必需的资金量减少，易于增加该股票在投资者之间的换手，并且可以使更多的资金实力有限的潜在股东变成持股的股东。因此，股票分割可以促进股票的流通和交易。

第二，股票分割可以向投资者传递公司发展前景良好的信息，有助于提高投资者对公司的信心。

第三，股票分割可以为公司发行新股做准备。公司股票价格太高，会使许多潜在的投资者力不从心而不敢轻易对公司的股票进行投资。在新股发行之前，利用股票分割降低股票价格，可以促进新股的发行。

第四，股票分割有助于公司并购政策的实施，增强对被并购方的吸引力。

第五，股票分割带来的股票流通性的提高和股东数量的增加，会在一定程度上加大对公司股票恶意收购的难度。

第六，股票分割在短期内不会给投资者带来太大的收益或亏损，即给投资者带来的不是现实的利益，而是给投资者带来了今后可多分股息和更高收益的希望，是利好消息，因此对除权日后股价上涨有刺激作用。

股票分割不属于股利分配，但与股票股利在效果上有一些相似之处，即股票分割也不直接增加股东的财富，不影响公司的资产、负债及所有者权益的金额变化。与送股不同之处在于股票股利影响所有者权益的有关各项目的结构变化，而股票分割则不会改变公司的所有者权益结构。

## 10.3.3 库存股对所有者权益变动的影响

库存股是用来核算企业收购后的尚未转让或注销的该公司股份金额。它的特性和未发行的股票类似，没有投票权或是分配股利的权利，而公司解散时也不能变现。

库存股具有 4 个特点，分别是库存股是本公司的股票、库存股是已发行的股票、库存股是收回后尚未注销的股票、库存股是可以再次出售的股票，如图 10.27 所示。

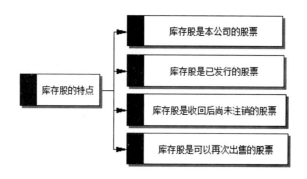

图10.27　库存股的特点

库存股对所有者权益变动的影响主要有三点，具体如下所述。

第一，库存股不是公司的一项资产，而是所有者权益的减项。

第二，库存股的变动不影响损益，只影响权益。

第三，库存股的权力受限。

# 第 11 章

# 价值投资的财务报表附表和附注分析

财务报表附表和附注是财务报表的重要组成部分，是对财务报表本身无法或难以充分表达的内容和项目所作的补充说明和详细解释。财务报表附表是以表格的形式提供辅助信息，而财务报表附注是以文字形式提供补充资料。本章先讲解财务报表附表的分析，即财务报表附表的查看，固定资产的账面原值、累计折旧、减值准备、账面价值，财务报表附表的类型和作用；然后讲解财务报表附注的分析，即为什么要编写财务报表附注，财务报表附注的内容、重要性、必要性及注意事项。

## 11.1 财务报表附表的分析

　　财务报表附表主要提供三大主要财务报表（资产负债表、利润表、资金流量表）以外的明细信息，可以更好地帮助投资者深入了解企业的财务状况。所以说，三大主要财务报表是主干，财务报表的附表就是枝叶。

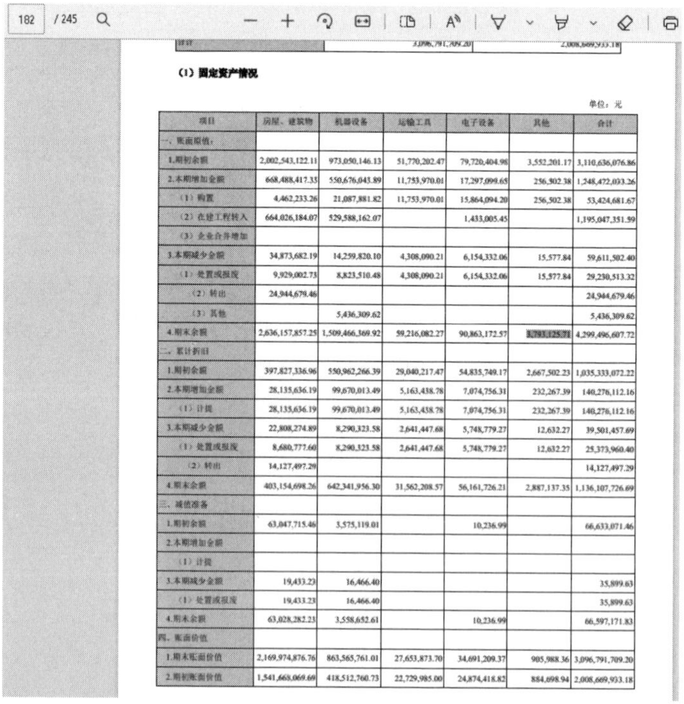

### 11.1.1 财务报表附表的查看

　　打开同花顺炒股软件，输入"云南白药"的代码 000538，然后回车，就可以查看云南白药 (000538) 的日 K 线图。接着按下键盘上的"F10"键，就可以看到云南白药 (000538) 的个股资料信息。

图11.1　云南白药(000538)的财务报告

　　在个股资料信息页面，单击"财务概况"，再单击"财务报告"，就可以查看云南白药 (000538) 的财务报告，如图 11.1 所示。

　　单击 2020 年年报对应的 按钮，就可以打开网页，显示云南白药集团股份有限公司 2020 年年度报告。向下拖动垂直滚动条，就可以看到云南白药 (000538) 的财务报表附表，如图 11.2 所示。

图11.2　云南白药(000538)的财务报表附表

固定资产情况表是一张对资产负债表中的固定资产进一步说明的附表，包括 4 部分，分别是账面原值、累计折旧、减值准备、账面价值，如图 11.3 所示。

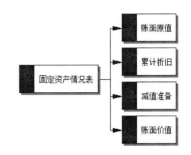

图11.3　固定资产情况表

## 11.1.2 固定资产的账面原值

固定资产的账面原值又可分 4 部分，分别是期初余额、本期增加金额、本期减少金额、期末余额，如图 11.4 所示。

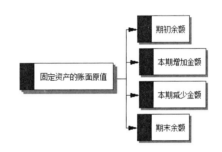

图11.4　固定资产的账面原值

1) 账面原值的期初余额

在这里可以看到固定资产的账面原值的期初余额合计为 3110636076.86 元，其中房屋和建筑物为 2002543122.11 元、机器设备为 973050146.13 元、运输工具为 51770202.47 元、电子设备为 79720404.98 元，其他为 3552201.17 元。

固定资产的期初余额合计 = 房屋和建筑物的期初余额 + 机器设备的期初余额 + 运输工具的期初余额 + 电子设备的期初余额 + 其他期初余额 =2002543122.11+73050146.13+51770202.47+79720404.98+3552201.17=3110636076.86 元，如图 11.5 所示。

| 项目 | 房屋、建筑物 | 机器设备 | 运输工具 | 电子设备 | 其他 | 合计 |
|---|---|---|---|---|---|---|
| 合计 | | | 3,096,791,709.20 | | 2,008,869,935.18 | |

**（1）固定资产情况**

单位：元

| 项目 | 房屋、建筑物 | 机器设备 | 运输工具 | 电子设备 | 其他 | 合计 |
|---|---|---|---|---|---|---|
| 一、账面原值： | | | | | | |
| 期初余额 | 2,002,543,122.11 | 973,050,146.13 | 51,770,202.47 | 79,720,404.98 | 3,552,201.17 | 3,110,636,076.86 |

图11.5　账面原值的期初余额

2) 账面原值的本期增加金额

账面原值的本期增加金额包括 3 项，分别是购置、在建工程转入、企业合并增加，如图 11.6 所示。

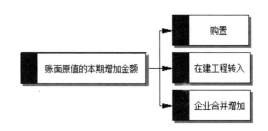

图11.6 账面原值的本期增加金额

房屋和建筑物的本期增加金额 = 房屋和建筑物的购置 + 房屋和建筑物的在建工程转入 + 房屋和建筑物的企业合并增加 = 4462233.26 + 664026184.07 +0 = 668488417.33 元。

机器设备的本期增加金额 = 机器设备的购置 + 机器设备的在建工程转入 + 机器设备的企业合并增加 = 21087881.82 + 529588162.07 + 0 = 550676043.89 元。

运输工具的本期增加金额 = 运输工具的购置 + 运输工具的在建工程转入 + 运输工具的企业合并增加 = 11753970.01 + 0 + 0 = 11753970.01 元。

电子设备的本期增加金额 = 电子设备的购置 + 电子设备的在建工程转入 + 电子设备的企业合并增加 = 15864094.20 + 1433005.45 + 0 = 17297099.65 元。

其他本期增加金额 = 其他购置 + 其他在建工程转入 + 其他企业合并增加 =256502.38 + 0 + 0 = 256502.38 元。

合计的本期增加金额 = 合计的购置 + 合计的在建工程转入 + 合计的企业合并增加 = 53424681.67 + 1195047351.59 + 0 = 1248472033.26 元。

> 📶提醒：合计的购置=房屋和建筑物的购置+机器设备的购置+运输工具的期初余额+电子设备的购置 + 其他购置。
>
> 合计的在建工程转入=房屋和建筑物的在建工程转入+机器设备的在建工程转入+运输工具的在建工程转入+电子设备的在建工程转入+其他在建工程转入。
>
> 合计的企业合并增加=房屋和建筑物的企业合并增加+机器设备的企业合并增加+运输工具的企业合并增加+电子设备的企业合并增加+其他企业合并增加。

需要注意的是，合计的本期增加金额还有第二种算法，具体如下所述。

合计的本期增加金额 = 房屋和建筑物的本期增加金额 + 机器设备的本期增加金额 + 运输工具的本期增加金额 + 电子设备的本期增加金额 + 其他本期增加金额 = 668488417.33 + 550676043.89 + 11753970.01 + 17297099.65 + 256502.38 = 1248472033.26 元，如图 11.7 所示。

| | | | | | |
|---|---|---|---|---|---|
| 2 本期增加金额 | 668,488,417.33 | 550,676,043.89 | 11,753,970.01 | 17,297,099.65 | 256,502.38 | 1,248,472,033.26 |
| （1）购置 | 4,462,233.26 | 21,087,881.82 | 11,753,970.01 | 15,864,094.20 | 256,502.38 | 53,424,681.67 |
| （2）在建工程转入 | 664,026,184.07 | 529,588,162.07 | | 1,433,005.45 | | 1,195,047,351.59 |
| （3）企业合并增加 | | | | | | |

图11.7　账面原值的本期增加金额

3) 账面原值的本期减少金额

账面原值的本期减少金额也包括 3 项，分别是处置或报废、转出、其他，如图 11.8 所示。

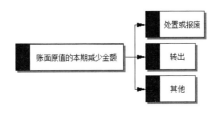

图11.8　账面原值的本期减少金额

账面原值的本期减少金额算法，与账面原值的本期增加金额算法相同。例如，房屋和建筑物的本期减少金额 = 房屋和建筑物的处置或报废 + 房屋和建筑物的转出 + 房屋和建筑物的其他 =9929002.73+24944679.46+0= 34873682.19 元。

需要注意，合计的本期减少金额有两种算法，具体如下所述。

第一种算法，合计的本期减少金额 = 合计的处置或报废 + 合计的转出 + 合计的其他 =29230513.32 + 24944679.46 + 5436309.62 = 59611502.40 元。

第二种算法，合计的本期减少金额 = 房屋和建筑物的本期减少金额 + 机器设备的本期减少金额 + 运输工具的本期减少金额 + 电子设备的本期减少金额 + 其他本期减少金额 = 34873682.19 + 14259820.10 + 4308090.21 + 6154332.06 + 15577.84 = 59611502.40 元，如图 11.9 所示。

| | | | | | | |
|---|---|---|---|---|---|---|
| 3 本期减少金额 | 34,873,682.19 | 14,259,820.10 | 4,308,090.21 | 6,154,332.06 | 15,577.84 | 59,611,502.40 |
| （1）处置或报废 | 9,929,002.73 | 8,823,510.48 | 4,308,090.21 | 6,154,332.06 | 15,577.84 | 29,230,513.32 |
| （2）转出 | 24,944,679.46 | | | | | 24,944,679.46 |
| （3）其他 | | 5,436,309.62 | | | | 5,436,309.62 |

图11.9　账面原值的本期减少金额

4) 账面原值的期末余额

账面原值期末余额的计算公式为

账面原值的期末余额＝固定资产的期初余额＋固定资产的本期增加金额 −固定资产的本期减少金额。

例如：房屋和建筑物的期末余额＝房屋和建筑物的期初余额＋房屋和建筑物的本期增加金额−房屋和建筑物的本期减少金额＝2002543122.11＋668488417.33−34873682.19＝2636157857.25元。

需要注意，合计的期末余额有两种算法，具体如下所述。

第一种算法，合计的期末余额＝合计的期初余额＋合计的本期增加金额−合计的本期减少金额＝3110636076.86＋1248472033.26−59611502.40＝4299496607.72元。

第二种算法，合计的期末余额＝房屋和建筑物的期末余额＋机器设备的期末余额＋运输工具的期末余额＋电子设备的期末余额＋其他期末余额＝2636157857.25＋1509466369.92＋59216082.27＋90863172.57＋3793125.71＝4299496607.72元，如图11.10所示。

| 项目 | 房屋、建筑物 | 机器设备 | 运输工具 | 电子设备 | 其他 | 合计 |
|---|---|---|---|---|---|---|
| 一、账面原值： | | | | | | |
| 1.期初余额 | 2,002,543,122.11 | 973,050,146.13 | 51,770,202.47 | 79,720,404.98 | 3,552,201.17 | 3,110,636,076.86 |
| 2.本期增加金额 | 668,488,417.33 | 550,676,043.89 | 11,753,970.01 | 17,297,099.65 | 256,502.38 | 1,248,472,033.26 |
| （1）购置 | 4,462,233.26 | 21,087,881.82 | 11,753,970.01 | 15,864,094.20 | 256,502.38 | 53,424,681.67 |
| （2）在建工程转入 | 664,026,184.07 | 529,588,162.07 | | 1,433,005.45 | | 1,195,047,351.59 |
| （3）企业合并增加 | | | | | | |
| 3.本期减少金额 | 34,873,682.19 | 14,259,820.10 | 4,308,090.21 | 6,154,332.06 | 15,577.84 | 59,611,502.40 |
| （1）处置或报废 | 9,929,002.73 | 8,823,510.48 | 4,308,090.21 | 6,154,332.06 | 15,577.84 | 29,230,513.32 |
| （2）转出 | 24,944,679.46 | | | | | 24,944,679.46 |
| （3）其他 | | 5,436,309.62 | | | | 5,436,309.62 |
| 4.期末余额 | 2,636,157,857.25 | 1,509,466,369.92 | 59,216,082.27 | 90,863,172.57 | 3,793,125.71 | 4,299,496,607.72 |

图11.10 账面原值的期末余额

## 11.1.3 固定资产的累计折旧

固定资产的累计折旧也可分为4部分，分别是期初余额、本期增加金额、本期减少金额、期末余额。

1) 累计折旧的期初余额

在这里可以看到固定资产累计折旧的期初余额合计为1035333072.22元，其中房屋和建筑物累计折旧的期初余额为397827336.96元、机器设备累计折旧的期初余额为550962266.39元、运输工具累计折旧的期初余额为29040217.47元、电子设备累计折旧的期初余额为 54835749.17 元，其他累计折旧的期初余额为 2667502.23 元。

固定资产累计折旧的期初余额合计 = 房屋和建筑物累计折旧的期初余额 + 机器设备累计折旧的期初余额 + 运输工具累计折旧的期初余额 + 电子设备累计折旧的期初余额 + 其他累计折旧的期初余额 = 397827336.96 + 550962266.39 + 29040217.47 + 54835749.17 + 2667502.23 = 1035333072.22 元，如图 11.11 所示。

| | | | | | | |
|---|---|---|---|---|---|---|
| （3）其他 | | 5,436,309.62 | | | | 5,436,309.62 |
| 4.期末余额 | 2,636,157,857.25 | 1,509,466,369.92 | 59,216,082.27 | 90,863,172.57 | 3,793,125.71 | 4,299,496,607.72 |
| 二、累计折旧 | | | | | | |
| 1.期初余额 | 397,827,336.96 | 550,962,266.39 | 29,040,217.47 | 54,835,749.17 | 2,667,502.23 | 1,035,333,072.22 |

图11.11　累计折旧的期初余额

2) 累计折旧的本期增加金额

固定资产累计折旧的本期增加金额合计为 140276112.16 元，其中房屋和建筑物累计折旧的期初余额为 28135636.19 元、机器设备累计折旧的期初余额为 99670013.49 元、运输工具累计折旧的期初余额为 5163438.78 元、电子设备累计折旧的期初余额为 7074756.31 元，其他累计折旧的期初余额为 232267.39 元。

固定资产累计折旧的本期增加金额合计 = 房屋和建筑物累计折旧的本期增加金额 + 机器设备累计折旧的本期增加金额 + 运输工具累计折旧的本期增加金额 + 电子设备累计折旧的本期增加金额 + 其他累计折旧的本期增加金额 = 28135636.19 + 99670013.49 + 5163438.78 + 7074756.31 + 232267.39= 140276112.16 元，如图 11.12 所示。

| | | | | | | |
|---|---|---|---|---|---|---|
| （3）其他 | | 5,436,309.62 | | | | 5,436,309.62 |
| 4.期末余额 | 2,636,157,857.25 | 1,509,466,369.92 | 59,216,082.27 | 90,863,172.57 | 3,793,125.71 | 4,299,496,607.72 |
| 二、累计折旧 | | | | | | |
| 1.期初余额 | 397,827,336.96 | 550,962,266.39 | 29,040,217.47 | 54,835,749.17 | 2,667,502.23 | 1,035,333,072.22 |
| 2.本期增加金额 | 28,135,636.19 | 99,670,013.49 | 5,163,438.78 | 7,074,756.31 | 232,267.39 | 140,276,112.16 |
| （1）计提 | 28,135,636.19 | 99,670,013.49 | 5,163,438.78 | 7,074,756.31 | 232,267.39 | 140,276,112.16 |

图11.12　累计折旧的本期增加金额

3) 累计折旧的本期减少金额

累计折旧的本期减少金额包括两项，分别是处置或报废、转出，如图 11.13 所示。

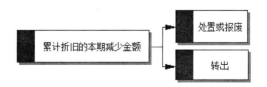

图11.13　累计折旧的本期减少金额

房屋和建筑物累计折旧的本期减少金额＝房屋和建筑物累计折旧的处置或报废＋房屋和建筑物累计折旧的转出＝8680777.60＋14127497.29＝22808274.89元。

机器设备累计折旧的本期减少金额＝机器设备累计折旧的处置或报废＋机器设备累计折旧的转出＝8290323.58＋0＝8290323.58元。

运输工具累计折旧的本期减少金额＝运输工具累计折旧的处置或报废＋运输工具累计折旧的转出＝2641447.68＋0＝2641447.68元。

电子设备累计折旧的本期减少金额＝电子设备累计折旧的处置或报废＋电子设备累计折旧的转出＝5748779.27＋0＝5748779.27元。

其他累计折旧的本期减少金额＝其他累计折旧的处置或报废＋其他累计折旧的转出＝12632.27＋0＝12632.27元。

合计累计折旧的本期减少金额＝合计累计折旧的处置或报废＋合计累计折旧的转出＝25373960.4＋14127497.29＝39501457.69元。

> 📶提醒：合计累计折旧的处置或报废＝房屋和建筑物累计折旧的处置或报废＋机器设备累计折旧的处置或报废＋运输工具累计折旧的处置或报废＋电子设备累计折旧的处置或报废＋其他累计折旧的处置或报废 ＝ 8680777.60 ＋ 8290323.58 ＋ 2641447.68＋5748779.27＋12632.27＝25373960.40元。
>
> 合计累计折旧的转出＝房屋和建筑物累计折旧的转出＋机器设备累计折旧的转出＋运输工具累计折旧的转出＋电子设备累计折旧的转出＋其他累计折旧的转出＝14127497.29＋0＋0＋0＋0＝14127497.29元。

合计累计折旧的本期减少金额还有另外一种算法，具体如下所述。

合计累计折旧的本期减少金额＝房屋和建筑物累计折旧的本期减少金额＋机器设备累计折旧的本期减少金额＋运输工具累计折旧的本期减少金额＋电子设备累计折旧的本期减少金额＋其他累计折旧的本期减少金额＝22808274.89＋8290323.58＋2641447.68＋5748779.27＋12632.27＝39501457.69元。

4) 累计折旧的期末余额

累计折旧期末余额的计算公式为

累计折旧期末余额＝累计折旧的期初余额＋累计折旧的本期增加金额－累计折旧的本期减少金额。

例如：房屋和建筑物累计折旧的期末余额＝房屋和建筑物累计折旧的期初余额＋房屋和建筑物累计折旧的本期增加金额－房屋和建筑物累计折旧的本期减少金额＝397827336.96＋28135636.19－22808274.89＝403154698.26元。

需要注意，合计的期末余额有两种算法，具体如下所述。

第一种算法，合计累计折旧的期末余额＝合计累计折旧的期初余额＋合计累计折旧的本期增加金额－合计累计折旧的本期减少金额＝1035333072.22＋140276112.16-39501457.69＝1136107726.69 元。

第二种算法，合计累计折旧的期末余额＝房屋和建筑物累计折旧的期末余额＋机器设备累计折旧的期末余额＋运输工具累计折旧的期末余额＋电子设备累计折旧的期末余额＋其他累计折旧的期末余额＝403154698.26＋642341956.30＋31562208.57＋56161726.21＋2887137.35＝1136107726.69 元，如图 11.14 所示。

| 182 / 245 | | | | | | |
|---|---|---|---|---|---|---|
| （2）转出 | 24,944,679.46 | | | | | 24,944,679.46 |
| （3）其他 | | 5,436,309.62 | | | | 5,436,309.62 |
| 4.期末余额 | 2,636,157,857.25 | 1,509,466,369.92 | 59,216,082.27 | 90,863,172.57 | 3,793,125.71 | 4,299,496,607.72 |
| 二、累计折旧 | | | | | | |
| 1.期初余额 | 397,827,336.96 | 550,962,266.39 | 29,040,217.47 | 54,835,749.17 | 2,667,502.23 | 1,035,333,072.22 |
| 2.本期增加金额 | 28,135,636.19 | 99,670,013.49 | 5,163,438.78 | 7,074,756.31 | 232,267.39 | 140,276,112.16 |
| （1）计提 | 28,135,636.19 | 99,670,013.49 | 5,163,438.78 | 7,074,756.31 | 232,267.39 | 140,276,112.16 |
| 3.本期减少金额 | 22,808,274.89 | 8,290,323.58 | 2,641,447.68 | 5,748,779.27 | 12,632.27 | 39,501,457.69 |
| （1）处置或报废 | 8,680,777.60 | 8,290,323.58 | 2,641,447.68 | 5,748,779.27 | 12,632.27 | 25,373,960.40 |
| （2）转出 | 14,127,497.29 | | | | | 14,127,497.29 |
| 4.期末余额 | 403,154,698.26 | 642,341,956.30 | 31,562,208.57 | 56,161,726.21 | 2,887,137.35 | 1,136,107,726.69 |

图11.14　累计折旧的期末余额

## 11.1.4 固定资产的减值准备

固定资产的减值准备也可分为 4 部分，分别是期初余额、本期增加金额、本期减少金额、期末余额。

1）减值准备的期初余额

在这里可以看到固定资产减值准备的期初余额合计为 66633071.46 元，其中房屋和建筑物减值准备的期初余额为 63047715.46 元、机器设备减值准备的期初余额为 3575119.01 元、运输工具减值准备的期初余额为 0 元、电子设备减值准备的期初余额为 10236.99 元，其他减值准备的期初余额为 0 元。

固定资产累计折旧的期初余额合计＝房屋和建筑物减值准备的期初余额＋机器设备减值准备的期初余额＋运输工具减值准备的期初余额＋电子设备减值准备的期初余额＋其他减值准备的期初余额＝63047715.46＋3575119.01＋0＋10236.99＋0＝66633071.46 元，如图 11.15 所示。

图11.15　减值准备的期初余额

2) 减值准备的本期增加金额

减值准备的本期增加金额全部为 0，即本期没有减值。

3) 减值准备的本期减少金额

合计减值准备的本期减少金额 = 房屋和建筑物减值准备的本期减少金额 + 机器设备减值准备的本期减少金额 + 运输工具减值准备的本期减少金额 + 电子设备减值准备的本期减少金额 + 其他减值准备的本期减少金额 = 19433.23 + 16466.40 + 0 + 0 + 0 = 35899.63 元，如图 11.16 所示。

图11.16　减值准备的本期减少金额

4) 减值准备的期末余额

减值准备期末余额的计算公式为

**减值准备的期末余额 = 减值准备的期初余额 + 减值准备的本期增加金额 - 减值准备的本期减少金额。**

例如：房屋和建筑物减值准备的期末余额 = 房屋和建筑物减值准备的期初余额 + 房屋和建筑物减值准备的本期增加金额 - 房屋和建筑物减值准备的本期减少金额 = 63047715.46 + 0 - 19433.23 = 63028282.23 元。

需要注意，合计的期末余额有两种算法，具体如下所述。

第一种算法，合计减值准备的累计折旧的期末余额 = 合计减值准备的期初余额 + 合计减值准备的本期增加金额 - 合计减值准备的本期减少金额 = 66633071.46 + 0 - 35899.63 = 66597171.83 元。

第二种算法，合计减值准备的期末余额 = 房屋和建筑物减值准备的期末余额 + 机器设备减值准备的期末余额 + 运输工具减值准备的期末余额 + 电子设备减值准备的期末余额＋其他减值准备的期末余额＝63028282.23＋3558652.61＋0＋10236.99＋0＝66597171.83 元，如图 11.17 所示。

| | | | | | | |
|---|---|---|---|---|---|---|
| （1）处置或报废 | 8,680,777.60 | 8,290,323.58 | 2,641,447.68 | 5,748,779.27 | 12,632.27 | 25,373,960.40 |
| （2）转出 | 14,127,497.29 | | | | | 14,127,497.29 |
| 4.期末余额 | 403,154,698.26 | 642,341,956.30 | 31,562,208.57 | 56,161,726.21 | 2,887,137.35 | 1,136,107,726.69 |
| 三、减值准备 | | | | | | |
| 1.期初余额 | 63,047,715.46 | 3,575,119.01 | | 10,236.99 | | 66,633,071.46 |
| 2.本期增加金额 | | | | | | |
| （1）计提 | | | | | | |
| 3.本期减少金额 | 19,433.23 | 16,466.40 | | | | 35,899.63 |
| （1）处置或报废 | 19,433.23 | 16,466.40 | | | | 35,899.63 |
| 4.期末余额 | 63,028,282.23 | 3,558,652.61 | | 10,236.99 | | 66,597,171.83 |

图11.17　减值准备的期末余额

下面先来看一下，固定资产减值准备与累计折旧的联系。

第一，两者都可以核算固定资产价值的降低：一个是固定资产净值的减损，一个是固定资产价值的转移。

第二，两者计提的原因有相同之处：技术进步和遭受破坏使固定资产价值降低是两者计提的共同原因。

第三，两者之间相互关联。固定资产减值准备是累计折旧的补充，它可矫正累计折旧中的估计偏差。固定资产的折旧要以减值后的固定资产净值为基础进行调整。

下面再来看一下，固定资产减值准备与累计折旧的区别。

第一，两者所针对的对象不同。累计折旧是固定资产原值的减项，固定资产减值准备则是固定资产净值的减项。

第二，两者处理问题的及时性不同。固定资产预计使用年限和预计净残值、折旧方法等，一经确定不得随意变更。当折旧估计发生偏差、固定资产价值发生减损时，固定资产减值准备可以在期末及时地予以调整。

第三，两者发生的频率和规律性不同。折旧一般是按月计提，所以折旧计提是经常发生的，计提的金额是有规律的，它与当期的收益相配比。而固定资产减值则不同，它是一项非经营性支出，固定资产减值产生的原因也不是经常发生的。

第四，两者所处的时点不同。在取得固定资产后，企业就要预计折旧年限、净残值和选择合理的折旧方法，这是在购置时点的一种估计，所以累计折旧金额是主观性较强的估计值。而固定资产减值准备是期末根据账面价值与可收回金额之差来确定金额的，它是对购置固定资产后某期期末的一种估计，相对比较客观。

第五，两者有部分核算内容相互独立。除了技术进步和遭受破坏使固定资产价值降低外，累计折旧更关注固定资产由于正常使用而发生的价值转移。而固定资产减值准备还可以核算长期闲置固定资产的减值。

## 11.1.5 固定资产的账面价值

固定资产的账面价值＝固定资产的账面原值－固定资产的累计折旧－固定资产减值准备。

例如，房屋和建筑物的期初账面价值＝房屋和建筑物账面原值的期初余额－房屋和建筑物累计折旧的期初余额－房屋和建筑物减值准备的期初余额＝2002543122.11－397827336.96－63047715.46＝1541668069.69元。

房屋和建筑物的期末账面价值＝房屋和建筑物账面原值的期末余额－房屋和建筑物累计折旧的期末余额－房屋和建筑物减值准备的期末余额＝2636157857.25－403154698.26－63028282.23＝2169974876.76元。

需要注意，合计期初账面价值有两种算法，具体如下所述。

第一种算法：合计期初账面价值＝合计账面原值的期初余额－合计累计折旧的期初余额－合计减值准备的期初余额＝3110636076.86－1035333072.22－66633071.46＝2008669933.18元。

第二种算法：合计期初账面价值＝房屋和建筑物的期初账面价值＋机器设备的期初账面价值＋运输工具的期初账面价值＋电子设备的期初账面价值＋其他期初账面价值＝1541668069.69＋418512760.73＋22729985.00＋24874418.82＋884698.94＝2008669933.18元，如图11.18所示。

| 183 / 245 Q | − + ↻ ⊡ □ Aᴬ Ⅴ ᐁ ⌄ ᐃ ⌄ ◌ ◌ □ 🖫 | | | | | |
|---|---|---|---|---|---|---|
| （1）处置或报废 | 19,433.23 | 16,466.40 | | | | 35,899.63 |
| 4.期末余额 | 63,028,282.23 | 3,558,652.61 | | 10,236.99 | | 66,597,171.83 |
| 四、账面价值 | | | | | | |
| 1.期末账面价值 | 2,169,974,876.76 | 863,565,761.01 | 27,653,873.70 | 34,691,209.37 | 905,988.36 | 3,096,791,709.20 |
| 2.期初账面价值 | 1,541,668,069.69 | 418,512,760.73 | 22,729,985.00 | 24,874,418.82 | 884,698.94 | 2,008,669,933.18 |

图11.18 固定资产的账面价值

## 11.1.6 财务报表附表的类型

根据不同的财务报表项目来分类，财务报表附表可以分为3类，分别是基于资产负债表的财务报表附表、基于利润表的财务报表附表、基于现金流量表的财务报表附表。

1) 基于资产负债表的财务报表附表

基于资产负债表的财务报表附表有很多种类，分别是货币资金表、预付款项表、存货表、其他流动资产表、长期股权投资表、固定资产情况表、在建工程情况表、无形资产情况表等。

2) 基于利润表的财务报表附表

基于利润表的财务报表附表有很多种类，分别是管理费用明细表、销售费用明细表、财务费用明细表、收入明细表等。

3) 基于现金流量表的财务报表附表

基于现金流量表的财务报表附表也有很多种类，分别是销售商品和提供劳务收到的现金明细表、收到的税费返还明细表、付给职工以及为职工支付的现金明细表、支付的各项税费明细表等。

## 11.1.7 财务报表附表的作用

财务报表附表所起的作用虽然千差万别，但归纳起来主要有两种，分别是详细说明作用和分析性作用。

1) 详细说明作用

这类财务报表附表，主要为针对财务报表某个报表项目展开的清单类财务报表附表。例如存货清单，包括存货的构成、目前库存里面有什么类型的存货、存货的名称是什么、数量有多少、购进存货的成本是多少、平均单价是多少等。

此外，明细类财务报表附表也具有详细说明的作用。如管理费用明细表针对企业管理费用的发生类别进行分类。

2) 分析性作用

这类财务报表附表，主要含分析性项目，给投资者提供管理方面的信息。这些信息不可以直接从财务账目上抄列下来，而是需要通过财务账目的分析整理才能提取出来。

一般企业经常使用的有应收账款账龄分析表，因为应收账款的周转速度越快、平均收账期越短、坏账损失越少、资产流动性越快、偿债能力越强，所以一般企业的经营者都很重视应收账款的周转速度。

## 11.2 财务报表附注的分析

前面讲解了财务报表附表，下面来讲解财务报表附注。

## 11.2.1 为什么要编写财务报表附注

之所以要编制财务报表附注，具体原因如下所述。

首先，是因为财务报表附注拓展了企业财务信息的内容，打破了三张主要报表内容必须符合会计要素的定义，又必须同时满足相关性和可靠性的限制。

其次，财务报表附注突破了揭示项目必须用货币加以计量的局限性。

再次，财务报表附注充分满足了企业财务报告是为其使用者提供有助于经济决策信息的要求，增进了会计信息的可理解性。

最后，财务报表附注还能提高会计信息的可比性。例如，通过揭示会计政策的变更原因及事后的影响，可以使不同行业或同一行业不同企业的会计信息的差异更具可比性，从而便于进行对比分析。

## 11.2.2 财务报表附注的内容

财务报表附注的内容主要包括企业概况，企业财务报表的编制基础，企业的会计政策、会计估计等内容。下面以"云南白药"为例进行讲解。

1) 企业概况

在云南白药 (000538) 的财务报表中，向下拖动垂直滚动条，就可以看到企业概况，即公司的基本情况，包括公司注册地、组织形式和总部地址，公司的沿革，公司的业务性质和主要经营活动，公司的吸收合并等内容。

公司注册地、组织形式和总部地址信息，如图 11.19 所示。

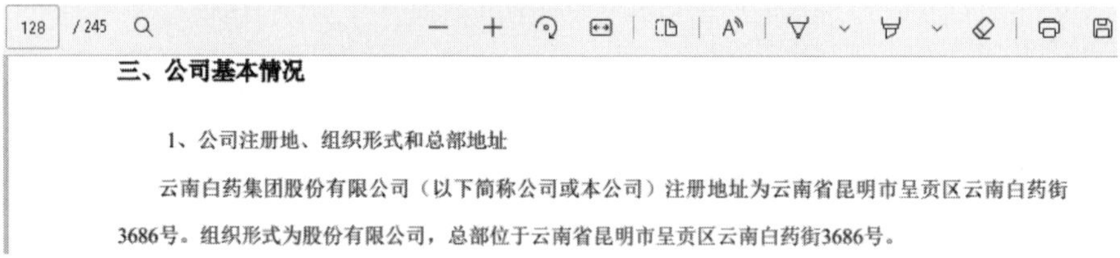

图11.19 公司注册地、组织形式和总部地址信息

公司的沿革，即公司的前身、公司的股权发行、公司的上市等信息，如图 11.20 所示。

公司的业务性质和主要经营活动如图 11.21 所示。

3686号。组织形式为股份有限公司,总部位于云南省昆明市呈贡区云南白药街3686号。

2、公司的沿革

公司前身为成立于1971年6月的云南白药厂。1993年5月3日,云南省体制改革委员会"云体改[1993]48号"文同意成立云南白药实业股份有限公司,发起人为云南白药厂、云南省富滇信托投资公司、联江国际贸易有限公司。1993年6月18日,云南省经济体制改革委员会和云南省计划委员会共同下发"云体改[1993]74号"文,同意云南白药公开发行个人股股票2,000万元(按股票面值计算)。1993年6月24日,云南省国有资产管理局"云国资字(1993)第37号"文确认云南白药厂的评估结果,决定国家股本设4,000万元,计4,000万股。经中国证监会证监发审字(1993)55号文批准,同意云南白药实业股份有限公司向社会公开发行人民币普通股股票2,000万股,云南白药于1993年11月向社会公开发行股票2,000万股,其中,向社会个人发行1,800万股,向公司内部职工发行200万股。

1993年11月30日,公司在云南省工商行政管理局注册登记为股份有限公司。1993年12月15日,公司发行的社会公众股在深圳证券交易所挂牌上市,公司总股本为8,000万股,证券代码"0538",股票简称为"云白药A"。

根据2008年8月11日公司第五届董事会2008年第三次临时会议及2008年8月27日公司2008年第一次临时股东大会审议通过并经中国证券监督管理委员会证监许可〔2008〕1411号文"关于核准云南白药集团股份有限公司非公开发行股票的批复"核准,公司以非公开方式向中国平安人寿保险股份有限公司发行5,000.00万股新股,募集资金1,393,500,000.00元(含发行费用),均为现金认购。实施上述非公开发行后,公司股本由484,051,138股增至534,051,138股。

依据2010年5月本公司股东大会审议通过的2009年度权益分派方案,以资本公积金向全体股东每10股转增3股,转增前本公司股本为534,051,138股,转增后总股本增至694,266,479股。

2014年5月8日召开2013年度股东大会,根据会议决议和修改后的章程规定:公司股东对公司增加注册

图11.20 公司的沿革

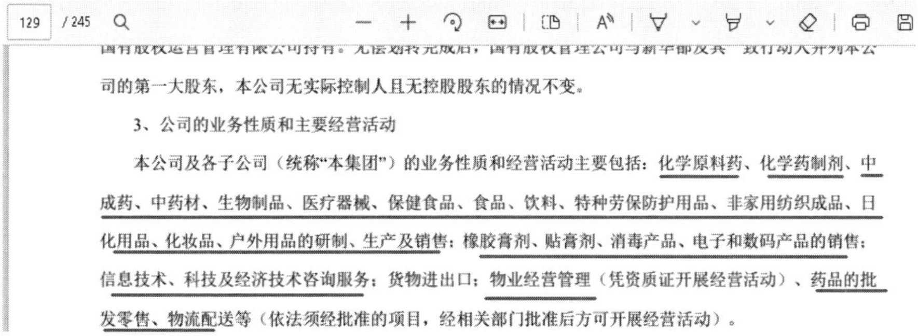

国有股权运营管理有限公司持有。无偿划转完成后,国有股权管理公司与新华都及其一致行动人并列本公司的第一大股东,本公司无实际控制人且无控股股东的情况不变。

3、公司的业务性质和主要经营活动

本公司及各子公司(统称"本集团")的业务性质和经营活动主要包括:化学原料药、化学药制剂、中成药、中药材、生物制品、医疗器械、保健食品、食品、饮料、特种劳保防护用品、非家用纺织成品、日化用品、化妆品、户外用品的研制、生产及销售;橡胶膏剂、贴膏剂、消毒产品、电子和数码产品的销售;信息技术、科技及经济技术咨询服务;货物进出口;物业经营管理(凭资质证开展经营活动)、药品的批发零售、物流配送等(依法须经批准的项目,经相关部门批准后方可开展经营活动)。

图11.21 公司的业务性质和主要经营活动

公司的其他概况信息,如公司的吸收合并、公司的营业期限等,如图 11.22 所示。

发零售、物流配送等（依法须经批准的项目，经相关部门批准后方可开展经营活动）。

4、云南白药通过向云南白药控股有限公司（以下简称白药控股）的三家股东云南省国资委、新华都及江苏鱼跃发行股份的方式对白药控股实施吸收合并，云南白药为吸收合并方，白药控股为被吸收合并方。本次吸收合并于2019年6月1日完成交割，云南白药作为存续方，已承继及承接白药控股的全部资产、负债、业务、合同及其他一切权利与义务。本次交易完成后，白药控股持有的上市公司432,426,597股股份已办理股份注销手续，本次吸收合并新增注册资本为人民币236,003,599.00元，变更后上市公司的注册资本为人民币1,277,403,317.00元，本次发行新增股份为有限售条件的流通股236,003,599股，上市日为2019年7月3日，上市地点为深交所。本次交易完成后，上市公司无控股股东，无实际控制人。

2020年5月22日，云南省国资委将其所持有的公司321,160,222股股份无偿划转至下属独资公司云南省国有股权运营管理有限公司持有。无偿划转完成后，国有股权管理公司与新华都及其一致行动人并列本公司的第一大股东，本公司无实际控制人且无控股股东的情况不变。

5、本公司的营业期限为长期。

6、本年度财务报表已于2021年3月25日经公司第九届董事会二〇二一年第二次会议批准。

7、本年度合并财务报表范围参见附注九"在其他主体中的权益"。本年度合并财务报表范围变化参见附注八"合并范围的变更"。

图11.22　公司的其他概况信息

2) 企业财务报表的编制基础

本公司以持续经营为前提，根据实际发生的交易和事项，按照企业会计准则的规定进行确认和计量，并在此基础上编制财务报表。

公司自本报告期末至少 12 个月内具备持续经营能力，无影响持续经营能力的重大事项，如图 11.23 所示。

**四、财务报表的编制基础**

**1、编制基础**

本集团财务报表以持续经营假设为基础，根据实际发生的交易和事项，按照财政部发布的《企业会计准则——基本准则》（财政部令第33号发布、财政部令第76号修订）、于2006年2月15日及其后颁布和修订的42项具体会计准则、企业会计准则应用指南、企业会计准则解释及其他相关规定（以下合称"企业会计准则"），以及中国证券监督管理委员会《公开发行证券的公司信息披露编报规则第15号——财务报告的一般规定（2014年修订）》的披露规定编制。

根据企业会计准则的相关规定，本集团会计核算以权责发生制为基础。除某些金融工具外，本财务报表均以历史成本为计量基础。资产如果发生减值，则按照相关规定计提相应的减值准备。

**2、持续经营**

本公司自本报告期末至少12个月内具备持续经营能力，无影响持续经营能力的重大事项。

图11.23　企业财务报表的编制基础

3) 企业的会计政策、会计估计

企业的会计政策、会计估计包括的内容很多，如遵循企业会计准则的声明、会计期间、营业周期、记账本位币、同一控制下和非同一控制下企业合并的会计处理方法等内容，如图 11.24 所示。

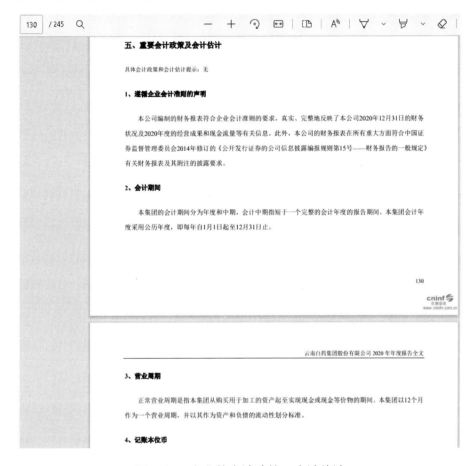

图11.24　企业的会计政策、会计估计

## 11.2.3 财务报表附注的重要性

财务报表附注的重要性主要体现在 3 个方面，分别是提高报表信息的相关性和可靠性、增强不同行业和行业内部不同企业之间信息的可比性、与财务报表主表的不可分割性，如图 11.25 所示。

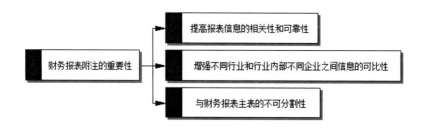

图11.25　财务报表附注的重要性

1) 提高报表信息的相关性和可靠性

报表信息既要相关又要可靠，相关性和可靠性是财务报表信息的两个基本质量特征。由于财务会计本身的局限，相关性和可靠性的选择犹如鱼与熊掌的选择，很多时候都是不可兼得的。

但是，财务报表附注披露可以在不降低会计信息可靠性的前提下提高信息的相关性，例如或有事项的处理。或有事项由于发生的不确定性而不能直接在主表中进行确认，但等到完全可靠或基本能够预期的时候，又可能因为及时性的丧失而损伤了信息的相关性。为此，可以通过在财务报表附注中进行披露，揭示或有事项的类型和影响，以此来提高信息的相关性。

2) 增强不同行业和行业内部不同企业之间信息的可比性

报表信息是由多种因素综合促成的，经济环境的不确定性，不同行业的不同特点，以及各个企业前后各期情况的变化，都会降低不同企业之间会计信息的可比性，以及企业前后各期会计信息的一贯性。

财务报表附注可以通过披露企业的会计政策和会计估计的变更等事项，向投资者传递相关信息，使投资者能够"看透"会计方法的实质，而不被会计方法所误导。

3) 与财务报表主表的不可分割性

财务报表主表与财务报表附注的关系可概括为主表是根，附注是补充。没有主表的存在，附注就失去了依靠；而没有附注恰当的补充，财务报表主表的作用就难以有效地发挥。

## 11.2.4 ┃ 财务报表附注的必要性

财务报表附注的必要性主要体现在 4 个方面，分别是满足投资者更全面了解企业状况的要求、基于缓解财务报表信息披露压力的考虑、增强财务报告体系的灵活性、保持原有报告模式的需要，如图 11.26 所示。

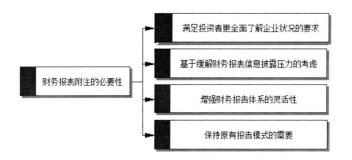

图11.26　财务报表附注的必要性

1) 满足投资者更全面了解企业状况的要求

报表信息应全面充分地反映企业的财务状况、经营成果及现金流量，不得有意忽略或隐瞒重要的财务数据，以免使用者发生误解，这就是所谓的充分披露原则。

作为报表信息的使用者，由于外部与企业的信息不对称，想要对企业有所了解，就必须依赖于其所提供的各项资料。因此就对披露的充分性提出了较高的要求：从横向来看，只要是反映企业生产经营全貌的信息，不论有利或不利的都应该予以披露；从纵向来看，不应只停留在披露对象的表面，而要进行深层次的揭示。由于成本等多种因素的限制，这些要求财务报表可能无法满足，而对于附注信息的披露就显得尤为重要。

2) 基于缓解财务报表信息披露压力的考虑

信息需求方总是希望企业提供尽可能多的信息，以便他们据此作出各项正确决策，这无形当中增加了财务报表披露信息的压力。但信息的披露应当是有一定限度的，过多的披露可能会适得其反。这主要基于下述两点考虑。

第一，成本效益原则的考虑。只有披露的效益大于成本，企业才有披露信息的动力，过多地披露信息一方面势必增加企业的披露成本，另一方面会有损企业的商业秘密，在竞争中处于劣势，不利于企业的经营运作。

第二，重要性原则的考虑。重要性是指当一项会计信息不加以说明，即可能使财务报表使用者发生误解，从而足以影响或改变其决策。因此从披露目的出发，只有重要性的信息对于需求者来说才是有用的。信息需求者依赖重要性的信息了解企业的财务状况、经营成果等情况，从而为其所用作出合理判断。而过多地披露信息不仅不会起到对决策有用的作用，反而会影响使用者的理解、判断和掌握，使其无所适从，甚至产生误导作用，导致使用者的利益受损。

报表附注将那些不符合成本效益原则和重要性原则的信息收纳其中，缓解了财务报表信息披露的压力，解决了企业和使用者对于信息提供和需求之间的矛盾和冲突。

3) 增强财务报告体系的灵活性

财务报表由于其固有的格式、项目和填列方法，致使表内信息并不能完整地反映一个企业的综合素质。而报表附注相对来说比较灵活，可以打破表内信息的局限性，使表内信息更容易理解，更加相关。

具体说来，由于财务会计在确认计量上有严格的标准，使一些与决策相关的信息不能进入财务报表。忽视它们的存在，势必影响到使用者作出正确的决策。而对报表附注尚无统一的规范，其可以借助于多种计量手段、计量属性及不同的格式，将那些无法进入表内的信息加以适当地披露，这有利于完整地反映企业生产经营的全貌，提高了财务报告体系的总体水平和层次。

4) 保持原有报告模式的需要

经济环境的日新月异，使会计标准的制定往往落后于会计实务的发展，原有的财务报表模式也不免过时。为满足人们对决策有用信息的需求，就需要不断对财务报表的内容和体系进行相应的变革。这可以依靠新会计制度和会计准则的出台予以重新规范和指导，但这一过程往往费时费力，而且不利于保证财务信息的一贯性和可靠性。因此，借助财务报表附注和其他报告形式，增加表外信息披露，可以在保持原有报告模式的基础上对其进行完善和改进，这已成为人们普遍愿意接受的一种改革方式。

## 11.2.5 财务报表附注的注意事项

财务报表附注是财务报表的补充，主要是对财务报表不能包括的内容或者披露不详尽的内容作进一步的解释说明，包括对基本会计假设发生变化；财务报表各项目的增减变动（报表主要项目的进一步注释），以及或有某项资产负债表日后事项中的不可调整事项的说明，关联方关系及交易的说明等。

但有些企业却采用"暗度陈仓"的手法，在会计核算中已改变了某些会计政策，但在报表附注中不作说明；或虽不影响报表金额，但对该企业的一些经营活动及前途有极大影响的事项不作说明，欺骗报表使用者。

例如，在检查某企业时，该企业年初和年中发出的存货计价方法完全不同，按照国家财务会计制度的规定，此变更须在报表附注中披露，但该企业并未披露，用以掩盖其调低成本、虚增利润的不法企图。

再比如，某上市公司报表日后发生重大经济损失，该公司担心影响公司业绩，没有将此变化在附注中披露，而欺骗报表使用人。

# 第 12 章

## 价值投资的行业研究实例

行业研究是一切投资活动的基石。行业研究就是要搞清楚行业的过去、现在和未来。研究过去就是看行业历史，搞清楚行业界定、分类，发展历史脉络，周期等；搞清楚现在就是研究行业现状，包括行业发展概况，政策监管、市场供需情况，竞争状况，行业发展的关键因素等；看未来就是判断行业趋势，发展前景，发展大势等。本章讲解了三种类型行业研究，分别是中药行业投资的研究、白酒行业投资的研究、家电行业投资的研究。

# 12.1 中药行业投资的研究

中药是中华民族创造的医学科学，是优秀民族文化的瑰宝，几千年来生生不息、绵延不断，展示出强大的生命力。

## 12.1.1 中药的类型

中药主要包括三类，分别是药用植物、药用动物和药用矿物，如图 12.1 所示。

药用植物是指医学上用于防病、治病的植物。

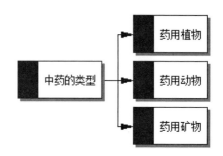

图12.1 中药的类型

药用动物是指凡具有一定的入药价值或能医治人、动物或植物的动物都可列入药用动物。

药用矿物是指经传统加工炮制作为药材、使用于传统医药的单矿物或矿物集合体，如石膏、琥珀等。

## 12.1.2 中药的发展历程

早在几千年前的远古时代，我们的祖先在日常饮食劳作和与大自然的抗争中就积累了一些用药知识。随着中医药的不断发展，各朝各代编写了《黄帝内经》《神农本草经》《伤寒杂病论》等相关历史性著作。近代历史中，西医药开始对中国医学产生影响是在 19 世纪初，至今不过百余年的历史，而此前的数千年间，中医药为中华民族的繁衍昌盛和人类健康作出了卓越贡献，是中华数千年绚烂文化不可分割的组成部分。

## 12.1.3 中药得到政策的大力支持

2020 年，由于中医药在疫情中发挥了独特的作用，带动了整个中医药市场规模的快速增长，并因此受到政策的大力支持。2021 年年初，国家中医药管理局相关负责人公开表示，已经基本完成了"十四五"中医药发展规划的编制工作。在"十四五"时期，国家也将从多个层面来谋划和开展工作，支持中医药的振兴和发展。

## 12.1.4 中药的市场规模

下面通过中药材、中医药制造、中药饮片、中药配方颗粒、中成药、中成药进出口情况来了解一下中药的市场规模。

1) 中药材

中药材是指在汉族传统医术指导下应用的原生药材，用于治疗疾病。一般传统中药材讲究地道药材，是指在特定自然条件、生态环境的地域内所产的药材，因生产较为集中，栽培技术、采收加工也都有一定的讲究，以至较同种药材在其他地区所产者品质佳、疗效好。数据显示，我国中药材零售市场成交额由 2016 年的 22.06 亿元增长至 2019 年的 81.15 亿元，平均年增长率为 89.29%。

2) 中医药制造

中国是仅次于美国的全球第二大制药市场。其中，我国中医药制造市场从 2016 年的 637 亿元增至 2019 年的 737 亿元，平均年增长率为 5.23%。

3) 中药饮片

中药饮片是中药材按中医药理论、中药炮制方法，经过加工炮制后的，可直接用于中医临床的中药。同时，中药饮片也是中医药的精华所在，药材经过不同的炮制方法，其药性和功效会改变，是中医用药的特点和优势。数据显示，2016 年到 2019 年我国中药饮片市场规模由 1786.1 亿元增至 2305.4 亿元，平均年增长率为 9.69%。

4) 中药配方颗粒

中药配方颗粒是以传统中药饮片为原料，经过提取、分离、浓缩、干燥、制粒、包装等生产工艺，加工制成的一种统一规格、统一剂量、统一质量标准的新型配方用药。它保证了原中药饮片的全部特征，能够满足医师进行辨证论治的需要，可以随症加减。药性强、药效高，又具有不需要煎煮、直接冲服、服用量少等优点。

数据显示，自 2015 年起至 2019 年，中药配方颗粒行业销售额由 143.6 亿元增长到 255.6 亿元，平均年增长率为 26%。

5) 中成药

中成药是以中药材为原料，在中医药理论指导下，为了预防及治疗疾病，按规定的处方和制剂工艺将其加工制成一定剂型的中药制品，是经国家药品监督管理部门批准的商品化的一类中药制剂。数据显示，2021 年 1~2 月我国中成药产量 32.2 万吨，同比增长 13.9%。

6) 中成药进出口情况

根据世卫组织 (WHO) 统计，中医已先后在澳大利亚、加拿大、奥地利、新加坡、越南等 29 个国家和地区以政府立法形式得到承认。目前，全球已经有 18 个国家和地区将中医药纳入医疗保险，中药先后在俄罗斯、新加坡、古巴、越南等国注册。数据显示，我国 2016—2019 年，中成药出口量由 11435 吨增至 12640 吨。未来，我国将加快推进中药大品种作为传统药物或药品在美国、欧盟等国际主流医药市场的注册，提升中药的国际地位，推进中药优秀产品进入国际主流医药市场。

## 12.1.5 中药的发展前景

下面从 4 个方面来看一下中药的发展前景。

1) 国家产业政策支持中医药产业发展

国务院于 2016 年 2 月 22 日发布的《中医药发展战略规划纲要 (2016—2030 年 )》( 国发〔2016〕15 号 )，提出大力扶持中医药的发展，到 2020 年，中医药产业现代化水平显著提高，中药工业总产值占医药工业总产值 30% 以上，中医药产业已成为国民经济重要支柱之一。国家出台的一系列扶持政策有利于推动我国医药行业的稳定快速发展。

2) 居民可支配收入稳步增长推动医疗需求增长

社会经济的持续健康发展，是我国中医药产业发展的基础。近年来，我国居民人均可支配收入呈上升趋势。根据国家统计局统计，2016—2020 年，我国居民人均可支配收入由 23821 元增至 32189 元，年均复合增长率为 7.82%。医疗保健作为一种基本需求，生活水平逐步提高、居民健康意识逐步提升直接拉动了药品需求的增长。

3) 人口增长和人口老龄化趋势加快促进中医药产业发展

我国人口基数大，每年人口的自然增长数量也较大。根据第六次全国人口普查，我国大陆地区人口达到 13.33 亿人。随着 "放开二胎" 政策的实施，预计未来我国人口数量仍将在较长时间内保持持续增长。同时我国人口老龄化呈加速趋势，根据国家统计局资料，我国 65 岁以上老年人口占总人口的比例由 2009 年的 8.5%( 约 1.13 亿人 ) 上升至 2019 年的 12.6%( 约 1.76 亿人 )。据世界卫生组织预测，到 2050 年，中国将有 35% 的人口超过 60 岁。以上人口增长及人口老龄化进程加速等社会发展因素，也直接带动了对我国药品市场需求的持续提升。

4) 现代医药行业发展和技术进步为中药行业带来新的发展机遇

现代医药理论的发展、研究方法的进步和技术水平的飞速提升，为中药行业提供了新的发展机遇。我国中药行业正在逐步汲取现代医药行业的发展成果，提升中药行业理论水平、研究水准，在研究传统中医理论和中药处方的同时，更关注中药有效成分的分离、提取、研究，改进中药给药途径，推进中医药现代化。

## 12.1.6 利用同花顺炒股软件查看中药行业股票及相应信息

打开同花顺炒股软件，单击菜单栏中的"报价／涨幅排名／沪深 A 股涨幅排名"命令，就可以看到沪深 A 股涨幅排名信息。

单击"行业"，就会弹出行业面板，如图 12.2 所示。

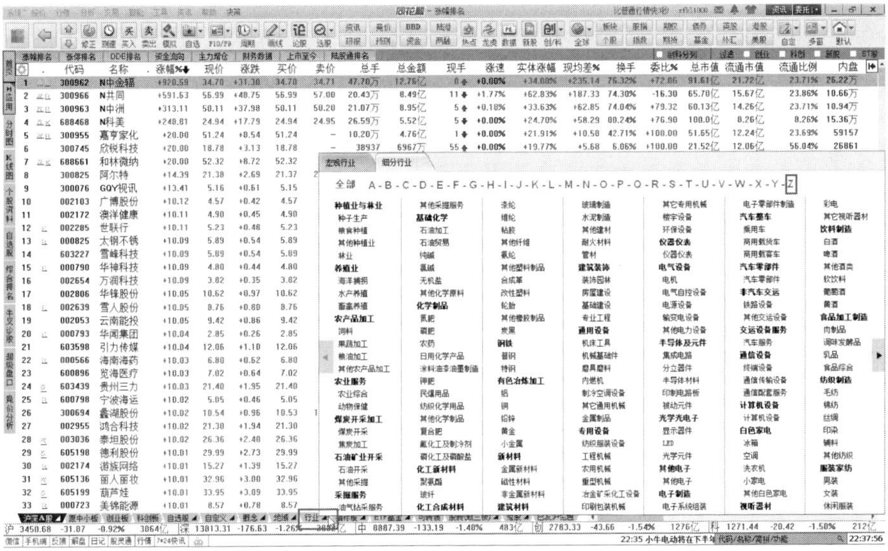

图12.2　行业面板

中药的"中"字开头字母为"Z"，所以单击"Z"，就可以快速找到中药行业，如 12.3 所示。

图12.3　中药行业

然后单击"中药"，可以看到所有中药行业类股票的报价信息，如图 12.4 所示。

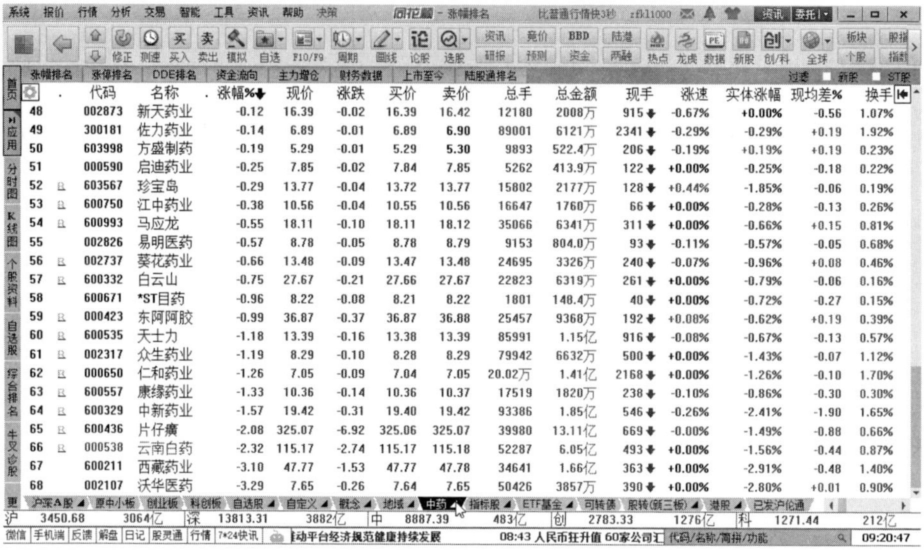

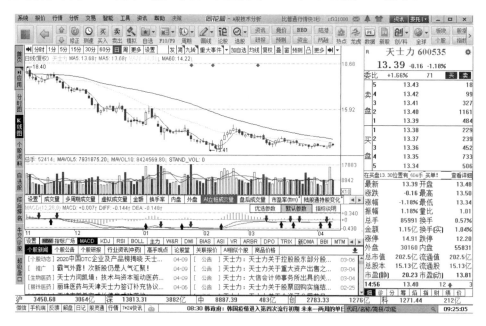

图12.4　中药行业类股票的报价信息

在这里可以看到，中药行业类股票共有 68 只。只需单击想查看的股票，就可以看到该股票的日 K 线图。假如单击"天士力 (600535)"，如图 12.5 所示。

图12.5　天士力(600535)的日K线图

单击"个股研报"，可以看到该股票的研报信息，如图 12.6 所示。

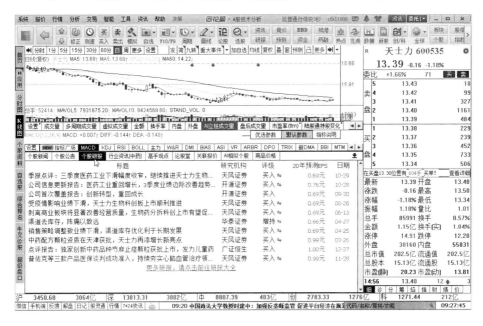

图12.6　天士力(600535)的研报信息

单击"行业资讯"，可以看到该股票的行业资讯和行业研报，如图 12.7 所示。

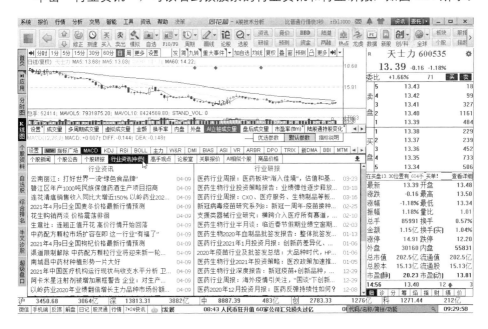

图12.7　行业资讯和行业研报

如果要查看具体某一条行业研报信息，只需双击该信息即可。在这里双击"医药行业周报"：医药板块"渐入佳境"，估值和基本面均逐步具备吸引力，如图 12.8 所示。

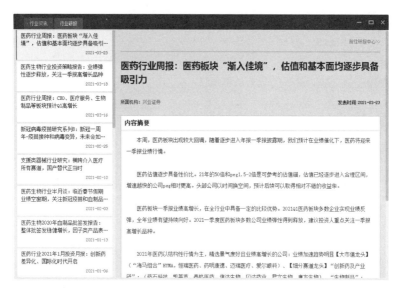

图12.8　具体某一条行业研报信息

下面来看一下中药行业股票的对比信息。在日 K 线图中，按下键盘上的"F10"，进入个股资料页面，然后单击"行业对比"，如图 12.9 所示。

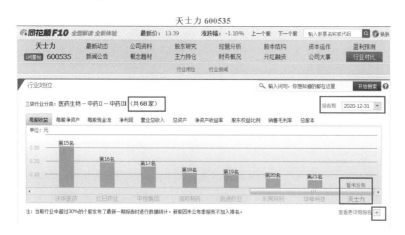

图12.9　中药行业股票的对比信息

在这里可以看到，"天士力 (600535)"的每股收益没有公布，所以排名靠后。单击查看更详细报告按钮，该按钮变成，就可以看到中药行业股票的排名、每股收益、每股净资产、每股现金流、净利润、营业总收入、总资产、净资产收益率、股东权益比率、销售毛利润、总股本信息等，如图 12.10 所示。

天士力 600535

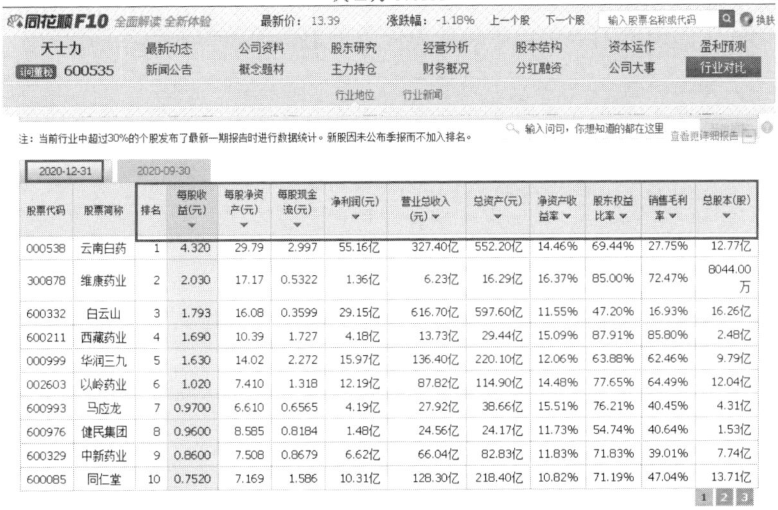


| 股票代码 | 股票简称 | 排名 | 每股收益(元) | 每股净资产(元) | 每股现金流(元) | 净利润(元) | 营业总收入(元) | 总资产(元) | 净资产收益率 | 股东权益比率 | 销售毛利率 | 总股本(股) |
|---|---|---|---|---|---|---|---|---|---|---|---|---|
| 000538 | 云南白药 | 1 | 4.320 | 29.79 | 2.997 | 55.16亿 | 327.40亿 | 552.20亿 | 14.46% | 69.44% | 27.75% | 12.77亿 |
| 300878 | 维康药业 | 2 | 2.030 | 17.17 | 0.5322 | 1.36亿 | 6.23亿 | 16.29亿 | 16.37% | 85.00% | 72.47% | 8044.00万 |
| 600332 | 白云山 | 3 | 1.793 | 16.08 | 0.3599 | 29.15亿 | 616.70亿 | 597.60亿 | 11.55% | 47.20% | 16.93% | 16.26亿 |
| 600211 | 西藏药业 | 4 | 1.690 | 10.39 | 1.727 | 4.18亿 | 13.73亿 | 29.44亿 | 15.09% | 87.91% | 85.80% | 2.48亿 |
| 000999 | 华润三九 | 5 | 1.630 | 14.02 | 2.272 | 15.97亿 | 136.40亿 | 220.10亿 | 12.06% | 63.88% | 62.46% | 9.79亿 |
| 002603 | 以岭药业 | 6 | 1.020 | 7.410 | 1.318 | 12.19亿 | 87.82亿 | 114.90亿 | 14.48% | 77.65% | 64.49% | 12.04亿 |
| 600993 | 马应龙 | 7 | 0.9700 | 6.610 | 0.6565 | 4.19亿 | 27.92亿 | 38.66亿 | 15.51% | 76.21% | 40.45% | 4.31亿 |
| 600976 | 健民集团 | 8 | 0.9600 | 8.585 | 0.8184 | 1.48亿 | 24.56亿 | 24.17亿 | 11.73% | 54.74% | 40.64% | 1.53亿 |
| 600329 | 中新药业 | 9 | 0.8600 | 7.508 | 0.8679 | 6.62亿 | 66.04亿 | 82.83亿 | 11.83% | 71.83% | 39.01% | 7.74亿 |
| 600085 | 同仁堂 | 10 | 0.7520 | 7.169 | 1.586 | 10.31亿 | 128.30亿 | 218.40亿 | 10.82% | 71.19% | 47.04% | 13.71亿 |



图12.10 查看更详细报告

需要注意的是，默认状态下，中药行业股票是按“每股收益”从高到低排序的。当然，也可以按其他项来排序。假如按“销售毛利润”从高到低排序，只需单击“销售毛利润”即可，如图 12.11 所示。

天士力 600535

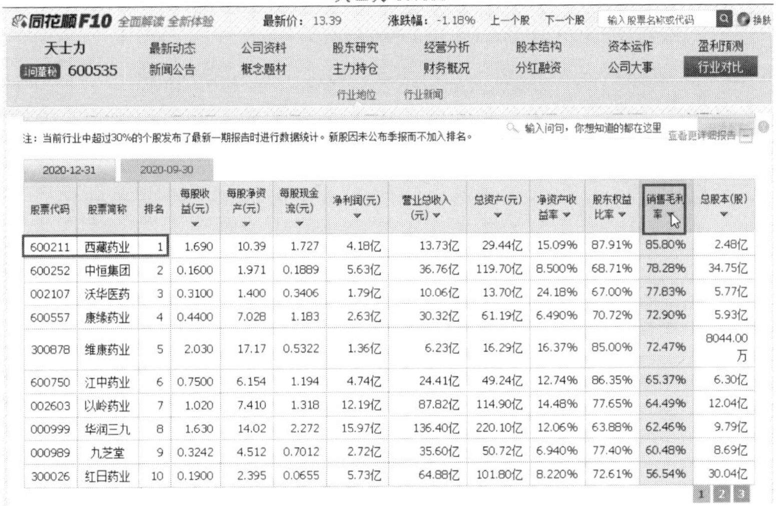


| 股票代码 | 股票简称 | 排名 | 每股收益(元) | 每股净资产(元) | 每股现金流(元) | 净利润(元) | 营业总收入(元) | 总资产(元) | 净资产收益率 | 股东权益比率 | 销售毛利率 | 总股本(股) |
|---|---|---|---|---|---|---|---|---|---|---|---|---|
| 600211 | 西藏药业 | 1 | 1.690 | 10.39 | 1.727 | 4.18亿 | 13.73亿 | 29.44亿 | 15.09% | 87.91% | 85.80% | 2.48亿 |
| 600252 | 中恒集团 | 2 | 0.1600 | 1.971 | 0.1889 | 5.63亿 | 36.76亿 | 119.70亿 | 8.500% | 68.71% | 78.28% | 34.75亿 |
| 002107 | 沃华医药 | 3 | 0.3100 | 1.400 | 0.3406 | 1.79亿 | 10.06亿 | 13.70亿 | 24.18% | 67.00% | 77.83% | 5.77亿 |
| 600557 | 康缘药业 | 4 | 0.4400 | 7.028 | 1.183 | 2.63亿 | 30.32亿 | 61.19亿 | 6.490% | 70.72% | 72.90% | 5.93亿 |
| 300878 | 维康药业 | 5 | 2.030 | 17.17 | 0.5322 | 1.36亿 | 6.23亿 | 16.29亿 | 16.37% | 85.00% | 72.47% | 8044.00万 |
| 600750 | 江中药业 | 6 | 0.7500 | 6.154 | 1.194 | 4.74亿 | 24.41亿 | 49.24亿 | 12.74% | 86.35% | 65.37% | 6.30亿 |
| 002603 | 以岭药业 | 7 | 1.020 | 7.410 | 1.318 | 12.19亿 | 87.82亿 | 114.90亿 | 14.48% | 77.65% | 64.49% | 12.04亿 |
| 000999 | 华润三九 | 8 | 1.630 | 14.02 | 2.272 | 15.97亿 | 136.40亿 | 220.10亿 | 12.06% | 63.88% | 62.46% | 9.79亿 |
| 000989 | 九芝堂 | 9 | 0.3242 | 4.512 | 0.7012 | 2.72亿 | 35.60亿 | 50.72亿 | 6.940% | 77.40% | 60.48% | 8.69亿 |
| 300026 | 红日药业 | 10 | 0.1900 | 2.395 | 0.0655 | 5.73亿 | 64.88亿 | 101.80亿 | 8.220% | 72.61% | 56.54% | 30.04亿 |



图12.11 按“销售毛利润”从高到低排序

## 12.2　白酒行业投资的研究

　　白酒，是我们身边最熟悉的行业。消费升级趋势下酱香型白酒趁势而起，酱香型白酒黄金时代轮廓渐显，部分业内人士认为，在未来，酱香型白酒甚至可能取代浓香型白酒的地位，掀起香型替代热潮。

### 12.2.1　什么是酱香型白酒

　　酱香型白酒是没有添加食用酒精及非白酒发酵产生的呈香、呈味、呈色物质，以高粱、小麦、水等为原料，经传统固态法发酵制成的白酒。酱香型白酒酱香突出，幽雅细致，酒体醇厚，回味悠长，清澈透明，色泽微黄。

### 12.2.2　酱香型白酒的发展现状

　　2020 年全国酱香型白酒总产量约 60 万吨，同比增长约 9%，占白酒行业总产能的 8% 左右。

　　2020 年全国酱香型白酒销售收入 1550 亿元，同比增长 14%，占行业总销售收入的 26%。

　　2020 年全国酱香型白酒实现销售利润 630 亿元，同比增长约 14.5%，占行业总利润的 39.7%。酱香型白酒以占白酒行业 8% 的产量，实现了总利润的 4 成，盈利能力极强。

　　2020 年全国部分市场的酱香型白酒消费趋势基本形成。贵州引领，向外扩散。2020 年酱香型白酒在贵州的消费占比已超过 80%。酱香型白酒在贵州兴起后，逐渐传导到与之相邻的四川与广东。广东、山东以及河南不仅具有良好的白酒消费基础以及较强的经济实力，加之没有本地浓香/清香龙头酒企的渠道封锁，酱香型白酒均有后发制人的趋势。2020 年，酱香型白酒在河南市场的市场销售额超过 200 亿元，占有率超过 50%，成功翻盘浓香型白酒；在拥有 260 亿元白酒容量的广东市场，酱香型白酒销售已达到 126 亿元，占比近 50%；在山东市场占率超过 35%，销售占比快速提升；在 110 亿元白酒容量的广西市场，酱香型白酒的销售占比已经达到 1/3。

### 12.2.3　行业发展前景

　　下面从 3 个方面来看白酒行业的发展前景。

　　1) 国家政策推动行业发展

　　2019 年 11 月 6 日，国家发展改革委官网公布的《产业结构调整指导目录 (2019

年本)》显示,"白酒生产线"从"限制类"条目中删除,一解困扰行业 14 年发展的"紧箍咒"。随着白酒行业的良性发展,资本对于酒业关注度提高,以往兼容并购标的只能是现有酒企,放宽政策后,生产许可证不再是谈判砝码,有利于降低资本进入门槛和推动行业洗牌。

2) 行业营销渠道多元化,市场渗透率逐步提升

目前,国内酱香型白酒销售渠道包括全国连锁企业、区域性连锁企业、商超、电子商务平台、街边商铺等,总体表现出销售模式多元化的特征。酱香型白酒的流通渠道由传统的批发零售方式发展到现今多层次、多渠道销售并存的状态。随着销售渠道不断扩宽,酱香型白酒行业规模不断扩大,市场渗透率逐渐提升,市场前景未来可期。

3) 酱香型白酒企业掀起扩产潮,未来供给驱动成长

酱香型白酒产能的稀缺性在为其带来高价格的同时,也一定会限制酱香型白酒企业的快速发展,高端大区坤沙酱香型白酒更是如此。面对良好的市场需求,各大酒企纷纷进行新一轮的产能布局。数据显示,2020 年茅台酱香型白酒产能 5.02 万吨,随着"十三五"中华片区技改工程的完成,茅台酒每年的产能可扩充为 5.6 万吨,与此同时系列酒也将扩产到同等规模,未来茅台及系列酒将平分 11.2 万吨产能。

## 12.2.4 利用同花顺炒股软件查看白酒行业股票及相应信息

打开同花顺炒股软件,单击菜单栏中的"报价 / 涨幅排名 / 沪深 A 股涨幅排名"命令,就可以看到沪深 A 股涨幅排名信息。

单击"行业",就会弹出行业面板,然后单击"B",就可以快速找到白酒行业,如图 12.12 所示。

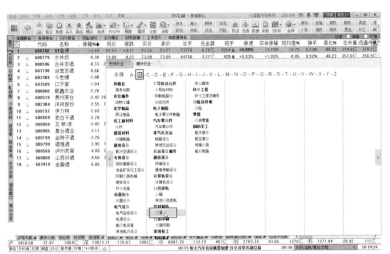

图12.12 白酒行业

然后单击"白酒"，就可以看到所有白酒行业类股票的报价信息，如图 12.13 所示。

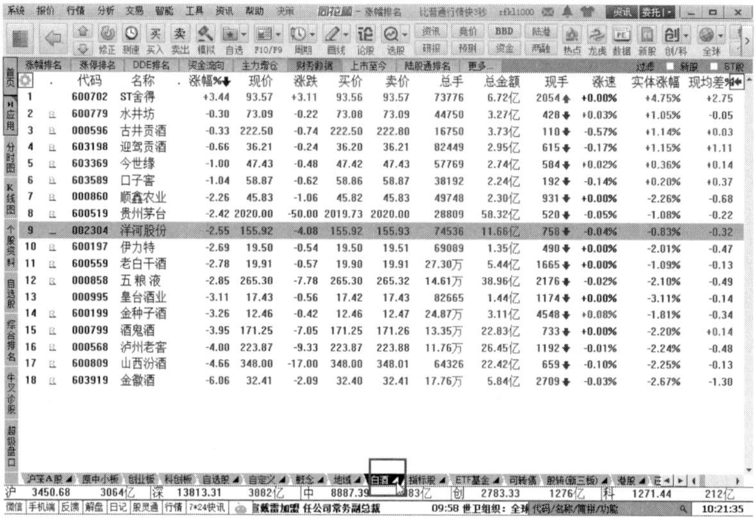

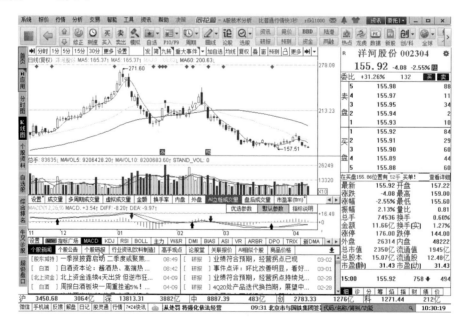

图12.13　白酒行业类股票的报价信息

在这里可以看到，白酒行业类股票共有 18 只。如果想查看哪一只白酒股票，只需单击该股票，就可以看到该股票的日 K 线图。假如单击"洋河股份(002304)"，如图 12.14 所示。

图12.14　洋河股份(002304)的日K线图

单击"个股研报"，就可以看到该股票的研报信息，如图 12.15 所示。

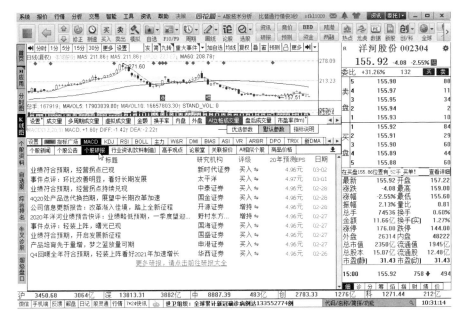

图12.15　洋河股份(002304)的研报信息

单击"行业资讯"，就可以看到该股票的行业资讯和行业研报，如图 12.16 所示。

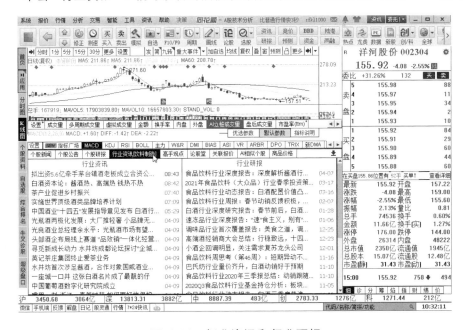

图12.16　行业资讯和行业研报

如果要查看具体某一条行业研报信息，只需双击该信息即可。在这里双击"食品饮料行业深度报告：深度解析酱香型白酒行业的发展前景与竞争格局"，如图 12.17 所示。

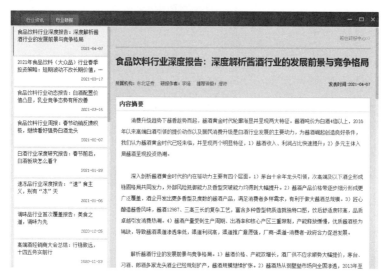

图12.17　具体某一条行业研报信息

下面来看一下白酒行业股票的对比信息。在日 K 线图中，按下键盘上的"F10"，进入个股资料页面，然后单击"行业对比"，如图 12.18 所示。

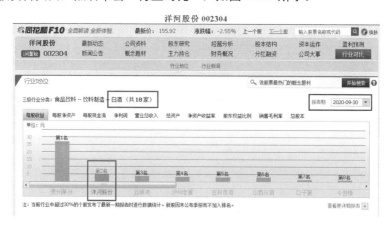

图12.18　白酒行业股票的对比信息

在这里可以看到，"洋河股份(002304)"的每股收益排名第 2。单击查看更详细报告按钮 ➕，该按钮变成 ➖，就可以看到白酒行业股票的排名、每股收益、每股净资产、每股现金流、净利润、营业总收入、总资产、净资产收益率、股东权益比率、销售毛利润、总股本信息等，如图 12.19 所示。

洋河股份 002304

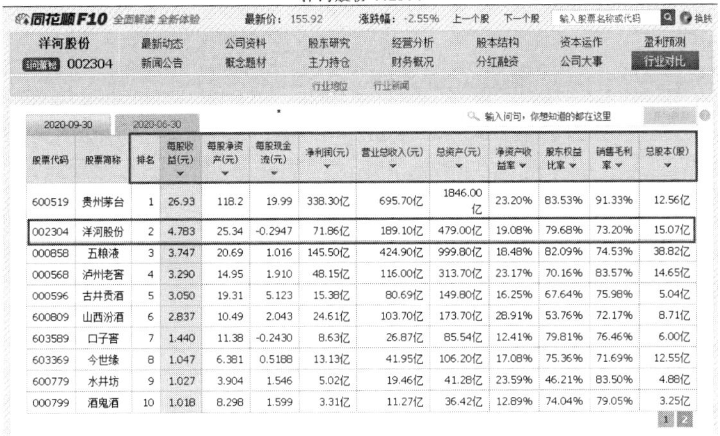

| 股票代码 | 股票简称 | 排名 | 每股收益(元) | 每股净资产(元) | 每股现金流(元) | 净利润(元) | 营业总收入(元) | 总资产(元) | 净资产收益率 | 股东权益比率 | 销售毛利率 | 总股本(股) |
|---|---|---|---|---|---|---|---|---|---|---|---|---|
| 600519 | 贵州茅台 | 1 | 26.93 | 118.2 | 19.99 | 338.30亿 | 695.70亿 | 1846.00亿 | 23.20% | 83.53% | 91.33% | 12.56亿 |
| 002304 | 洋河股份 | 2 | 4.783 | 25.34 | -0.2947 | 71.86亿 | 189.10亿 | 479.00亿 | 19.08% | 79.68% | 73.20% | 15.07亿 |
| 000858 | 五粮液 | 3 | 3.747 | 20.69 | 1.016 | 145.50亿 | 424.90亿 | 999.80亿 | 18.48% | 82.09% | 74.53% | 38.82亿 |
| 000568 | 泸州老窖 | 4 | 3.290 | 14.95 | 1.910 | 48.15亿 | 116.00亿 | 313.70亿 | 23.17% | 70.16% | 83.57% | 14.65亿 |
| 000596 | 古井贡酒 | 5 | 3.050 | 19.31 | 5.123 | 15.38亿 | 80.69亿 | 149.80亿 | 16.25% | 67.64% | 75.98% | 5.04亿 |
| 600809 | 山西汾酒 | 6 | 2.837 | 10.49 | 2.043 | 24.61亿 | 103.70亿 | 173.70亿 | 28.91% | 53.76% | 72.17% | 8.71亿 |
| 603589 | 口子窖 | 7 | 1.440 | 11.38 | -0.2430 | 8.63亿 | 26.87亿 | 85.54亿 | 12.41% | 79.81% | 76.46% | 6.00亿 |
| 603369 | 今世缘 | 8 | 1.047 | 6.381 | 0.5188 | 13.13亿 | 41.95亿 | 106.20亿 | 17.08% | 75.36% | 71.69% | 12.55亿 |
| 600779 | 水井坊 | 9 | 1.027 | 3.904 | 1.546 | 5.02亿 | 19.46亿 | 41.28亿 | 23.59% | 46.21% | 83.50% | 4.88亿 |
| 000799 | 酒鬼酒 | 10 | 1.018 | 8.298 | 1.599 | 3.31亿 | 11.27亿 | 36.42亿 | 12.89% | 74.04% | 79.05% | 3.25亿 |

图12.19　查看更详细报告

需要注意的是，默认状态下，白酒行业股票是按“每股收益”从高到低排序的。当然，也可以按其他项来排序。假如按“股东权益比率”从高到低排序，只需单击“股东权益比率”即可，如图 12.20 所示。

洋河股份 002304

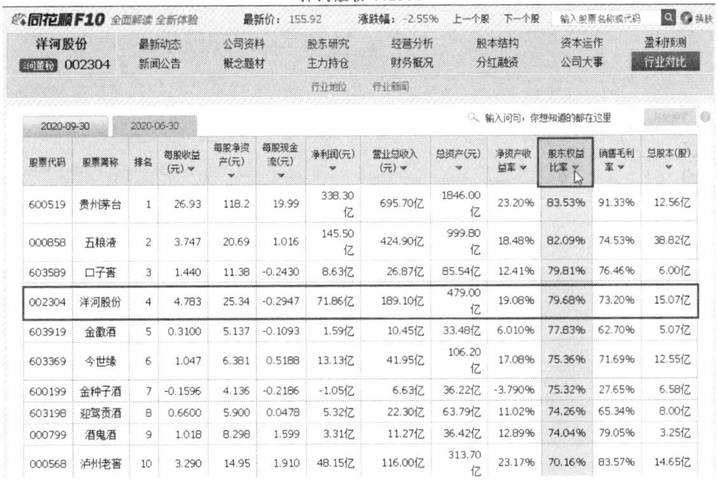

| 股票代码 | 股票简称 | 排名 | 每股收益(元) | 每股净资产(元) | 每股现金流(元) | 净利润(元) | 营业总收入(元) | 总资产(元) | 净资产收益率 | 股东权益比率 | 销售毛利率 | 总股本(股) |
|---|---|---|---|---|---|---|---|---|---|---|---|---|
| 600519 | 贵州茅台 | 1 | 26.93 | 118.2 | 19.99 | 338.30亿 | 695.70亿 | 1846.00亿 | 23.20% | 83.53% | 91.33% | 12.56亿 |
| 000858 | 五粮液 | 2 | 3.747 | 20.69 | 1.016 | 145.50亿 | 424.90亿 | 999.80亿 | 18.48% | 82.09% | 74.53% | 38.82亿 |
| 603589 | 口子窖 | 3 | 1.440 | 11.38 | -0.2430 | 8.63亿 | 26.87亿 | 85.54亿 | 12.41% | 79.81% | 76.46% | 6.00亿 |
| 002304 | 洋河股份 | 4 | 4.783 | 25.34 | -0.2947 | 71.86亿 | 189.10亿 | 479.00亿 | 19.08% | 79.68% | 73.20% | 15.07亿 |
| 603919 | 金徽酒 | 5 | 0.3100 | 5.137 | -0.1093 | 1.59亿 | 10.45亿 | 33.48亿 | 6.010% | 77.83% | 62.70% | 5.07亿 |
| 603369 | 今世缘 | 6 | 1.047 | 6.381 | 0.5188 | 13.13亿 | 41.95亿 | 106.20亿 | 17.08% | 75.36% | 71.69% | 12.55亿 |
| 600199 | 金种子酒 | 7 | -0.1596 | 4.136 | -0.2186 | -1.05亿 | 6.63亿 | 36.22亿 | -3.790% | 75.32% | 27.65% | 6.58亿 |
| 603198 | 迎驾贡酒 | 8 | 0.6600 | 5.900 | 0.0478 | 5.32亿 | 22.30亿 | 63.79亿 | 11.02% | 74.26% | 65.34% | 8.00亿 |
| 000799 | 酒鬼酒 | 9 | 1.018 | 8.298 | 1.599 | 3.31亿 | 11.27亿 | 36.42亿 | 12.89% | 74.04% | 79.05% | 3.25亿 |
| 000568 | 泸州老窖 | 10 | 3.290 | 14.95 | 1.910 | 48.15亿 | 116.00亿 | 313.70亿 | 23.17% | 70.16% | 83.57% | 14.65亿 |

图12.20　按“股东权益比率”从高到低排序

# 12.3 家电行业投资的研究

随着国民收入水平不断增长，人们生活质量显著提高，我国家电市场也得到了极大的发展，2017—2019 年，中国家电市场在小幅波动中相对较为稳定。

## 12.3.1 家电行业概况

家用电器主要指在家庭及类似场所中使用的各种电器和电子器具，又称民用电器、日用电器。家用电器可使人们从繁重、琐碎、费时的家务劳动中解放出来，为人类创造了更为舒适优美、更有利于身心健康的生活和工作环境，如家用电器还提供了丰富多彩的文化娱乐生活，已成为现代家庭生活的必需品。

家用电器按品类可以分为制冷设备、大型厨房电器、洗衣设备、空调、热水器等。

## 12.3.2 家电行业的市场规模

在品类方面，全球大家电市场在制冷设备、大型厨房电器、洗衣设备及空调之间的分布相对平均，分别占 2019 年全球大家电市场零售额的 29.3%、27.1%、20.1% 及 23.5%。

由于新型冠状病毒肺炎的暴发，就零售额而言，2020 年全球大家电市场将缩减至 3121 亿美元，较 2019 年减少 5.1%。在新型冠状病毒肺炎暴发期间，经济及社会活动受限、居民收入减少以及房地产及建筑业受到不利影响及延误均导致对大家电的需求下降。然而，消费者对大家电的长期需求依然很强劲，因为影响大家电长期需求的因素(如住房购买及现有家电升级换代)并未因新型冠状病毒肺炎而受到严重影响。因此，对作为消费者基本必需品的大家电的需求受新型冠状病毒肺炎疫情的影响相对较小。此外，许多国家已逐渐恢复社会活动，因此，从长远来看，新型冠状病毒肺炎暴发预期不会严重影响大家电市场的整体趋势，全球大家电市场的零售额预计将从 2021 年起恢复增长。

## 12.3.3 家电行业发展前景

在安装新家电以及替换旧家电的推动下，预计全球各种类别大家电市场将稳定增长。由于城镇化趋势及消费者购买力的增加，该增长趋势进一步得到强化：越来越多的农村居民迁往城市，产生对新住房的需求并因此产生对新大家电的需求；同时，消费者人均收入增长，特别是在中国、印度及东南亚市场，使消费者更愿意购买高端大家电，以获得更好的用户体验及更多的便利。

1) 高端转型趋势

消费者越来越追求更健康的生活方式，并要求革新大家电产品设计。在该发展趋势下，消费者对大家电的需求不再局限于基本功能。相反，消费者的进一步需求是大家电能在确保健康的同时节约时间。为满足消费者的偏好，各大家电公司不断推出功能改良的新产品，推动产品高端化。例如，大家电公司纷纷推出具备健康相关功能的新产品（如无菌冰箱及洗衣机以及自清洁空调）。该等产品吸引了对健康和生活品质更为敏感的客户。此外，消费者日益增加的环保意识以及日益严格的法规驱使家电公司推出更加环保的产品。

2) 全套定制解决方案的趋势

大家电产品的开发不断发展，以满足不同客户的需求。大家电公司正在开发并推出定制的新产品，以满足不同人群的特殊需求。例如，向老年用户推出的洗衣机通常具备倾斜内筒及简明按键，以方便老年用户使用。该等定制产品针对具有不同生活方式及习惯的消费者，有效促进了产品多元化，精确抓住不同人群的痛点，解决或缓解消费者的特殊问题，从而产生额外的消费需求。

3) 基于 AI 的互联家电的趋势

在中国、美国及欧洲等市场，互联家电为传统的大家电创造了额外的附加值，从而带给消费者更好的体验及更多的便利。随着消费升级，消费者愿意以互联家电取代其目前的非互联家电，从而追求更大的便利、更高的能效及更好的用户体验。因此，近年来互联家电销量快速增长，预计会进一步带动家电行业的市场需求。

4) 年轻一代消费者对互联家电的偏好及用户习惯

互联家电正在改变年轻消费者的偏好，并越来越受到年轻消费者的欢迎。具体而言，由于互联家电所带来的便利性、节能特点及更佳的用户体验，习惯于使用智能手机并愿意探索新技术的年轻一代尤其是推动互联家电普及的主力。

5) 互联网及智能手机的普及为互联家电的快速发展奠定了基础

全球约有 13 亿家庭可访问互联网，且移动互联网的渗透率已达到 78%。5G 技术的普及已为互联家电的快速发展打下了坚实基础。中国互联家电市场以新技术的发展、移动网络服务的广泛适用性及各种基于手机的应用程序和服务为驱动，开发基于场景的解决方案及生态系统，以满足用户的全面需求。美国市场以家电升级换代为驱动且以洗衣设备及洗碗机为主导。预计未来几年美国市场将以升级传统家电及以互联电器替代传统家电为特点。目前欧洲市场的特点是渗透率较低，预计渗透率增加将驱动欧洲互联家电市场的未来增长。

## 12.3.4 利用同花顺炒股软件查看家电行业股票及相应信息

打开同花顺炒股软件，单击菜单栏中的"报价 / 涨幅排名 / 沪深 A 股涨幅排名"

命令，就可以看到沪深A股涨幅排名信息。

单击"行业"，就会弹出行业面板，然后单击"B"，就可以快速找到白色家电行业，如12.21所示。

图12.21　白色家电行业

然后单击"白色家电"，就可以看到所有白色家电类股票的报价信息，如图12.22所示。

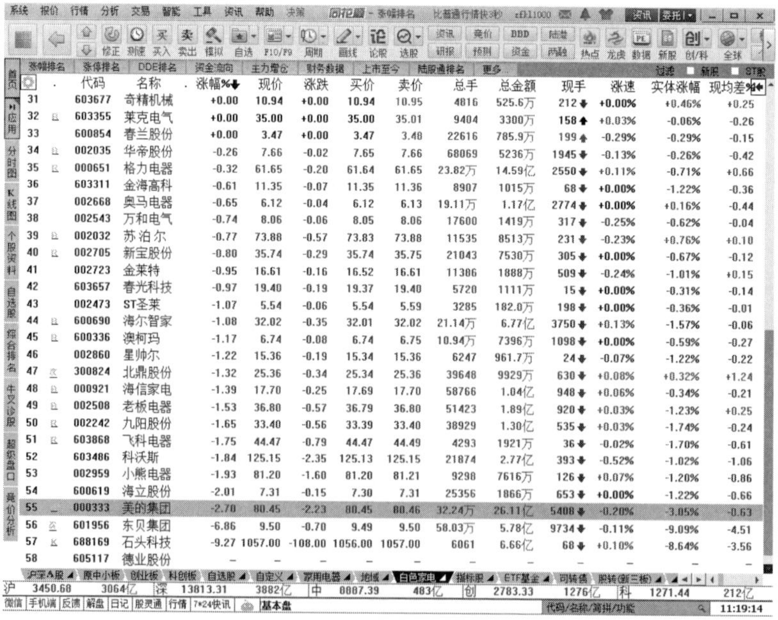

图12.22　白色家电类股票的报价信息

在这里可以看到，白色家电类股票共有58只。如果想查看哪一只家电股票，只需单击该股票，就可以看到该股票的日K线图。假如单击"美的集团(000333)"，如图12.23所示。

图12.23　美的集团(000333)的日K线图

单击"个股研报"，就可以看到该股票的研报信息，如图12.24所示。

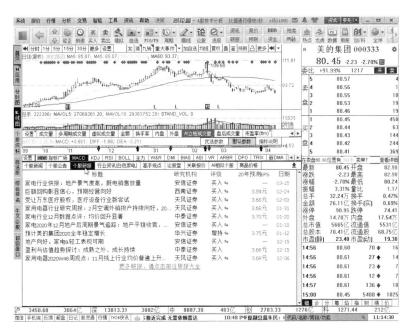

图12.24　美的集团(000333)的研报信息

单击"行业资讯"，就可以看到该股票的行业资讯和行业研报，如图 12.25 所示。

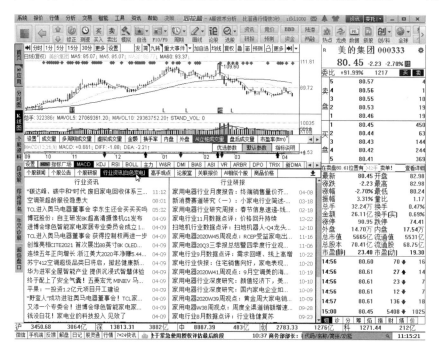

图12.25　行业资讯和行业研报

如果要查看具体某一条行业研报信息，只需双击该信息即可。在这里双击"家用电器行业月度报告：终端销售量价齐升，行业景气度向上"，如图 12.26 所示。

图12.26　具体某一条行业研报信息

下面来看一下家电行业股票的对比信息。在日 K 线图中，按下键盘上的"F10"，进入个股资料页面，然后单击"行业对比"，如图 12.27 所示。

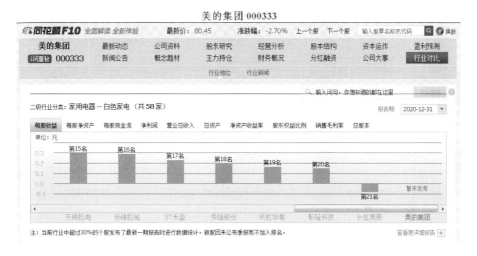

图12.27　家电行业股票的对比信息

在这里可以看到，"美的集团 (000333)"的每股收益没有公布，所以排名靠后。单击查看更详细报告按钮 ➕，该按钮变成 ➖，就可以看到家电行业股票的排名、每股收益、每股净资产、每股现金流、净利润、营业总收入、总资产、净资产收益率、股东权益比率、销售毛利润、总股本信息等，如图 12.28 所示。

美的集团 000333

| 股票代码 | 股票简称 | 排名 | 每股收益(元)▼ | 每股净资产(元)▼ | 每股现金流(元)▼ | 净利润(元)▼ | 营业总收入(元)▼ | 总资产(元)▼ | 净资产收益率▼ | 股东权益比率▼ | 销售毛利率▼ | 总股本(股)▼ |
|---|---|---|---|---|---|---|---|---|---|---|---|---|
| 605117 | 德业股份 | 1 | 2.950 | 6.740 | 3.518 | 3.78亿 | 30.24亿 | 16.71亿 | 54.79% | 51.64% | 24.01% | 1.28亿 |
| 002032 | 苏泊尔 | 2 | 2.254 | 8.770 | 2.529 | 18.46亿 | 186.00亿 | 122.90亿 | 26.97% | 58.87% | 26.42% | 8.21亿 |
| 600690 | 海尔智家 | 3 | 1.337 | 7.139 | 1.949 | 88.77亿 | 2097.00亿 | 2035.00亿 | 17.67% | 33.48% | 29.68% | 93.48亿 |
| 002242 | 九阳股份 | 4 | 1.230 | 5.584 | 2.619 | 9.40亿 | 112.20亿 | 91.35亿 | 23.83% | 46.88% | 32.05% | 7.67亿 |
| 000921 | 海信家电 | 5 | 1.160 | 7.176 | 4.376 | 15.79亿 | 483.90亿 | 418.10亿 | 16.99% | 34.46% | 24.05% | 13.63亿 |
| 603657 | 春光科技 | 6 | 1.060 | 7.156 | 0.4375 | 1.42亿 | 8.54亿 | 12.37亿 | 15.60% | 77.75% | 30.53% | 1.34亿 |
| 603578 | 三星新材 | 7 | 0.9500 | 7.850 | 0.3366 | 8549.00万 | 4.27亿 | 10.73亿 | 12.45% | 69.50% | 30.09% | 9174.00万 |
| 002677 | 浙江美大 | 8 | 0.8400 | 2.637 | 0.9811 | 5.44亿 | 17.71亿 | 21.79亿 | 34.35% | 78.20% | 52.76% | 6.46亿 |
| 002614 | 奥佳华 | 9 | 0.7900 | 7.179 | 1.155 | 4.50亿 | 70.49亿 | 90.13亿 | 11.70% | 53.11% | 35.98% | 6.19亿 |
| 300824 | 北鼎股份 | 10 | 0.5275 | 3.039 | 0.4328 | 1.00亿 | 7.01亿 | 8.10亿 | 19.98% | 81.53% | 51.43% | 2.17亿 |

图12.28　查看更详细报告

由于 2020 年 12 月 31 日，美的集团的财务数据还没有公布，所以排名看不到。单击“2020 年 9 月 30 日”选项卡，就可以看到美的集团的排名信息，如图 12.29 所示。

美的集团 000333

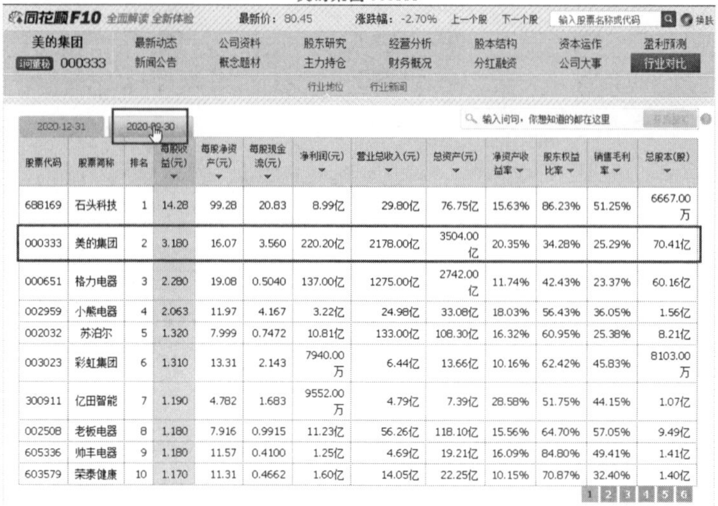


| 股票代码 | 股票简称 | 排名 | 每股收益(元) | 每股净资产(元) | 每股现金流(元) | 净利润(元) | 营业总收入(元) | 总资产(元) | 净资产收益率 | 股东权益比率 | 销售毛利率 | 总股本(股) |
|---|---|---|---|---|---|---|---|---|---|---|---|---|
| 688169 | 石头科技 | 1 | 14.28 | 99.28 | 20.83 | 8.99亿 | 29.80亿 | 76.75亿 | 15.63% | 86.23% | 51.25% | 6667.00万 |
| 000333 | 美的集团 | 2 | 3.180 | 16.07 | 3.560 | 220.20亿 | 2178.00亿 | 3504.00亿 | 20.35% | 34.28% | 25.29% | 70.41亿 |
| 000651 | 格力电器 | 3 | 2.280 | 19.08 | 0.5040 | 137.00亿 | 1275.00亿 | 2742.00亿 | 11.74% | 42.43% | 23.37% | 60.16亿 |
| 002959 | 小熊电器 | 4 | 2.063 | 11.97 | 4.167 | 3.22亿 | 24.98亿 | 33.08亿 | 18.03% | 56.43% | 36.05% | 1.56亿 |
| 002032 | 苏泊尔 | 5 | 1.320 | 7.999 | 0.7472 | 10.81亿 | 133.00亿 | 108.30亿 | 16.32% | 60.95% | 25.38% | 8.21亿 |
| 003023 | 彩虹集团 | 6 | 1.310 | 13.31 | 2.143 | 7940.00万 | 6.44亿 | 13.66亿 | 10.16% | 62.42% | 45.83% | 8103.00万 |
| 300911 | 亿田智能 | 7 | 1.190 | 4.782 | 1.683 | 9552.00万 | 4.79亿 | 7.39亿 | 28.58% | 51.75% | 44.15% | 1.07亿 |
| 002508 | 老板电器 | 8 | 1.180 | 7.916 | 0.9915 | 11.23亿 | 56.26亿 | 118.10亿 | 15.56% | 64.70% | 57.05% | 9.49亿 |
| 605336 | 帅丰电器 | 9 | 1.180 | 11.57 | 0.4100 | 1.25亿 | 4.69亿 | 19.21亿 | 16.09% | 84.80% | 49.41% | 1.41亿 |
| 603579 | 荣泰健康 | 10 | 1.170 | 11.31 | 0.4662 | 1.60亿 | 14.05亿 | 22.25亿 | 10.15% | 70.87% | 32.40% | 1.40亿 |

图12.29　2020年9月30日美的集团的排名信息